LES ORIGINES

DE

L'EXPÉDITION D'ÉGYPTE

PAR

François CHARLES-ROUX

Avec deux cartes

PARIS

LIBRAIRIE PLON

PLON-NOURRIT ET Cie, IMPRIMEURS-ÉDITEURS

8, RUE GARANCIÈRE — 6e

1910

Tous droits réservés

LES ORIGINES

DE

L'EXPÉDITION D'ÉGYPTE

LES ORIGINES

DE

L'EXPÉDITION D'ÉGYPTE

PAR

François CHARLES-ROUX

Avec deux cartes

PARIS

LIBRAIRIE PLON

PLON-NOURRIT ET Cie, IMPRIMEURS-ÉDITEURS

8, RUE GARANCIÈRE — 6e

1910

Tous droits réservés

Droits de reproduction et de traduction
réservés pour tous pays.

LES ORIGINES

DE

L'EXPÉDITION D'ÉGYPTE

CHAPITRE PREMIER

Introduction et exposition du sujet. — Rôle de l'Égypte dans la politique française au dix-huitième siècle. — Intérêt commercial. — Commerce de l'Égypte avec la France. — Établissements français en Égypte. — Régime des Échelles du Levant. — Conditions d'existence des Français en Égypte. — Intérêt religieux. — Protectorat catholique. — Communication avec l'Inde par la mer Rouge. — Idée de la conquête de l'Égypte. — Manifestations de cette idée en France et à l'étranger. — Ralentissement de la politique française en Égypte de 1715 à 1768. — Intérêt éveillé en France par l'Égypte. — État de la question en 1768.

L'expédition d'Égypte, dirigée contre l'Angleterre et exécutée pour la contraindre à la paix, paraît bien être un de ces expédients inspirés par les circonstances et imaginés sous l'empire des nécessités. C'est au contraire un des projets les plus étudiés, les plus souvent exposés, proposés et repoussés dont notre histoire garde la trace. Les circonstances ont, sans doute, décidé de son exécution : mais l'idée en avait pris naissance de longue date.

Cette idée est la résultante de causes multiples, dont quelques-unes sont fort anciennes. Le désir d'atteindre, à travers l'Égypte, l'Angleterre maîtresse de l'Inde n'est qu'une de ces causes, la plus décisive, en même temps que l'une des plus récentes. Nombre d'autres intérêts avaient, antérieurement à celui qui a déterminé le passage du projet à l'acte, contribué à faire naître, à former et à développer l'idée de la conquête de l'Égypte par la France.

De ces intérêts, le premier en date est, à coup sûr, celui de la foi, qui a inspiré la célèbre croisade de saint Louis. C'est aussi le premier dont l'attention se soit détournée et, bien qu'il ne soit pas impossible d'en retrouver quelque écho attardé au milieu du tumulte d'intérêts plus jeunes, on peut en considérer l'influence comme négligeable dès la fin du treizième siècle.

Mais l'attention ne cesse d'être dirigée sur l'Égypte par le souci de la foi que pour y être ramenée par les intérêts d'ordre plus pratique que font surgir, successivement, l'établissement de relations commerciales entre la France et le Levant, le développement de la question d'Orient, l'évolution intérieure de l'Égypte, les compétitions des puissances européennes aux Indes, la rivalité coloniale de la France et de l'Angleterre. La situation privilégiée qu'occupe l'Égypte, entre l'Europe, l'Asie et l'Afrique, fait converger vers elle les intérêts éveillés par des événements qui se déroulent souvent très loin de son territoire. Une défaite des Turcs sur le Danube ou sur les côtes de la mer Noire, une marche victorieuse des Russes ou des Autrichiens sur Constantinople, une campagne navale dans l'océan Indien ou dans la mer des Antilles, aussi bien qu'une révolution dans la vallée du Nil et une avanie faite aux négociants français du Caire ou d'Alexandrie, ramènent sur le tapis la question que l'on a, depuis, appelée la « question d'Égypte ». A mesure que se dégagent et se précisent les éléments hétérogènes dont est formée cette question, tend à reparaître, sous une forme nouvelle, l'idée dont le prosélytisme chrétien a déterminé la première manifestation.

Pour suivre, depuis ses origines jusqu'à sa réalisation, l'évolution de cette idée, il faudrait remonter jusqu'aux origines mêmes des intérêts qui l'ont fait germer et mûrir; retracer l'histoire des rapports commerciaux de Marseille avec Alexandrie; montrer la décadence et les revers de la Turquie, les empiétements successifs de ses voisins, l'affranchissement graduel de l'Égypte, l'anarchie croissante de son administration, le contre-coup de ses désordres intérieurs sur le commerce et la situation des Français établis sur son sol, le retour des nations modernes aux routes commerciales de l'antiquité, l'influence des grandes découvertes sur le développement des puissances maritimes, les luttes de la Hollande, de la

France, de l'Angleterre pour la domination des Indes et l'empire des mers.

Notre but est plus modeste. Nous nous bornerons à exposer le rôle de l'Égypte dans la politique française pendant les trente années qui ont précédé l'expédition de Bonaparte. L'importance de ce rôle s'est subitement accrue en 1768 et n'a cessé d'augmenter jusqu'en 1798. L'intérêt croissant que l'Égypte a excité en France s'est traduit, de la part du gouvernement, tantôt par des velléités d'occuper ce pays et des enquêtes secrètes sur les moyens de s'en emparer, tantôt par des négociations en vue d'ouvrir la mer Rouge au commerce français ; de la part de l'opinion publique, par une véritable éclosion de projets de conquête, d'occupation, de colonisation, de jonction de la Méditerranée à la mer Rouge à l'aide d'une route ou d'un canal. La plupart de ces initiatives et de ces propositions sont, jusqu'à présent, restées enfouies dans les archives où elles ont été reléguées de leur temps ; l'histoire, qui en a exhumé le mémoire de Leibniz, les dépêches de La Haye-Vantelet, de Nointel et de Gérardin, les y a laissé dormir dans l'oubli. Elles ont cependant exercé une influence directe sur l'esprit des hommes qui ont résolu l'expédition d'Égypte ; elles se sont produites de leur vivant, ont été connues d'eux ; ils en ont eu sous les yeux les preuves écrites : leur part est donc prépondérante dans la formation du projet que Bonaparte a exécuté.

Bien que le temps ait fortifié certains intérêts, éveillé certaines convoitises, la tradition est créée, quand s'achève le règne de Louis XIV, sur le rôle de l'Égypte dans la politique française.

Par les produits qu'elle consomme, aussi bien que par ceux qu'elle fournit, l'Égypte est devenue pour la France une façon de colonie. Par les articles qu'elle nous achète, draps du Languedoc et du Dauphiné, soieries de Lyon, tissus plus grossiers de Provence, métaux bruts et ouvrés, épiceries, liqueurs, elle contribue à la prospérité d'industries qui font vivre plusieurs de nos provinces. Elle fournit d'autre part à la consommation du royaume quelques-unes de ses matières premières et de ses denrées, coton, lin, café, riz, épices, drogueries, dont l'usage s'est répandu en Occident et que nos climats ne produisent pas.

Marseille entretient avec l'Égypte un commerce des plus anciens et des plus nourris, bien que sujet à des fluctuations qui en rendent l'estimation difficile (1). On peut l'évaluer, par année commune, à

(1) Une statistique dressée en 1724 par ordre du marquis de Bonnac, ambassadeur à Constantinople, donne l'estimation suivante du commerce de la France dans les Échelles du Levant par année commune :

Constantinople	700 000 piastres.
Smyrne	800 000 —
Alep	400 000 —
Seyde	450 000 —
Tripoli de Syrie	200 000 —
	2 550 000 piastres.

5 500 000 livres, dont 2 500 000 pour les exportations d'Égypte en France et 3 000 000 pour les importations ou, comme on dit alors, les « retours », dont la valeur a toujours été supérieure. Aussi nos gociants complètent-ils la différence en lettres de change ou en espèces, sequins de Venise et thalers d'Autriche.

Les Français sont depuis longtemps installés en Égypte, où la nature elle-même a déterminé le choix des villes dans lesquelles ils ont établi leurs comptoirs : Alexandrie, seul grand port d'Égypte ; le Caire, entrepôt de tout ce que la vallée du Nil produit et reçoit du dehors ; Rosette, à l'extrémité d'une des deux grandes artères par lesquelles le delta écoule ses produits vers la mer.

On se figurerait à tort des colonies nombreuses, comme celles que reçoivent, à notre époque, les grandes villes d'Orient (1). Une poignée de mar-

	Report :	2 550 000 piastres.
Le Caire, Alexandrie, Rosette............	1 200 000	—
Chypre.............................	100 000	—
La Canée, Candie.....................	300 000	—
Morée..............................	200 000	—
Satalie, Archipel......................	100 000	—
	4 450 000	piastres.

« Bordereau général du commerce que les Français font dans les diverses Échelles ou établissements qu'ils ont dans les États du Grand-Seigneur par année commune. » (Arch. Aff. étr., Turquie, 12, 11.)

(1) Un état conservé aux Archives des Affaires étrangères (Turquie, 7B 8) donne les indications suivantes sur le nombre des Fran-

chands, dont le nombre varie entre quinze et trente,
un groupe plus restreint encore de commis et d'arti-
sans, une quinzaine d'agents formant le personnel des
consulats, en tout une cinquantaine de personnes :
c'est là toute la colonie française d'Égypte au dix-
huitième siècle. Pas de femmes : un règlement royal
qui les considère comme une cause de perturbation
prohibe leur admission dans les « Echelles » françaises du Levant et de Barbarie.

Les conditions dans lesquelles s'exploite alors le
commerce du Levant restreignent le nombre de nos
nationaux à un chiffre aussi disproportionné avec
l'importance des affaires qu'ils traitent. Un négociant
français ne peut aller s'établir en Égypte, comme en
tout autre pays ottoman, qu'en vertu d'un certificat
délivré par la chambre de commerce de Marseille,
seul port par lequel puissent s'effectuer les retours du
Levant. Volontairement, la chambre maintient le
nombre des commerçants autorisés à résider dans
chaque « Échelle », au chiffre strictement nécessaire

çais résidant en Égypte pendant la seconde moitié du dix-huitième
siècle :

Villes.	Officiers.	Négociants.	Commis.	Artisans.	Total.
Le Caire	7	11	4	6	28
Alexandrie	4	4	2	6	16
Rosette	3	2	2	»	7
	14	17	8	12	51

Le terme d' « officiers » comprend les consuls, vice-consuls, drogmans, chanceliers et chirurgiens de la nation.

pour expédier les affaires des maisons de Marseille dont ils sont les représentants ou, comme on dit alors, les « facteurs ».

Le siège de l' « Échelle d'Égypte » est au Caire. C'est là que réside le consul général, dont dépendent les vice-consuls d'Alexandrie et de Rosette, de même que les Français établis dans ces deux villes dépendent des marchands du Caire, dont ils ne sont que les commis. Un ensemble d'ordonnances, d'arrêts du conseil, de lettres patentes, qui forment ce qu'on pourrait appeler « l'ancien régime du Levant », règle les conditions de leur existence quotidienne et l'exploitation de leur commerce. Organisés en corps de « nation », ils participent à l'administration de leur communauté par l'intermédiaire des deux députés qu'ils élisent annuellement. Ces élus de la nation arrêtent, « de quartier en quartier » les comptes de l'Échelle, qu'ils adressent à la chambre de commerce de Marseille, investie d'un droit de revision sur l'administration financière des Échelles du Levant. Ils correspondent directement avec elle sur toutes les matières concernant l'exercice de leur mandat, ainsi d'ailleurs que les consuls, appointés sur sa caisse, et l'ambassadeur du roi à Constantinople, dont elle parfait le traitement. Ces prérogatives de la nation n'empêchent pas ses membres, voire même ses députés, d'être étroitement soumis à la juridiction et à l'autorité de leur consul, armé envers eux du pouvoir judiciaire et du droit d'expulsion. Leurs différends les amènent devant son tribunal auquel la nation fournit des assesseurs. Il veille en outre au respect d'une discipline qui multiplie les empiétements sur la liberté individuelle : obligation d'habiter en commun; interdiction d'amener de France ni femme, ni fille; interdiction de contracter mariage avec une femme du pays; défense d'exporter à destination d'un autre port que Marseille, de vendre ou d'acheter chaque marchandise à un prix autre que le prix fixé, ni dans une proportion supérieure à la quantité déterminée, etc., etc. Prévoyante jusqu'à la minutie, cette réglementation s'inspire du double désir de mettre la nation à couvert des « avanies », c'est-à-dire des exactions de l'autorité locale, et d'assurer la bonne exploitation d'un commerce considéré comme vital pour la France. Le consul est responsable de son administration devant l'ambassadeur du roi à Constantinople et le ministre-secrétaire d'État de la marine, investi de l'autorité suprême sur les Échelles du Levant et de Barbarie.

Tel est le régime dans l'application duquel les conditions particulières à chaque Échelle introduisent seules quelques légères variantes. En Égypte, la présence d'une populace nombreuse, fanatique, misérable, réfractaire à toute industrie, d'une milice arrogante, cupide et turbulente, l'impuissance croissante du pouvoir central, représenté par le pacha, l'instinct pillard des Arabes concourent à faire du Caire et d'Alexandrie deux des Échelles les moins tranquilles et les moins sûres de tout le Levant. Les officiers qui viennent en faire la visite s'étonnent, dès la fin du dix-septième siècle, « de ne pas trouver en Égypte la même liberté dont on jouit à Smyrne et aux autres Échelles, qu'un Français ne puisse repousser la force par la force, l'injure par l'injure, et que des officiers du roi soient obligés à s'observer à moins que de se compromettre (1) ». La correspondance consulaire d'Égypte abonde en exemples d'incidents, dont est traversée l'existence de la nation : avanies faites à la caisse de l'Échelle par un des innombrables petits despotes dont fourmille l'administration locale, tumultes populaires, attaques contre la factorerie française. Magasins et appartements privés sont réunis, à Alexandrie et à Rosette, dans un de ces caravansérails ou « khans », qui prennent, dans l'Égypte d'alors, le nom « d'okelle » ou de « fondouk » (2). Il

---

(1) Le consul à la chambre de commerce de Marseille, août 1698.

(2) Un voyageur, qui a visité l'okelle des Français à Alexandrie en 1771, Sonnini de Manoncourt, en fait la description suivante : « J'étais logé à Alexandrie dans la maison occupée par le consul et les négociants français : elle est près de la mer, dans le fond du port neuf. C'est un bâtiment carré dont les côtés enferment une grande cour, autour de laquelle et sous des arcades sont des magasins. Les arcades sont soutenues par des colonnes, ou, pour mieux dire, par des parties de colonnes arrachées aux décombres de l'ancienne ville : plusieurs sont de granit et il s'en trouve une de porphyre. Il y avait aussi, dans cette cour, une statue de grandeur naturelle en pierre blanche et représentant une femme assise, avec un enfant debout à

n'en est pas de même au Caire où consul et marchands occupent, le long du khalig, un petit quartier formé de maisons juxtaposées mais distinctes, et dénommé « contrée des Francs » (1). Ils y sont plus indépendants les uns des autres, mais aussi moins en sûreté que dans un khan ; car la garde de janissaires qui veille aux barrières de la contrée et la clôture qui l'entoure la protègent moins efficacement que ne le font les hautes murailles et les lourdes portes des okelles (2).

Même lorsqu'il n'est pas agressif, le fanatisme religieux des indigènes donne à leur hospitalité un air d'hostilité et de mépris. Sur le fronton d'un por-

côté d'elle... Des Arabes avaient trouvé cette statue dans les ruines et ils l'avaient vendue à un interprète français qui voulait la faire passer dans sa patrie. Mais il mourut avant d'avoir pu exécuter son projet et, depuis ce temps, la statue était restée en butte aux chocs des ballots de marchandises que l'on remuait sans cesse autour d'elle et qui l'avaient même mutilée... Les logements sont au-dessus des magasins, les croisées sont, par conséquent, très élevées et une seule porte, bien solide, ferme ce vaste enclos. On la renforçait encore, dans les moments de tumulte, par des ballots amoncelés. Si le soulèvement ne s'apaisait pas, et si on avait lieu de craindre que le peuple fit quelque brèche, tout le monde se glissait par les fenêtres pendant la nuit et allait se réfugier à bord de quelque vaisseau. »

(1) En 1681, les Français d'Alexandrie et du Caire échangèrent une okelle et une contrée malsaines, où ils avaient habité jusqu'alors, contre celles où ils demeurèrent jusqu'à la fin du dix-huitième siècle.

(2) ... « Il est de vos intérêts et de la sûreté de vos biens que la nation soit ici fermée et, si vous me faisiez l'honneur de me croire, vous prendriez la sage résolution de faire bâtir un khan à la nation, qui ne reviendrait pas à 100 000 francs, en faisant apporter le bois et le fer... » (Le consul Benoist de Maillet à la chambre de commerce, le 16 avril 1703.)

tique qui séparait du reste de la contrée neuf maisons de marchands et que fit abattre le consul Le Maire en 1720, se lisait une inscription en caractères arabes dorés : elle appelait la malédiction du prophète sur ceux qui logeaient dans ce quartier et sur ceux qui le permettaient (1). Rien ne rend mieux le caractère de l'hospitalité que l'Égypte d'alors offrait à nos marchands. Le soin de leurs affaires appelle fréquemment nos marchands hors de leurs maisons, à Alexandrie pour aller à « la marine », au Caire pour se rendre à Boulak, sur le Nil. L'orgueil musulman s'oppose à ce qu'ils circulent à cheval, à l'exception du consul; mais ils vont et viennent au milieu des Arabes et des Turcs, vêtus de l'habit européen, ne conservant du costume indigène, qu'ils ont porté jusqu'au milieu du dix-septième siècle, qu'une coiffure spéciale, la « cesse », sorte de bonnet noir garni d'un léger turban de soie bigarrée. Ces détails même de vêtement ne sont pas abandonnés à l'inspiration de chacun et fournissent matière à règlement.

Alors que l'instabilité de leur situation exigerait d'eux d'autant plus de discipline et de cohésion, les résidents français d'Égypte se signalent, généralement, par une humeur particulièrement turbulente. Ceux du Caire, entre autres, ont souvent maille à partir avec leurs consuls. L'un des meilleurs agents

____

(1) Le consul Le Maire à la chambre de commerce, 23 mars 1720.

qui aient dirigé, au dix-septième siècle, le consulat du Caire, Benoist de Maillet, est constamment en difficultés avec ses administrés.

Un jour, raconte non sans aigreur ce digne fonctionnaire, de jeunes étourdis s'oublient jusqu'à placarder sur les murs de la contrée et de la maison consulaire des billets anonymes, injurieux pour lui, et une perquisition amène la découverte, dans une salle où ils ont coutume de se réunir, de quantité de caricatures et de vers libres à son endroit. Force est à M. de Gastines, qui inspecte les Échelles en 1706, de trancher le différend du consul et de la nation, à la suite d'une véritable instruction et de rédiger, pour la seule Échelle du Caire, un règlement en trente et un articles. Quand Maillet revient, douze ans après, en qualité d'inspecteur, sa mission est encore vue d'un très mauvais œil et le consul Le Maire prend, cette fois, parti pour les frondeurs. Il arrive plus d'une fois que la caisse de la nation ait à payer les frais d'inconséquences commises par des Français et que l'Échelle doive financer pour étouffer des affaires suscitées par leur inconduite. Trop souvent, en effet, ils manquent envers les femmes du pays à la plus élémentaire réserve. « S'il y avait au milieu de vous, écrit un consul à la chambre de commerce, quarante ou cinquante Turcs, que vous vinssiez à découvrir qu'ils débauchent vos filles et vos femmes, que vous eussiez fait pendre à la face du peuple une friponne qui était un des instruments de ces débauches, et fait crier par la ville que c'est ainsi qu'on traite celles qui mènent à ces étrangers, en les nommant, les femmes et les filles des principaux de votre ville, et qu'on eût en même temps saisi d'autres femmes qui aient confirmé tous ces faits, et qu'il n'y eût ni grand ni petit de votre ville qui n'en fût informé, ces étrangers ne devraient-ils pas s'estimer heureux qu'on ne se fût pas élevé contre eux et qu'on ne les eût pas chassés de votre ville, et auraient-ils de la grâce d'écrire en leur patrie, pour quelques injures qu'ils auraient reçues en passant dans la chaleur de ces affaires, qu'ils sont dans l'oppression et qu'ils ne peuvent pas sans danger aller par la ville (1)? » Et le vertueux consul de s'indigner de ce que des femmes et des filles d'Agas et de Beys soient couramment amenées « en contrée », que des voisins fassent profession de les cacher dans leurs maisons et que, le vendredi saint de l'an de grâce 1703, en dépit de la sainteté du jour, il s'en soit trouvé quatre chez un Cafedji de la contrée. On ne peut contester que les indigènes fussent fondés à trouver cette galanterie excessive. Mais, bons vivants par définition et volontiers mauvaises têtes, nos nationaux supportent impatiemment une contrainte qui s'étend jusqu'à leur vie privée. Leur légèreté naturelle, leur esprit d'indépendance

____

(1) Maillet à la chambre de commerce de Marseille, le 16 avril 1703.

sont des éléments dont il faut tenir compte en établissant le bilan de leur condition et, lorsqu'on en a fait la part, on s'explique le singulier optimisme d'un de leurs consuls, qui dénie tout fondement à leurs doléances, « à moins, écrit-il, que porter une cesse de soie blanche rayée de rouge au lieu d'une cesse de mousseline rayée de même ne leur paraisse une infraction faite aux capitulations par le Divan qui l'a ainsi désiré (1) » .

Une succession d'efforts continus et féconds ont placé notre commerce et nos résidents dans une situation privilégiée à l'égard de leurs concurrents. Les réformes de Colbert ont ouvert, pour le commerce du Levant, une ère de prospérité dont l'Échelle d'Égypte a, comme les autres, ressenti les bienfaits. En 1683, la Porte a consenti à la réduction des droits de douane de 20 à 3 pour 100 pour les seuls négociants français, dont une série de firmans, qu'un historien a appelés « la charte d'affranchissement de nos nationaux d'Égypte », ont amélioré le sort et confirmé les privilèges. L'inspection de M. de Gastines, en 1706, a rétabli l'ordre dans l'Échelle du Caire, et le règlement qui s'en est suivi a refondu et modifié sur divers points les ordonnances antérieures. En 1702, la nation a étendu son champ d'action par l'établissement d'un vice-consulat à

____

(1) Maillet à la chambre de commerce, 1703.

Damiette. Pendant longtemps, nos négociants n'ont eu d'autres concurrents que les Vénitiens, les Livournais, les Génois, rivaux de peu de crédit et de concurrence peu redoutable. Il n'en est plus ainsi depuis que les Anglais, ayant obtenu du sultan un « hatcherif » les autorisant à ne payer aussi que 3 pour 100 de droits de douane, se sont établis en Égypte, en 1698, en dépit des efforts du consul Maillet pour s'opposer à leur admission, et ont établi au Caire un consul et quelques marchands. Dès l'année suivante, Maillet n'attendait plus leur départ que de l'insignifiance de leurs affaires et des exigences de leurs créanciers. C'était mal connaître la persévérance de leur nation. Le dix-huitième siècle les trouve encore au Caire : mais leur commerce ne fait pas grand tort à celui de nos nationaux, qui conserve la supériorité, et leur raison d'être en Égypte paraît surtout consister en un intérêt politique, qui se rattache à la communication avec l'Inde.

Après l'intérêt du commerce, qui vient en première ligne, celui de la religion concourt aussi à faire une place à l'Égypte dans la politique française. En Égypte, comme dans le reste du Levant, le roi très chrétien exerce sur les catholiques de toutes nationalités, le protectorat que lui confèrent les capitulations. Il s'en faut de beaucoup que ce protectorat entraîne alors les mêmes charges et les mêmes devoirs qu'aujourd'hui. Les missions catholiques y sont, dans ce temps, beaucoup moins nombreuses et moins florissantes qu'à notre époque et se portent même plus volontiers sur d'autres régions que l'Égypte. La Syrie et la Palestine sont leur terre de prédilection. Avec les clergés des rites orientaux unis à l'Église romaine, les Franciscains, doyens de tous les missionnaires catholiques d'Orient, forment alors toute la clientèle ecclésiastique du consul de France. Le droit de cure est attaché à la chapelle qui doit, invariablement, être annexée à la maison consulaire; chapelain du consul, le religieux qui la dessert est en même temps curé de la nation et des « Latins ». Consul et nationaux sont également jaloux de ce privilège et vigilants à défendre « un des droits les plus honorables dont la nation fût en possession (1) ». On se tromperait cependant singulièrement en se représentant comme un édifice somptueux l'église qui réunit ce double caractère de chapelle consulaire et de paroisse nationale. Attenante à l'habitation du consul, à moins même qu'elle ne consiste en une simple pièce de sa maison, elle se signale généralement par l'exiguïté des dimensions et la simplicité des ornements, auxquels pourvoit la chambre de commerce de Marseille. « Le nombre des paroissiens n'est ici guère moindre de cent, écrit un consul du Caire, et cependant la chapelle n'en peut pas contenir une

(1) 1699, Benoist de Maillet à la chambre de commerce de Marseille.

trentaine. C'est une honte pour nous de voir, aux bonnes fêtes, les trois quarts des marchands dans des cours et sur des escaliers (1). » Tel est le cadre modeste dans lequel se célébreront alors les cérémonies que l'on nomme encore les « messes consulaires ».

Pas plus qu'aujourd'hui, les chrétiens schismatiques ne sont compris dans le protectorat religieux de la France. Mais tel est, à cette époque, le prestige du nom français, qu'à défaut d'autre grande puissance dont ils puissent se réclamer, les chrétiens de toutes confessions, grecs, arméniens, coptes, ont pris l'habitude de considérer le consul de France comme leur protecteur naturel : si bien que son patronage englobe, à des titres divers, catholiques latins et chrétiens schismatiques, tout ce que l'islam n'a pas converti à sa foi. Ainsi, l'influence de la France pénètre, à la suite de la religion, partout où vit une communauté chrétienne, aussi loin que parviennent des moines chrétiens : le portrait de Louis XIV vient orner le couvent du mont Sinaï (2).

La tradition assigne donc au commerce et à la religion une place essentielle dans la politique de la

____

(1) Janvier 1702. Benoist de Maillet à la chambre.

(2) « Mgr l'Archevêque du Mont Sinaï m'avait demandé un portrait du Roi pour mettre dans la salle de ce fameux monastère et transmettre à la postérité l'image d'un Prince dont les actions ont pénétré jusque dans les déserts les plus reculés. Cet archevêque et toute sa famille ont une vénération singulière pour la personne de Sa Majesté. » (Benoist de Maillet à la chambre de commerce de Marseille, 25 février 1699.)

France en Égypte. C'est aussi un problème traditionnel que la recherche d'une communication entre
la Méditerranée et la mer Rouge, puisque l'origine
en remonte à l'histoire ancienne et à l'antiquité classique. Le souvenir d'initiatives plus modernes relie au
présent cette tradition du passé. Un Turc, El-Eudj-
Ali, a eu, en 1586, la velléité de rétablir le canal des
Pharaons entre le Nil et Suez, et l'ambassadeur de
France à Constantinople, Savary de Lancosme, en a
rendu compte à sa cour (1). Les Bourbons en ont
donc trouvé l'indication dans l'héritage des Valois.
Plus tard, l'auteur anonyme d'un mémoire conservé
aux Archives des Affaires étrangères a soumis à Richelieu un plan de colonisation de l'Inde et de l'Aus-
tralie, qui comporte aussi l'ouverture d'un canal de
la mer Rouge à la Méditerranée (2). Louis XIV enfin

(1) « ... Oluchaly (El-Eudj-Ali) s'en va en Alexandrie avec vingt-
cinq galères, deux mahonnes et quelques galères pour un effet qui me
semble impossible ou, pour le moins, très difficile, qui est d'ouvrir
un canal au Caire, tirant à une ville qui s'appelle Vez, sur la pointe
du goulfe de la mer Rouge, y ayant distance par un désert sablon-
neux et sans eau doulce de cinq à six journées de chameau, par
lequel ils veulent destourner le Nil et le faire navigable jusques à la
mer Rouge, afin d'ouvrir le chemin à toutes galères et vaisseaux pour
aller aux Indes orientales sans chercher l'océan. » La suite de la
lettre de Savary de Lancosme à Henri III, datée du 25 juillet 1586,
décrit les moyens que les Turcs comptent employer pour exécuter ce
canal et les conséquences qu'ils en attendent. (Voyez : *un Pacha
d'Alger précurseur de M. de Lesseps*, par M. DE GRAMONT, et *l'Isthme
et le canal de Suez*, par M. CHARLES-ROUX. Paris, Hachette, 1901.)

(2) « On pourrait creuser un canal de Suez au Caire, ainsi qu'il
s'est pratiqué sous les anciens rois d'Égypte, et peut-être sous Salo-
mon. Le Turc espérerait enrichir son pays; Venise se remettrait :

a, par trois fois, essayé de résoudre la question par
une négociation avec la Porte ottomane et tenté d'ouvrir à notre marine l'accès du port de Suez et de la
mer Rouge (1). Le souvenir de ces négociations n'a
pas encore eu le temps de s'effacer de toutes les
mémoires. La trace en subsiste, d'ailleurs, dans les
instructions de Colbert et de Seignelay, dans les
rapports de La Haye-Vantelet, de Nointel et de
Gérardin. La tradition s'en conserve aussi dans les
bureaux des Affaires étrangères, où le « précédent »
jouit déjà de l'autorité qu'on lui connaît, et à l'ambassade de Constantinople où, — leurs propres dépêches
en font foi, — nos représentants en retrouvent l'écho
dans la correspondance de leurs prédécesseurs.

Dès le dix-septième siècle, du reste, la question a
cessé de se maintenir exclusivement dans le domaine
diplomatique pour faire son apparition dans le domaine public. Ayant eu vent, sans doute, des négociations de La Haye-Vantelet et de Nointel, un
commerçant, ancêtre trop méconnu des économistes
du siècle suivant, Jacques Savary, a introduit dans

Marseille se rendrait puissante ; on relèverait l'ancien commerce vers
l'Abyssinie. Par cette correspondance des mers, les Espagnols seraient
affaiblis sur la Méditerranée et tous les autres princes fortifiés. »
(Voyez : *Richelieu et la monarchie absolue*, par le vicomte D'AVENEL,
et *l'Isthme et le canal de Suez*, par M. CHARLES-ROUX.

(1) Les propositions et les tentatives dont l'Égypte a été l'objet sous
le règne de Louis XIV ont été exposées par M. Albert VANDAL dans
deux ouvrages : *Louis XIV et l'Égypte*, Paris, Picard, 1889 et *les
Voyages du marquis de Nointel*, Paris, Plon, 1900.

la seconde édition de son *Parfait Négociant* un remarquable développement sur le commerce des Indes
par l'Égypte et suggéré l'ouverture d'un canal de la
mer Rouge à la Méditerranée (1). Trois échecs consécutifs n'ont pas suffi à faire perdre au gouvernement l'espoir d'arriver à ses fins. Cet accès à la
mer Rouge, que la Turquie s'obstine à lui interdire
du côté de l'Égypte, il l'a cherché du côté de l'Abyssinie et, à l'instigation de Pontchartrain, le consul
de France au Caire, Benoist de Maillet, a fait de
cette suggestion, en 1697, une étude approfondie.
Mais telle est, dès cette époque, la force d'une tradition appuyée sur l'évidence, qu'un an après, Maillet
a, de lui-même, rappelé l'attention de son gouvernement sur la seule voie praticable pour mettre la mer
Rouge en communication avec la Méditerranée,
remis en lumière les divers moyens d'en faire usage
et fait revivre le projet de jonction des deux mers
par un canal. Périodiquement, d'ailleurs, nos consuls au Caire ramènent, sous une forme ou sous
une autre, la même question sur le tapis. Elle reste
donc ouverte et, si elle n'a pu encore être résolue,
du moins la solution en est-elle connue et désignée
d'avance aux efforts du pouvoir royal.

Quant à la conquête même de l'Égypte, l'idée en
demeure vivante, en France, grâce au souvenir tou-

______

(1) Jacques Savary, *le Parfait Négociant*, 2ᵉ édition, Paris, 1679.

chant et glorieux de la croisade de saint Louis, qui la garantit elle-même contre l'oubli. Dans le courant du règne qui vient de finir, une proposition, écartée par le pouvoir royal presque sans examen, est venue rajeunir cette antique tradition. Leibniz a proposé à Louis XIV de s'emparer de l'Égypte et il a été éconduit. Mais, connue, sur le moment même, de très peu de personnes et prise par ceux qui la connurent en très médiocre considération, cette manifestation, qui a, depuis, dû à la personnalité de son auteur une notoriété exceptionnelle, est tombée pour plus d'un siècle dans un oubli profond. Elle n'en sera tirée qu'en 1803 (1) et n'a pas pu, par suite, exercer d'influence sur l'esprit des hommes du dix-huitième siècle.

Si, pourtant, l'idée de la conquête de l'Égypte tend faiblement encore à remonter à la surface, elle le doit à l'influence de trois causes : aux dernières lueurs de l'esprit des croisades, aux premières velléités de partage de la Turquie, à l'intérêt que suscite la recherche d'une communication plus courte avec l'Inde. Il s'en faut en effet beaucoup que l'esprit des croisades ait disparu tout d'un coup de notre pays; on en rencontre au contraire des symptômes jusqu'à une date relativement avancée de l'époque moderne,

____

(1) C'est en 1803 que Mortier, commandant l'armée d'occupation de Hanovre, trouva un exemplaire du mémoire de Leibniz dans la bibliothèque de Hanovre. Il l'envoya à Bonaparte. Un résumé de ce document a été publié à Paris en 1805, dans le *Voyage de Hanovre*, de MANGOURIT.

à tel point qu'on a pu écrire une étude sur « un projet français de conquête de l'empire ottoman aux seizième et dix-septième siècles (1) ». Ce n'est pas sans hésitations ni sans regrets que Louis XIV lui-même s'est résolu à suivre, envers la Turquie, la politique de ses prédécesseurs, et nombreux sont les témoignages qu'il a donnés, jusqu'en 1669, d'une impatience mal contenue de combattre les infidèles. Neuf ans ont été nécessaires à Colbert pour le gagner définitivement à la cause de la paix et le détourner de rouvrir l'ère des guerres saintes, sauf à dédommager la France, par quelque conquête fructueuse, du sang versé pour la foi. Car le sens pratique se combine dans une curieuse mesure, avec le prosélytisme, dans ces tardives manifestations de l'esprit des croisades, et l'on y voit germer l'idée d'un partage politique des territoires conquis en commun sur le Turc. Chacun répartit les provinces comme il l'entend : c'est ainsi que la France se voit attribuer, par l'un des îles de l'archipel, par l'autre Constantinople et les détroits, par l'autre enfin l'Égypte. La basse vallée du Nil fait en effet partie du lot (2) que le R. P. Jean Coppin, ancien consul des Français à Damiette, réserve à son pays dans son *Bouclier de l'Europe ou la guerre sainte* (1686). Maintenant à l'état de vassaux

____

(1) L. Drapeyron, *Revue des Deux Mondes*, 1ᵉʳ novembre 1876.

(2) Ce lot se compose de Bône, Tunis, Corinthe, Constantinople, Andrinople, Brousse et la Basse-Égypte.

les seigneurs locaux d'alors, Louis XIV, s'il eût suivi ce religieux dans son dessein, eût établi dans la Basse-Égypte une sorte de protectorat français.

Les négociants souhaitent, eux aussi, que le roi étende sa domination sur cette contrée; ils voient dans cette conquête la condition d'une entreprise qui déjà leur tient à cœur : l'établissement d'une communication, maritime, fluviale ou terrestre, entre la Méditerranée et la mer Rouge. C'est le vœu qu'exprime Jacques Savary (1) dans son *Parfait Négociant*.

Il n'est pas jusqu'aux diplomates qui ne spéculent, dès cette époque, sur la chute et sur le partage de l'empire ottoman. Dans un mémoire que Saint-Priest eut plus tard sous les yeux, M. de Châteauneuf (2), ambassadeur du roi à Constantinople, désigne, comme la part éventuelle de la France, l'île de Candie, au secours de laquelle Louis XIV a envoyé la malheureuse expédition des ducs de Navailles et de Beaufort. Ce projet devait être souvent remis sur le tapis et former, tantôt le complément, tantôt la contre-partie de la plupart des plans de descente en Égypte.

(1) « Si notre grand monarque Louis le Grand était maître de l'Égypte, comme il serait à souhaiter... » et : « Il n'appartenait qu'à notre grand monarque d'exécuter une telle entreprise... »

(2) « M. de Châteauneuf, l'un de mes plus habiles prédécesseurs en cette ambassade, proposa à Louis XIV, dans un rapport que j'ai sous les yeux, sur l'hypothèse de la chute de l'empire ottoman, de s'emparer de l'île de Candie et ce projet a été remis depuis sur le tapis. » Mémoire du comte de Saint-Priest sur son ambassade en Turquie. Arch. Aff. étr., Turquie, 171.)

La France n'est pas le seul pays où l'esprit de croisade soit encore sujet à des réveils inattendus. On en trouve une intéressante manifestation dans l'ouvrage qu'un sujet de Marie-Thérèse, le chevalier Dominique Jauna, publie en 1747 (1).

Employé par la cour de Vienne « pour les affaires qui sont du département du commerce », Jauna avait voyagé et séjourné en Égypte, où il avait été l'hôte du consul de France, Benoist de Maillet. Les connaissances acquises au cours de ce séjour lui fournirent la matière d'un *État présent de l'Égypte* et de *Réflexions sur les moyens de conquérir l'Égypte et le royaume de Chypres*, qui furent publiés à la suite de son *Histoire générale des royaumes de Chypres, de Jérusalem, d'Arménie et d'Égypte*, dédiée à l'impératrice Marie-Thérèse. Le projet qu'il expose est celui d'une conquête de Chypre et de l'Égypte, non par l'Autriche seule, mais par tous les princes chrétiens coalisés : c'est en somme une espèce de guerre sainte Les seuls motifs qui l'aient déterminé à élever la voix sont « le zèle pour la vraie religion et le désir sincère et ardent qu'il a de voir les infidèles privés d'un pays qu'ils ont usurpé ». L'intérêt pratique de la conquête n'intervient qu'à titre accessoire, afin

(1) *Histoire générale des royaumes de Chypres, de Jérusalem, d'Arménie et d'Égypte*, suivie d'un *État présent de l'Égypte* et de *Réflexions sur les moyens de conquérir l'Égypte et le royaume de Chypres*, par le chevalier Dominique JAUNA. Leide, 1747.

d'encourager la chrétienté à réaliser un projet dont l'exécution tient à cœur à Jauna, mais pour de tout autres raisons. Singulier état d'esprit de la part d'un homme dont la vie semble s'être écoulée dans une carrière administrative, absorbée par des soucis commerciaux! Ce n'est pas le seul rapport sous lequel cet apôtre attardé des guerres saintes paraisse s'être soustrait aux préoccupations de son temps. Tandis que ses contemporains s'attendaient à voir, d'un moment à l'autre, s'écrouler l'empire ottoman, Jauna craignait qu'un sultan énergique et belliqueux, montant sur le trône de Constantinople, recouvrât les conquêtes des Turcs et s'avançât jusqu'aux Alpes, et c'était une des raisons pour lesquelles il prêchait l'offensive aux princes chrétiens.

L'extravagance de ce point de départ ne doit pas cependant rendre injuste pour les considérations très raisonnables qu'inspirent à Jauna la valeur politique et économique de l'Égypte, ses ressources agricoles, le commerce de la mer Rouge. S'appuyant sur le témoignage de Tacite, il montrait l'intérêt que les empereurs romains avaient toujours attaché à l'Égypte; les Turcs eux-mêmes n'en méconnaisaient pas le prix et le Grand-Seigneur tremblait d'en être dépossédé : n'était-ce pas la meilleure preuve du profit que ses conquérants européens pouvaient en retirer? Or la conquête en avait toujours été aisée et quelle supériorité ne donnerait pas aux princes du dix-huitième siècle, par rapport aux croisés, les progrès de l'art militaire, de la navigation, la connaissance des conditions physiques de l'Égypte, du régime du Nil, etc.? Il importait de commencer par s'emparer de Chypre, entreprise également facile. Arrivé à ce point de son argumentation, Jauna s'avisait cependant de la difficulté qu'il y aurait à mettre d'accord tous les princes chrétiens, à qui il faisait honte de leur désunion, connue des infidèles. Mais cette difficulté ne l'arrêtait pas et il la tranchait en proposant de donner des compensations à ceux qui n'auraient pas l'Égypte ou Chypre. Il en arrivait ainsi à examiner l'inévitable hypothèse de l'expulsion des Turcs hors d'Europe : l'occasion de les en chasser lui paraissait opportune.

On ne saurait certes conclure du projet de Jauna que les guerres saintes fussent redevenues à la mode en Europe et son appel aux princes chrétiens n'a d'autre intérêt que celui d'un anachronisme. Mais le but dont il a fait choix pour sa croisade, les motifs par lesquels il justifie ce choix, n'en prouvent pas moins que l'idée de conquérir l'Égypte s'était fait jour ailleurs qu'en France et pouvait, le cas échéant, influer sur les résolutions d'un gouvernement étranger.

Malgré d'aussi puissants intérêts et d'aussi fortes traditions, l'activité de la politique française semble s'être quelque peu ralentie en Égypte pendant la presque totalité du règne de Louis XV. L'insuccès des négociations poursuivies à trois reprises, sous le règne précédent, en vue d'ouvrir à notre pavillon le port de Suez et la mer Rouge, coupa court pour longtemps à la recherche d'une communication avec l'Inde par cette voie. L'action du gouvernement se borna en somme à maintenir notre commerce en possession de ses privilèges et à assurer la protection de nos petites colonies marchandes d'Alexandrie et du Caire.

La première moitié du dix-huitième siècle ne nous fait plus assister qu'aux efforts impuissants du consul Le Maire pour ranimer le commerce expirant de la mer Rouge au profit des Français d'Égypte. En interdisant le transport du café de Moka dans ses États, le sultan avait coupé court aux relations des Français par Suez avec les côtes de l'Arabie. C'est contre cette interdiction que Le Maire s'ingénie à lutter de 1712 à 1718, avec l'arrière-pensée de procurer aux vaisseaux français le transport du café dans la mer Rouge. Mais ni l'intervention du pacha du Caire auprès du grand-douanier de Constantinople, ni celle du schérif de la Mecque auprès du sultan lui-même ne purent fléchir l'obstination de la Porte. « Nonchalants au fait du commerce », les Égyptiens se lassèrent bientôt de la combattre. « Ces gens-là vous paient d'Allah-kerim, disait Le Maire, et une fois qu'ils sont accoutumés à une chose, ils s'en tiennent là (1). »

____

(1) Le consul Le Maire à la chambre de commerce, 15 juin 1712.

Par la faute de la Porte, le commerce du café changea de voie et se fit désormais par le cap de Bonne-Espérance. Djeddah et Moka devinrent des escales pour les vaisseaux français, anglais et hollandais, qui naviguaient entre les Indes et l'Atlantique. Sans doute est-ce le développement de ce courant commercial qui décida notre diplomatie à conclure, en 1737 (1), un traité de commerce avec le schérif de la Mecque. C'est presque au même moment que le marquis de Villeneuve installe un consul à Bassora et cultive les anciennes relations de la France avec la Perse (1738). Il y a dans la coïncidence de ces deux faits comme une velléité de retour aux vastes conceptions dont Colbert avait poursuivi la réalisation, pour ouvrir aux Français les avenues commerciales des Indes et drainer vers nos ports le riche trafic de ce continent. Mais ces velléités restèrent pratiquement infructueuses et, faute d'une action suffisamment énergique et persévérante, le commerce vit se dérober à lui les espoirs si souvent entrevus.

Le pouvoir royal n'eut pas non plus à se prononcer de longtemps sur la question de la conquête et de la possession de l'Égypte : ce projet ne lui fut plus

---

(1) On lit dans un *Mémoire pour MM. les Administrateurs de la Compagnie des Indes,* composé en 1785 par M. DE SEYMANDI : « La France a fait un traité de paix et d'amitié avec le schérif de la Mecque en 1737, traité oublié, dont M. Seymandi a remis une copie à Monseigneur le Ministre de la Marine, après avoir négocié les traités dont il est question ci-dessus. » (Arch. Aff. étr., Turquie, 173.)

présenté avant 1768. L'avenir semblait justifier la dédaigneuse réplique de Pomponne à la proposition de Leibniz : « Les guerres saintes ont cessé d'être à la mode en France depuis saint Louis. »

L'abandon momentané de cette idée par l'opinion publique résulte de la situation respective de la Turquie et de l'Égypte à cette époque. La Turquie, puissance encore redoutable ou, du moins, considérée comme telle, n'eût sans doute pas été pour la France une ennemie aussi dangereuse qu'elle était une alliée utile : mais elle passait pour vigoureuse encore et prête à défendre son bien. L'Égypte, politiquement dépendante de la Porte, n'avait pas encore réduit à néant l'autorité du sultan. Sans doute, l'éloignement de cette province favorisait déjà son indépendance de fait; dès 1724, l'ambassadeur du roi à Constantinople, le marquis de Bonnac (1), recommandait au consul de France au Caire de terminer sur place le plus d'affaires possible, sans en référer à lui, c'est-à-dire de traiter les autorités locales en gouvernement autonome. Néanmoins, le pacha du Caire défendait encore ses pouvoirs contre les usurpations des Mameluks et le sultan gardait entière son autorité sur le Pacha. Les conditions politiques paraissaient donc

(1) « Les affaires qui regardent l'Égypte doivent être traitées en Égypte même par le consul; il n'en faut envoyer que le moins qu'on peut à la Porte et il suffit que l'Ambassadeur écrive lui-même de temps en temps au Pacha et fasse écrire par le Grand Vizir. » (Mémoire du marquis de Bonnac, Arch. Aff. étr., Turquie, 12. 11.)

mettre à l'occupation de l'Égypte des obstacles qui en faisaient une entreprise hasardeuse à plus d'un égard.

A aucun moment cependant, l'attention de l'opinion publique ne se détourna complètement de l'Égypte. La grandeur de ce pays dans les temps passés, le rôle du Nil et du canal des Pharaons dans l'antiquité, les relations des Phéniciens, des Grecs et des Carthaginois avec l'Inde sont des matières familières aux érudits du dix-huitième siècle. « On ne parle, écrit un auteur de ce temps (1), que des anciennes villes de Thèbes et de Memphis, des déserts de la Lybie, des grottes de la Thébaïde. Le Nil est aussi familier à beaucoup de gens que la Seine. Les enfants même ont les oreilles rebattues de ses cataractes et de ses embouchures. Tout le monde a vu et entendu parler des momies. En un mot, le puits de Joseph, la colonne de Pompée, le phare d'Alexandrie, les pyramides d'Égypte sont des objets dont on a été si souvent entretenu, qu'entreprendre d'ajouter aux connaissances que l'on en a déjà, ce serait vouloir apprendre à un Parisien ce que c'est que Saint-Denys, ou faire connaître le tombeau de saint Martin à un habitant de la Touraine. »

L'auteur même à qui nous empruntons ces lignes, l'abbé Le Mascrier, extrait, en 1740, des mémoires de

(1) Préface de la *Description de l'Égypte* composée, sur les mémoires de M. Benoist de Maillet, par l'abbé Le Mascrier. (1740.)

Benoist de Maillet une *Description de l'Égypte,* où sont rassemblées toutes les données qu'un séjour de seize ans au Caire a mis ce consul à même de recueillir sur les monuments, les mœurs, les coutumes, la religion, le commerce, le gouvernement, la flore et la faune du pays. Bien entendu, Maillet n'a eu garde, dans les notes que son éditeur livre au public, de passer sous silence le projet qu'il a développé dans son rapport de 1698. Non seulement il rappelle l'existence du canal des Pharaons et de celui du khalife Omar et conclut de ces exemples à la possibilité de rétablir ces ouvrages, mais il consacre un développement d'un rare intérêt à « la jonction du commerce des Indes avec celui d'Europe par la mer Rouge ». Il ne s'agit plus là d'une entreprise colossale, comme celle dont le dix-neuvième siècle a vu l'exécution, mais d'un projet infiniment plus modeste, consistant à faire venir les marchandises des Indes à Suez, en passant par Djeddah, où un consulat serait établi, et à les transporter ensuite de Suez à Alexandrie, par caravane d'abord, par le Nil ensuite. Obstacles à surmonter, moyens d'y réussir, avantages à en retirer, tout est examimé avec une ampleur et une précision qui font honneur à l'intelligence de ce précurseur oublié de M. de Lesseps.

En 1748, Montesquieu, dans *l'Esprit des lois,* décrit et compare les routes commerciales des anciens. Entre 1750 et 1760, le chimérique marquis d'Argenson, caressant un projet de croisade, met au nombre des conséquences de son dessein la création d'un canal de jonction de la mer Rouge à la Méditerranée. De 1753 à 1758, Voltaire consacre quelques pages de son *Essai sur les mœurs* à l'influence de la découverte du Cap et aux luttes des Portugais contre Venise. En 1766, le géographe d'Anville réunit, dans ses *Mémoires sur l'Égypte ancienne et moderne,* toutes les données qu'on possède de son temps sur la géographie de ce pays, y dresse, d'après les croquis et les relevés des voyageurs, les meilleures cartes qui aient existé jusqu'à l'expédition de Bonaparte.

Moins nombreux, moins célèbres surtout qu'à la fin du siècle, les Français maintiennent cependant la tradition qui, dès le moyen âge, les poussait à visiter l'Égypte. Tavernier, Morison, Lucas, Tollot, les Pères Sicard et Dubernat continuent la série des voyageurs français. Les monuments historiques de l'Égypte inspirent une curiosité mêlée de respect. Un rapport au roi, du mois de mai 1737, propose de faire venir d'Alexandrie à Paris la colonne de Pompée et de la dresser sur une place de la capitale, surmontée d'une statue de Louis XV (1). L'engouement dont témoigne

---

(1) Archives des Affaires étrangères, cartons intitulés : « Rapports au Roi, mai 1737. » « L'on propose de faire enlever d'Alexandrie la colonne de Pompée qui menace ruine et de la faire transporter en France pour être élevée avec une statue du Roi au-dessus. C'est un des plus grands et des plus anciens monuments des siècles passés qu'il serait digne de la gloire du Roi de conserver. Les circonstances

cette proposition n'est déjà plus un fait isolé, car nous la trouvons reproduite dans le journal d'un voyageur de la fin du siècle, Sonnini de Manoncourt (1). Peu s'en fallut donc que, dès le dix-huitième siècle, un monument de la grandeur passée de l'Égypte ne s'élevât à Paris, peut-être à la place même où se dresse aujourd'hui l'obélisque de Louqsor.

Pas de progrès notable et peu de résultats acquis depuis 1715, mais un grand chemin parcouru avant cette date; une situation fortement établie, énergiquement défendue et encore intacte, dans un pays déjà convoité, désigné d'avance à l'ambition française : ainsi peut se résumer la question en 1768. A cette date, éclata en Orient une guerre qui mit tout l'Occident en émoi.

présentes paraissent favorables pour obtenir de la Porte des ordres pour l'enlèvement de cette colonne. L'on prétend qu'il y aurait des moyens tant pour la faire abattre sans l'endommager que pour la faire transporter en France et qu'il n'en coûterait pour cela qu'environ 100 000 livres jusqu'à l'embarquement pour lequel il faudrait construire un bâtiment exprès. »

(1) SONNINI (C.-S.), *Voyage dans la Haute et Basse-Égypte fait par ordre de l'ancien gouvernement...* 3 vol. et 1 atlas. Paris, an VII de la République. — Dans le chapitre consacré à Alexandrie, se trouve une curieuse dissertation sur le transport à Paris de la colonne de Pompée.

CHAPITRE II

La guerre turco-russe de 1768 révéla subitement
l'état de décadence et de profonde décrépitude de la
Turquie, en même temps que l'imminence et la gravité du danger dont elle était menacée. La Russie,
imprudemment provoquée, avait saisi l'offensive et
paraissait résolue à faire chèrement payer aux Turcs
leur audace ; les opérations témoignaient en sa faveur d'une écrasante supériorité militaire. Les Turcs,
qui n'avaient pas su attaquer, faisaient preuve, dans
la résistance, d'une incapacité sans exemple. Des
armées de 100 000 et de 150 000 hommes, comman-
dées par le khan des Tatars et par le grand vizir en
personne, prenaient la fuite devant des corps de
30 000 et de 17 000 Russes. Des provinces entières

tombaient, l'une après l'autre, entre les mains des généraux de Catherine II, qui occupaient la Crimée, le territoire compris entre le Dnieper et le Dniester, la Bessarabie, la Moldavie, la Valachie et une partie de la Bulgarie. L'escadre turque anéantie, la flotte d'Alexis Orloff parcourait l'archipel conquis et menaçait les détroits, répandant l'alarme dans Constantinople. En Perse, Khérim-khan reprenait la guerre. Aux prises avec des adversaires implacables, entouré de voisins impatients de se partager ses dépouilles, impuissant à se défendre, l'empire ottoman paraissait, pour ainsi dire, se désagréger de lui-même : la Morée se soulevait à l'approche des vaisseaux russes ; l'Égypte, sous Ali-bey, achevait d'échapper à l'autorité de la Porte ; la Syrie et la Palestine se préparaient à s'y soustraire. Il semblait, comme devait l'écrire plus tard un ambassadeur, M. de Saint-Priest, « que ce colosse de puissance ne fût plus destiné à reprendre une assiette stable ».

Ce coup de théâtre provoqua en Europe, en France surtout, une profonde émotion. La Turquie apparut tout à coup à la veille d'une catastrophe, que beaucoup considéraient comme inévitable. Les uns inclinaient à la laisser se produire, les autres à s'y opposer ; les premiers auraient voulu qu'on se préparât à en profiter, les seconds présentaient ce parti comme dangereux et perfide : mais tous étaient unanimes à penser que le sort de l'empire ottoman était en ques-

tion et que la France avait le devoir de s'en préoccuper.

Les Turcs refoulés en Asie, les Russes installés en
Roumélie et à Constantinople, les Autrichiens à Salonique et en Grèce, à moins qu'un empire grec, politiquement soumis à l'influence de Pétersbourg et de
Vienne, ne s'élevât sur les ruines de la Turquie d'Europe, c'était l'équilibre de la Méditerranée modifié
du tout au tout, l'effondrement du système traditionnel de bascule si heureusement appliqué par la diplomatie française en Orient, avec le concours de l'empire ottoman, de la Suède et de la Pologne.

Si graves que fussent ces intérêts politiques, ce
n'étaient cependant pas les seuls que la crise orientale mît en cause. L'intérêt du commerce avait toujours été un des motifs déterminants du gouvernement français à persévérer dans sa politique d'entente
avec la Turquie. Ce devait être, par suite, un des
objets essentiels de ses préoccupations, dans le nouvel état de choses créé par les désastres des Turcs. Du
Levant tout entier, on peut dire en effet ce que nous
avons dit de l'Égypte : que c'était pour la France une
façon de colonie. Les États de ce temps cherchaient
dans les colonies, moins un débouché pour le trop-
plein de leur population, qu'un marché où leur
industrie pût à la fois écouler ses produits et s'ap-
provisionner en matière première. Les Échelles du
Levant répondaient à souhait à ce double besoin.

Elles absorbaient, bon an mal an, pour une vingtaine de millions de livres de marchandises et en fournissaient pour une trentaine de millions ; elles étaient les meilleures clientes de nos manufactures de soie de Lyon, de drap du Languedoc, du Dauphiné et de Provence, dont Colbert était arrivé à faire les rivales heureuses des fabriques d'Angleterre et de Hollande. En retour, notre industrie s'approvisionnait de coton en Égypte et en Syrie, de soie brute à Smyrne, de laine à Constantinople. Alexandrie et Constantinople fournissaient des cuirs à nos tanneries de Provence, des cendres employées à la fabrication du savon de Marseille. Le commerce du Levant pourvoyait aussi, dans une large mesure, à l'alimentation de la France : Salonique était l'entrepôt du blé ; Candie, celui de l'huile ; l'Égypte, le marché du café et du riz. Smyrne, Alexandrie, les Échelles de Syrie subvenaient à la consommation des « drogues » et des « épices », que nos colonies de Bourbon et des Antilles, ou, pour parler le langage du temps, « les îles », ne produisaient plus en quantité suffisante. La prospérité de Marseille reposait, pour une large part, sur ce trafic, qui était lui-même l'origine d'un actif commerce de transit. Car, de Marseille, une partie des marchandises du Levant passait en Espagne, en Italie, en Suisse et jusqu'en Allemagne. Les marins de l'Océan, les « Ponantais », venaient aussi en charger pour le Havre et pour Lorient (1). La France entière était donc intéressée à sauvegarder cette source inépuisable de richesses. Or qu'en adviendrait-il lorsque tout ou partie des Échelles du Levant serait entre les mains de concurrents, maîtres de statuer au gré de leurs désirs sur les douanes, l'importation et l'exportation? Que l'empire ottoman s'effondrât ou qu'il subsistât, il y allait de l'intérêt de la France qu'elle ne fût pas exclue du commerce du Levant : et, de même que son intérêt politique, son intérêt économique pouvait être pour elle une raison, soit de s'opposer au démembrement de la Turquie, soit d'y participer.

C'est à l'instigation de notre ambassadeur, Vergennes, que le sultan avait déclaré la guerre aux Russes. Dans ces conditions, profiter de ses embarras, avant d'avoir cherché à l'en tirer, eût été déloyal et indigne de la France. Choiseul en eut conscience et, dans ses instructions à Vergennes, puis à Saint-Priest, il traça à ces ambassadeurs une ligne de conduite conforme à la loyauté et à l'honneur : secouer l'inertie des Turcs, les déterminer à une action aussi prompte et aussi énergique que possible, les aider de notre concours officieux, ménager à notre gouvernement le droit et les moyens d'exercer la médiation, quand viendrait le moment de négocier.

(1) Pour plus amples détails, voyez Paul Masson, *Histoire du commerce français dans le Levant au dix-septième siècle*. Paris, Hachette, 1896.

Mais Choiseul avait trop « d'avenir dans l'esprit » pour s'en tenir à cette politique au jour le jour. Il pouvait, sans manquer à ses devoirs envers la Turquie, jeter les bases d'une politique future, dans le cas où nos efforts pour la sauver demeureraient infructueux.

« M. le duc de Choiseul, — a dit Talleyrand (1), — un des hommes de notre siècle qui a eu le plus d'avenir dans l'esprit, cherchait dès cette époque (1769) à préparer par des négociations la cession de l'Égypte à la France, pour se trouver prêt à remplacer, par les mêmes productions et par un commerce plus étendu, les colonies américaines le jour où elles nous échapperaient. » Songeant lui-même, au moment où il écrivait ces lignes, à diriger vers l'Égypte l'expansion coloniale de la France, Talleyrand pourrait être soupçonné d'avoir cédé à la tentation de placer ses propres idées sous un patronage illustre. Mais son témoignage, le seul qu'on possédât pendant longtemps du projet ébauché par Choiseul, est confirmé par celui d'un de ses contemporains, encore mieux placé que lui pour connaître les secrètes pensées du ministre de Louis XV. « L'Égypte, écrivait le duc de Lauzun au comte de Montmorin en 1787 (2), a sou-

---

(1) *Mémoire sur les avantages à retirer de colonies nouvelles dans les circonstances présentes*, lu à l'Institut de France le 15 messidor an V (3 juillet 1797), par Talleyrand. — Voyez Sainte-Beuve, *M. de Talleyrand*, et Vandal, *Louis XIV et l'Égypte*.

(2) Voyez plus loin, chap. vi, p. 192.

vent fixé l'attention de M. le duc de Choiseul. L'acquisition de ce pays superbe et fertile était son projet favori, le roman politique qui occupait le plus souvent ses rêveries. »

Neveu de Choiseul, Lauzun a eu sa place marquée dans la coterie qui entoura successivement la toute-puissance du ministre et la disgrâce de l'exilé. La chronique du temps leur a attribué une parenté naturelle directe, qui n'a pas empêché le père légal de Lauzun, le duc de Gontaut, d'être, toute sa vie, l'intime ami de Choiseul, dont il avait protégé les débuts à la cour. Ses dissipations, ses voyages, ni ses campagnes n'ont jamais éloigné Lauzun que momentanément du ministre, dont il resta toujours l'un des familiers. Des premiers à lui rendre visite à Chanteloup, il s'y est montré aussi assidu qu'une existence assez vagabonde le lui a permis. Ami de Lauzun, l'abbé de Périgord, le futur Talleyrand fut aussi au nombre des frondeurs qui fréquentèrent Chanteloup, et ainsi tous deux ont pu recueillir de Choiseul lui-même la confidence de ses projets sur l'Égypte.

L'Égyte était alors considérée comme une des provinces destinées à se détacher, dans le plus bref délai, de l'empire ottoman, tant était lâche le lien qui l'y rattachait encore. Le sultan n'y conservait plus, depuis plus de vingt ans déjà, qu'une souveraineté nominale ; le pacha, auquel il déléguait son autorité, gardé à vue dans la citadelle du Caire, était plutôt traité en prisonnier qu'en gouverneur. Le tribut, symbole et unique profit de la souveraineté du sultan, n'était plus régulièrement payé. Le pouvoir appartenait en fait à une oligarchie de vingt-quatre beys, auxquels une sorte de lien féodal subordonnait les douze mille soldats d'une milice toute-puissante, les mameluks. Cette féodalité tenait le pacha captif, sous la terreur, et, l'empêchant d'user de son autorité, exerçait le gouvernement à sa place. De temps à autre, un bey plus puissant que ses collègues s'élevait au-dessus d'eux, faisait périr ou exilait les plus redoutables, et s'emparait seul du pouvoir souverain.

On peut fixer à 1746 le point de départ de cette transformation dans la situation politique de l'Égypte. Vers cette époque, l'un des kiayas ou colonels du corps des janissaires, le mameluk Ibrahim, avait réussi, en peuplant de ses créatures l'administration et l'armée, à accaparer tous les pouvoirs et à réduire le pacha à l'état de fantôme. Depuis lors, le gouvernement de l'Égypte avait changé de caractère, perdu, ou peu s'en faut, celui d'une autorité déléguée par la Porte, pour prendre celui d'un pouvoir indépendant, régi par la dictature et transmis par des coups d'État. A la mort d'Ibrahim, survenue en 1757, Rodoan avait hérité de sa puissance. Une succession de révolutions, dont la première coûta la vie à Rodoan, avaient ensuite élevé et renversé divers beys. Un dernier coup d'État venait enfin de s'accomplir, en

1766, au profit d'Ali-bey, qui avait, en une seule
nuit, fait assassiner quatre beys, exilé quatre autres,
embarqué le pacha pour Constantinople et refusé le
tribut à la Porte. Devenu en fait sultan d'Égypte, il
en avait pris le titre, et faisait battre monnaie. Il allait
bientôt s'emparer de Djeddah, diriger une expédition
contre la Mecque et lancer des troupes sur la Syrie
et la Palestine.

Nos nationaux d'Égypte avaient déjà ressenti le
contre-coup de ces désordres chroniques. Les que-
relles des partis entretenaient la révolution au Caire
à l'état permanent, et chaque révolution était pour
la nation un danger nouveau. Alexandrie n'était pas
plus calme. Envoyée dans les eaux égyptiennes pour
intimider les beys mameluks, la flotte du capitan
pacha inquiétait beaucoup plus les commerçants européens que les rebelles indigènes. La tyrannie de
son commandant s'était exercée, en 1767, avec une
violence qui avait fait sensation dans toutes les
Échelles du Levant, contre le drogman du consulat
de France à Alexandrie, Roboli, enlevé et transporté
à Constantinople, où il était mort en prison (1). Ce

(1) Voici comment un ancien consul général de France à Smyrne,
M. de Peyssonnel, rend compte de cet incident, dans son examen du
livre intitulé *Considérations sur la guerre actuelle des Turcs,* par
M. DE VOLNEY (Amsterdam, 1788) : « M. Roboly, drogman à Alexandrie, était parvenu, par ses intelligences avec les puissances et les marchands d'Égypte, à faire préférer, pour le cabotage, les vaisseaux
français aux alexandrins. Les manœuvres qu'il avait exercées pour
arriver à ce but lui firent de nombreux ennemis qui intriguèrent à

n'est pas sans étonnement que l'on avait vu Choiseul lui-même, d'accord avec le ministre de la marine, Praslin, calmer l'indignation de Vergennes et lui mander à mots couverts de ne pas s'acharner à la satisfaction d'un grief aussi légitime. Mais voici que deux ans après, tandis que la nation du Caire était livrée au despotisme d'Ali-bey, celle d'Alexandrie était de nouveau exposée aux insultes du capitan pacha, qui croisait avec ses vaisseaux à la sortie du port, levant des taxes sur l'Échelle et sur les navires français (1). Cette fois-ci, Choiseul, sans se montrer encore bien énergique, invitait cependant notre ambassadeur, Saint-Priest, à adresser des représentations à la Porte.

Son indépendance de fait à l'égard du sultan faisait donc de l'Égypte le pays dont la conquête ressemblerait le moins à une spoliation et, comme l'anarchie de son gouvernement menaçait, d'autre part, de puissants intérêts économiques, il n'est pas

Constantinople pour le perdre et l'accusèrent d'avoir fait passer du riz à Malte, tandis que la capitale était en disette de cette denrée. Cet interprète fut arrêté à Alexandrie, conduit à Constantinople et enfermé au bagne. Il n'y fut point étranglé secrètement, comme l'assure à tort M. de Volney ; mais, âgé et infirme, il y mourut de maladie avant d'avoir pu se justifier. » L'effet de cet incident fut assez grand pour qu'il en fût fait mention dans les instructions remises à Saint-Priest à son départ pour Constantinople : « L'emprisonnement du sieur Roboli, mort récemment au bagne de Constantinople, est, à tous égards, du plus dangereux exemple. Notre commerce en Égypte est presque anéanti. » (Arch. Aff. étr., Turquie, 145.)

(1) Arch. Aff. étr., 407.

étonnant que la crise de l'empire ottoman ait appelé sur elle l'attention de Choiseul et fait naître dans son esprit la pensée de s'en emparer.

Il va de soi qu'un tel projet exigeait le secret le plus absolu. « Si nous donnons une fois une prise apparente à la défiance, — écrivait très justement Choiseul (1), — nous ne nous relèverons plus, puisque la conduite la plus dégagée de tout intérêt particulier, la plus franche et la plus nette, n'a pu jusques ici nous en affranchir entièrement. » Il importait donc de ne pas laisser soupçonner de notre part l'intention de nous approprier l'Égypte, dans le cas où l'empire ottoman viendrait à être irrévocablement condamné. Ainsi s'explique sans doute le silence gardé par la correspondance officielle sur un projet qui était, d'ailleurs, tout problématique et conditionnel.

Ce silence n'est pas cependant si complet qu'il ne soit possible de retrouver quelques traces de l'arrière-pensée divulguée par Talleyrand et Lauzun. C'est Choiseul qui signa, le 17 juillet 1768, les instructions d'un nouvel ambassadeur à Constantinople, le chevalier de Saint-Priest. Dans ces instructions, généralement bâties sur un modèle invariable, à côté de considérations classiques sur la politique, le commerce et la protection de la religion, Choiseul intro-

____

(1) Arch. Aff. étr., Turquie, vol. 147, lettre du 17 octobre 1767.

duisit un paragraphe nouveau sur « les révolutions prochaines ou éloignées dont l'empire ottoman est menacé (1) ».

Saint-Priest devra procurer à la France « les moyens d'en tirer avantage ». Cet avantage, Vergennes, dejà hostile à la politique des partages, indique cependant, au retour de son ambassade à Constantinople, la possibilité de le chercher en Crète. Mais ce n'est pas sur cette île que Choiseul jeta les yeux. « L'Égypte, disent les instructions données à Saint-Priest, l'Égypte est déjà dans l'état d'une indépendance caractérisée. Les Tartares de Crimée sont bien près de secouer le joug. Ces deux puissances s'établiront vraisemblablement sur les ruines de l'empire ottoman, et c'est de ce côté qu'on pourrait porter ses vues. »

Si tel était l'état d'esprit de Choiseul antérieurement aux défaites des Turcs, dans quel sens a-t-il pu être influencé par les opérations militaires? L'évolution de sa propre pensée apparaît à travers celle de sa politique au cours de cette guerre. Au début, l'idée qui la domine est celle dont s'inspire traditionnellement la politique française dans les conflits survenus entre la Turquie et ses voisins : ménager à la France le rôle de médiatrice. Mais, pour qu'il y ait lieu à médiation, il faut qu'il y ait succès parta-

(1) Arch. Aff. étr., Turquie, vol. 145, 17 juillet 1768.

gés, résistance énergique. Cette condition ne se trouvant pas réalisée, à l'idée initiale de Choiseul se substitue peu à peu une autre : réserver à la France toute sa liberté d'action, lui laisser la possibilité de tirer parti de toutes les éventualités. Cette évolution politique suit les résultats mêmes de la lutte engagée. Plus le triomphe des Russes s'accentue, plus l'incurie des Turcs prouve l'inutilité de nos efforts pour les sauver (1), plus Choiseul se montre soucieux de ne pas compromettre l'avenir. L'annonce des grands projets d'opérations maritimes attribués à la Russie le laisse d'abord assez incrédule. Mais quand une flotte russe a appareillé de Cronstadt pour l'archipel ; quand l'Angleterre lui a offert, sur son passage, l'abri des ports britanniques ; quand Elphingston et Anderson se sont engagés sous les ordres de Spiridoff ; quand le pavillon russe a fait son apparition dans la Méditerranée ; quand a éclaté en Morée l'insurrection suscitée par les agents de Catherine II, la prévoyance l'emporte définitivement sur la routine dans l'esprit de Choiseul et la conscience du danger active l'évolution de sa politique.

Elle ne le porte cependant à aucune mesure prématurée, à aucune volte-face soudaine. Les Russes

(1) « Nulle ressource contre l'indiscipline et l'insubordination d'un peuple superstitieux et féroce, dans les qualités du souverain, ni dans les talents des favoris qu'il met à la tête des affaires. » Choiseul à Saint-Priest, décembre 1769. (Arch. Aff. étr., Turquie, 147.)

ayant demandé à la France de recevoir leurs vaisseaux dans ses ports, Choiseul répond que nos relations amicales avec la Porte nous interdisent d'accéder à ce désir et que leurs navires ne seront reçus qu'en cas de détresse, et un à un (1). Si Saint-Priest s'attire une semonce assez vive pour avoir admis l'hypothèse d'une alliance positive entre la France et la Turquie, ce n'est pas aux revers des Turcs qu'est dû l'accueil fait à cette proposition (2), car jamais l'éventualité n'en a été admise par la politique française. Ce qu'a modifié leur écrasement, c'est moins l'attitude que l'objectif de Choiseul : en décembre 1769, il prescrit à Saint-Priest de ne plus s'employer à nous procurer la médiation et de manœuvrer même pour nous l'éviter. « Il est prudent, pensait-il, de ne pas se mettre hors de mesure de profiter des révolutions possibles dans les affaires générales et dans celles des Turcs (3). »

Comment Choiseul entendait-il faire usage de cette liberté d'action qu'il se montrait si jaloux de sauvegarder? La correspondance officielle ne nous le dit pas. La seule indication expresse qu'elle contienne à cet égard consiste dans l'allusion faite à l'Égypte dans les instructions remises à Saint-Priest, à son départ pour Constantinople. Mais le dessein, ou

(1) Arch. Aff. étr., Turquie, 147.
(2) *Ibid.*
(3) Choiseul à Saint-Priest. (Arch. Aff. étr., Turquie, 147.)

plutôt la velléité d'occuper ce pays, le cas échéant, cadre parfaitement avec l'évolution de sa politique et l'attitude expectante à laquelle aboutit cette évolution. Talleyrand a donc, selon toute probabilité, un peu forcé la réalité en disant que Choiseul a « préparé par des négociations la cession de l'Égypte à la France » ; Lauzun s'est sans doute tenu plus près de la vérité en donnant ce projet pour « le roman politique qui occupait le plus souvent les rêveries » du ministre de Louis XV : mais l'homme d'État qui nous a donné la Corse a, sans aucun doute, entrevu la possibilité de nous donner l'Égypte.

CHAPITRE III

Chute de Choiseul, 1770. — Paix de Kainardji, 1774. — Activité anglaise en Égypte. — Tentatives pour ouvrir au commerce anglais la route de Suez. — Firman de 1774. — Traité de 1775. — Transit de passagers et de marchandises des Indes par l'Égypte. — Craintes éveillées par ces menées. — Arrière-pensées politiques prêtées à l'Angleterre. — Fidélité du public en France à l'idée de la communication avec l'Inde par la mer Rouge. — Mémoires de Grimoard, de Louis de Laugier. — Avances de Mohammed bey au gouvernement français. — Réponse du ministre Sartine. — Abstention du gouvernement. — Politique orientale de Vergennes. — Le baron de Tott. — Mémoire remis par lui en 1776. — Séjour de Saint-Priest en France. — Visite de Joseph II à Versailles. — Propositions de Saint-Priest, 1777. — Mémoire de Saint-Didier. — Inspection officielle et mission secrète du baron de Tott dans le Levant. — Mémoire de La Laune et rapport de Tott. — Guerre avec l'Angleterre, 1778. — Ajournement du projet de Tott. Missions de Grandmaison et de Montigny aux Indes par Suez. — Propositions de Froment. — Firman de 1779. — Pillage d'une caravane anglaise allant de Suez au Caire.

La chute de Choiseul, en décembre 1770, coupe court à tout projet d'action du côté de l'Égypte. Quatre ans après, le traité de Kainardji (1774) procura à la Turquie un répit qui ne paraissait pas devoir être de longue durée. L'empire ottoman était sauvé, mais il n'avait dû son salut qu'aux compétitions de ses voisins, qui n'avaient pu s'entendre pour le dépouiller et s'étaient mis d'accord aux dépens de la Pologne. C'était là une garantie bien fragile. Le péril n'était qu'ajourné, non pas conjuré. Les conditions de la paix n'avaient pas assouvi les ambitions de la Russie et de l'Autriche, dont les dispositions demeuraient menaçantes. L'équilibre des forces dans la Méditerranée, le commerce français du Levant restaient sous le coup de la même menace que l'empire ottoman, participaient au même danger et à la même incertitude. Demeurée, après la paix, à peu près identique à ce qu'elle était avant, la situation commandait donc les mêmes préoccupations et comportait les mêmes solutions.

Loin d'enlever de sa valeur à la solution qu'avait entrevue Choiseul, le temps en avait ajouté. L'Égypte ne semblait plus à l'abri des convoitises de nos rivaux : la France n'était plus seule à jeter les yeux sur elle. Les mêmes vues pouvaient, à juste titre, être soupçonnées de la part de l'Angleterre, dont l'attitude, pendant la dernière guerre, avait été plus que suspecte. L'activité de sa politique en Égypte même était encore plus faite pour éveiller les soupçons.

Les difficultés contre lesquelles se débattait la Porte et l'affaiblissement de son autorité en Égypte avaient inspiré au commerce anglais le projet de s'ouvrir la route de Suez et de la mer Rouge. Ce projet rencontra un certain concours de la part du mameluk qui régnait alors au Caire et qu'on a prétendu hanté de toutes les vastes conceptions de Bonaparte,

de Méhemet-Ali et de M. de Lesseps. Des négociants,
indépendants de la Compagnie anglaise des Indes, passèrent avec Ali-bey une convention qui assurait l'accès de Suez à leurs navires : leur pavillon y parut déjà
de son vivant. Peu de temps après la mort de ce Mameluk, l'Anglais Bruce, ancien consul de sa nation à
Alger, revenant d'un voyage en Éthiopie, obtint de
Mohammed-Abou-Dahab, successeur d'Ali-bey, la confirmation du privilège accordé à ses nationaux (1)
(avril 1773). La Porte répondit à ces première tentatives par un firman de 1774, qui interdit l'accès du
port de Suez aux navires francs venus de l'Inde. Il
n'est pas sans intérêt de la voir, dès cette époque,
invoquer, à l'appui de son interdiction, la crainte
que les visées commerciales des Anglais ne cachent le
dessein de conquérir l'Égypte (2).

Ce firman n'empêcha pas les Anglais de fréquenter
la mer Rouge et de négocier avec Abou-Dahab. En
janvier 1775 arrivèrent à Suez deux vaisseaux, l'un
chargé de marchandises, l'autre destiné seulement
à précéder le second en opérant des sondages et en
indiquant la route par des signaux. Ils furent bientôt
rejoints par un agent de la Compagnie anglaise des

_____

(1) Arch. Aff. étr., correspondance consulaire, Le Caire. Lettre du
consul Damirat, 24 avril 1773.

(2) « Dernièrement aussi, dit le firman de 1774, des gens de la
même nation (l'Angleterre) se sont glissés en Égypte et il est à croire
que, quand ils auront levé les cartes du pays, ils reviendront pour en
faire la conquête. »

Indes, porteur de lettres du gouverneur de Bombay, et qui repartit au bout de cinq mois, emportant pour 30 000 écus de marchandises d'Europe et 80 000 écus en espèces. Le 7 mars 1775 intervint un traité entre « le sérénissime et très puissant prince Mohammed-Abou-Dahab et l'honorable Warren Hastings, président et gouverneur pour la nation britannique dans le Bengale ». Aux termes de ce traité, acheté à haut prix, les Anglais obtenaient la liberté absolue de la navigation entre Suez et l'Inde, toute sorte de sûretés pour le transport de leurs marchandises de Suez au Caire, l'abaissement des droits à 6 et demi pour 100 pour les provenances de Madras et du Bengale, à 8 pour 100 pour celles de Surate et de Bombay (1). A partir de ce moment, il n'y a pas de dépêche où notre consul n'annonce l'arrivée de quelque navire anglais à Suez. Presque chaque fois aussi prenait terre quelque officier de la Compagnie des Indes, porteur de dépêches importantes. Tantôt c'est un agent du gouverneur de Bombay, tantôt un conseiller au conseil supérieur de Madras, tantôt un colonel et deux ou trois fonctionnaires, qui gagnent Alexandrie en toute hâte et s'embarquent sur le premier navire venu, en partance pour l'Europe, pour Trieste, de préférence à Marseille. Un nommé Baldwin, résidant au Caire, est spécialement chargé d'as-

---

(1) Arch. Aff. étr., correspondance consulaire, Le Caire.

surer leur passage et de veiller sur cette correspondance (1).

Ces allées et venues mystérieuses finirent par donner l'alarme au Caire, à Constantinople et à Versailles. Dès 1776, le sultan essaya d'y couper court
par un commandement : cette mesure n'eut pas plus
d'effet que la première. Les Anglais continuèrent à
envoyer fréquemment des vaisseaux à Suez, et le
pacha du Caire, sachant qu'ils avaient aux Indes des
forces considérables, finit par craindre qu'ils n'eussent des vues sur l'Égypte. Trois officiers des Indes
ayant été débarqués à Suez, vers le mois de mars 1777,
il fit ouvrir leurs malles et chercha, sans y réussir, à
pénétrer l'objet de leur mission (2). La cour de Versailles fut avisée du fait par son consul au Caire et
l'incident relaté dans un de ces « rapports au roi »,
où était analysée, à l'usage de Louis XVI, la correspondance de ses agents. Cependant, le gouvernement anglais envoyait secrètement en Égypte un
commissaire et plusieurs « ingénieurs géographes »
qui parcouraient les côtes et les ports, levaient le
plan des principales villes et dressaient une carte de

(1) Arch. Aff. étr., correspondance consulaire, le Caire. Lettres
du consul Mure, 15 mars 1776, 15 décembre 1776, 15 janvier 1777,
3 mars 1777, 5 avril et 23 avril 1777. — Arch. chambre de commerce de Marseille, lettres du consul Mure, 15 mars 1776 et 14 janvier 1777.

(2) Arch. Aff. étr., cartons intitulés : « Rapports au Roi », 1763-
1778. Rapport daté d'avril 1777.

la mer Rouge, en utilisant des renseignements donnés par des capitaines du port de Suez. On les aperçut plusieurs fois dans les environs du Caire et d'Alexandrie (1). Ces opérations furent renouvelées à diverses reprises, depuis le début de la guerre de l'indépendance américaine. Les Anglais qui habitaient l'Égypte ne se faisaient pas faute de dire que « le pays était fort à leur convenance et qu'il serait aisé à leur gouvernement de s'en rendre maître ». L'un d'entre eux, ancien consul de sa nation à Chypre, alla même jusqu'à déclarer, à la table du consul de France, que « dans quatre ans l'Égypte ne serait plus à la puissance des Turcs ». Notre consul se refusait, pour le moment, à voir dans ces propos, autre chose que des rodomontades. Il ne pouvait s'empêcher de craindre cependant que les Anglais ne « tendissent à une supériorité plus réelle que la supériorité mercantile » et ne fussent disposés à chercher en Égypte un dédommagement à la perte de leurs colonies d'Amérique. Le parlement d'Angleterre, affirmait-on à Paris, avait délibéré de former un établissement dans le Levant, et désigné Candie pour remplacer Port-Mahon, qui venait d'être perdu, et Gibraltar, qu'il était question de vendre aux Espagnols. La diplomatie anglaise qui ne cessait d'intriguer à Constantinople pour l'ouver-

(1) Arch. Aff. étr., correspondance consulaire, Alexandrie et le Caire. Lettres du vice-consul du Trouy, 8 juin 1777, et du consul Mure, 17 juin 1777.

ture d'une route vers l'Inde, soit par la mer Rouge, soit par l'Asie Mineure ou la Perse, n'avait d'autre but que de procurer à ses nationaux les moyens de parcourir les États du sultan, de reconnaître les meilleures positions et de mieux établir ensuite ses préférences (1).

Averti de ces menées, le gouvernement français ne fit rien pour les combattre. Il y fut pourtant invité, de France d'abord, d'Égypte ensuite. Tombée dans l'oubli à Versailles, la question de la communication avec l'Inde par la mer Rouge n'avait pas cessé d'être en faveur auprès du public. L'initiative privée la remit sur le tapis en France, au moment même où l'Angleterre essayait de la résoudre à son profit.

En 1770, a paru sans nom d'auteur un ouvrage qu'on sut plus tard être de l'abbé Raynal : c'est l'*Histoire philosophique et politique des établissements des Européens dans les deux Indes*. Jamais encore ce sujet, effleuré par Voltaire, n'avait été traité avec autant d'ampleur et de méthode.

En 1773, M. de Grimoard proposa que la France et la Hollande s'unissent pour mettre la main sur le détroit de Bab-el-Mandeb, établir un agent à Moka, se frayer un passage de Suez au Caire et tenir ainsi à leur discrétion la puissance anglaise dans l'Inde (2).

(1) Arch. Aff. étr., correspondance consulaire, Alexandrie, 1777.

(2) Mémoire sur les projets que la France et la Hollande peuvent former relativement à l'Asie et sur les motifs qui doivent engager ces deux puissances à s'unir pour y opérer une révolution. (Arch. Aff.

Est-il un titre plus significatif que celui-ci : *Mémoires sur la nouvelle route des Indes orientales* (1) ? Cette route, c'est naturellement celle de Suez, par laquelle Louis de Laugier rêve « d'associer Marseille, sa patrie, au port de Lorient, pour faire avec plus d'aisance, de sûreté et de bénéfice, le commerce des Grandes Indes ». De Pondichéry à Marseille, il y a environ 1800 lieues, tandis que de Pondichéry à Lorient, il y en a presque quatre fois autant. « On peut tout au plus « calculer le temps de la nouvelle route au tiers de celui que demande l'ancienne ». Aveuglé par une illusion qui lui faisait croire le sultan résigné à se dessaisir de l'Égypte, Laugier ne doutait pas qu'il ne nous accordât le passage des troupes, de l'artillerie et des munitions, l'autorisation de construire au Caire « une bonne citadelle pour 8 à 10 000 Français », une « forteresse moyenne » à Alexandrie, des magasins et casernes bien retranchés à Suez, et le droit de tenir garnison dans ces trois

étr., mémoires et documents, Indes orientales et colonies françaises, 7, 7, 1773.) L'auteur examine tous les moyens dont la France et la Hollande alliées peuvent disposer pour nuire à la puissance anglaise aux Indes. « Il est nécessaire, dit-il, dans tous les cas, de multiplier les communications avec l'Europe. C'est pourquoi, outre la voie ordinaire par mer, par les îles de France et de Bourbon· et le cap de Bonne-Espérance, et la route de terre par Bagdad, où le Roi entretient un consul, il faudra en faire reconnaître une troisième, par le détroit de Bab-el-Mandeb, la mer Rouge, Suez et le Caire, où il y a aussi un consul français. »

(1) Arch. Aff. étr., mémoires et documents, Indes orientales et colonies françaises, 1707, 1774.

villes. Ces concessions pourraient être le prix de la loyale assistance que nous offririons aux Turcs dans leur prochaine et inévitable guerre avec les Russes. Grâce à ces dispositions, nos troupes arriveraient à Pondichéry « en meilleur état que ne le serait un régiment qu'on ferait passer de Strasbourg à Marseille... Tranquilles possesseurs de la communication des deux mers, nous serions bientôt en état d'humilier les Anglais en Asie et de leur faire la loi, ainsi qu'aux autres puissances qui y commercent ».

Mais comment établir cette communication? Au moyen d'un canal, répond Laugier, qui ne désespère pas de persuader au Divan d'exécuter ce travail à ses dépens, moyennant l'envoi « des hydrauliques et des architectes dont il manque ». Le gouvernement fera partir pour Alexandrie deux ingénieurs, deux capitaines marchands avec douze matelots robustes, auxquels s'adjoindraient sur place deux commis français et un interprète. Seuls initiés au secret, les deux ingénieurs entreprendraient un voyage d'études, se donnant « pour deux académiciens célèbres allant interroger la nature dans ces climats » ; ils revêtiraient le costume des Grecs. Leur exploration s'étendrait aux côtes de la mer Rouge, au port de Suez, aux terres qui séparent ce port de Coptos sur le Nil, au Caire et à Alexandrie (1).

(1) Le fonds mémoires et documents (France, commerce) des archives des Affaires étrangères contient un grand nombre de

L'année qui suivit celle où ce mémoire fut remis au ministre de la marine, le gouvernement français reçut d'Égypte même des offres spontanées de service. En 1775, le grand douanier avertit le consul Mure que Mohammed-bey verrait avec plaisir les bâtiments français fréquenter la mer Rouge et exploiter le commerce de l'Inde par cette voie (1). Notre consul répondit en indiquant au bey les conditions préalables d'un projet de cette nature : liberté du transit par Suez et abaissement des droits de douane. Puis il en référa à sa cour, en demandant les pouvoirs nécessaires pour traiter. La réponse du ministre Sartine n'exprime qu'indécision et crainte de se compromettre. Il ne faut pas, dit-il, se laisser entraîner par des promesses à des démarches imprudentes. La difficulté vient de la situation politique de l'Égypte. « Si ce pays était indépendant du Grand-Seigneur, comme les régences de Barbarie, on pourrait traiter avec le souverain, et le déterminer à nous accorder un privilège dont le résultat pourrait flatter son avarice ou le désir de faire prospérer son pays. Mais, quoique dans le fond, la Porte ait conservé peu d'influence sur l'Égypte, elle la regarde cependant comme une de ses provinces, et le Grand-Seigneur en est reconnu

mémoires, composés entre 1714 et 1773, traitant des établissements anglais, hollandais et vénitiens dans les Indes Orientales, et de la Compagnie française des Indes.

(1) Arch. Aff. étr., correspondance consulaire, le Caire. Lettre du consul Mure, 20 février 1775.

encore pour le seul prince légitime (1). » En somme,
tout en félicitant le consul de son attitude, le ministre
lui refuse l'autorisation nécessaire pour traiter.

Ainsi, malgré des sollicitations venues tour à tour
de France et d'Égypte, le gouvernement fit preuve
d'une indifférence qui contraste avec l'activité des
Anglais. L'administration de la Marine se retranchait
derrière des raisons politiques pour ajourner *sine die*
la reprise du projet économique de Colbert. Aux
Affaires étrangères, Vergennes, que Louis XVI venait
d'appeler à la direction de ce ministère, était résolument hostile à la politique de spoliation et jugeait le
maintien du *statu quo* en Orient préférable à l'acquisition de n'importe quel territoire, fût-ce l'Égypte.
Mais tout le monde, dans l'entourage du pouvoir
royal, ne partageait pas cette manière de voir et ne
considérait pas avec autant de calme les agissements
de la Russie et de l'Autriche en Turquie d'Europe, de
l'Angleterre dans la vallée du Nil. Deux hommes,
notamment, intimement mêlés de leur temps aux
affaires d'Orient, le baron de Tott et le chevalier de
Saint-Priest, étaient restés fidèles à la pensée de Choiseul.

Le baron de Tott était fils d'un gentilhomme
hongrois qui, entré au service de la France, avait été
employé par elle en Turquie. Lui-même, resté fidèle

---

(1) Arch. Aff. étr., correspondance consulaire, le Caire. Lettre du
ministre Sartine, 2 octobre 1775.

à la patrie d'adoption de son père, avait été désigné pour accompagner Vergennes à Constantinople.
Chargé d'abord d'une mission auprès du khan des
Tartares, dont il s'était tiré à son honneur, il était
revenu à Constantinople, au moment le plus critique
de la guerre turco-russe. Là, il s'était acquis la
reconnaissance de la Porte en organisant la défense
du Bosphore, en prenant en mains la réforme de
l'artillerie, du génie, de la marine, en s'improvisant
l'instructeur militaire des Turcs. Encouragé par la
confiance que lui témoignait le sultan Mustapha et le
zèle que ce souverain déployait pour la réforme de
son empire, Tott l'avait même entretenu du projet de
jonction de la mer Rouge à la Méditerranée par
l'isthme de Suez. Mustapha (1) avait accueilli ces
ouvertures avec une faveur dont l'exemple est fort
rare en pareille matière : c'est, en effet, avec la proposition d'El-Eudj-Ali, en 1586, la seule velléité que
la Sublime Porte ait jamais manifestée de résoudre le
problème par ses propres moyens. Quoi qu'il en
soit, le sultan avait demandé à Tott de lui remettre
« un travail sur cet objet important, dont il réser-
vait l'exécution à la paix ». La mort de Mustapha
avait coupé court à ces velléités de percement de
l'isthme de Suez et la paix de Kainardji avait permis
à Tott d'interrompre sa mission officieuse de réorga-

(1) Voyez mémoires du baron de Tott sur les Turcs et les Tartares.
Paris, 1784.

nisation militaire à Constantinople. De retour à Paris,
il remit au ministre des Affaires étrangères, en 1776,
un mémoire sur l'état politique de la Turquie (1).

Écartant le parti d'une intervention diplomatique
ou militaire en faveur de l'empire ottoman, dont la
destruction lui paraît inévitable, Tott se préoccupe
de sauver le commerce du Levant en assurant à la
France une position qui lui permette de soutenir la
concurrence des nouveaux maîtres de Constantinople. Cette position, c'est l'Égypte, dont l'acquisition unirait à cet avantage commercial, « celui de la
considération de Sa Majesté et de sa politique ». Un
climat et un sol heureux « qu'arrose le plus beau des
fleuves » ; les productions les plus variées, les plus
abondantes et les plus précieuses ; une situation et
des relations qui font d'elle « l'entrepôt d'un commerce universel » : ces conditions suffiraient déjà à
en recommander la conquête au roi. Mais les facilités qu'elle offre pour communiquer avec l'Inde en
rendent la possession encore plus désirable. Deux
moyens se présentent pour tirer parti de ces facilités : la jonction du Nil à la mer Rouge par un canal
dérivé de la branche de Damiette, ou l'établissement
d'une route praticable entre le Caire et Suez. La
France paraît être « la seule puissance à portée de
fournir, d'alimenter et de conserver un établisse-

(1) Arch. Aff. étr.

ment », qui lui assurera la suprématie sur le commerce du Levant et sur celui de l'Inde. Les prétextes ne manquent pas pour attaquer l'Égypte, ni les moyens pour s'en emparer : la France prendra prétexte des nombreuses avanies restées sans réparation ; soit qu'elle agisse seule, soit qu'elle fasse appel au concours de l'Autriche, dont elle favoriserait les vues sur Constantinople, elle aura facilement raison d'un pays sans défense, d'un gouvernement anarchique, « d'un peuple mol » ; elle colonisera sans difficulté un territoire relativement voisin du sien, et qui « n'expatrie pas, pour ainsi dire, les sujets de Sa Majesté qui s'y transporteront ». Inattaquable en Égypte, elle trouvera dans la possession de ce pays une compensation à l'abandon de tous ses autres établissements du Levant.

Il y avait un an que le baron de Tott avait remis ce mémoire au ministre des Affaires étrangères, quand l'ambassadeur de France à Constantinople, Saint-Priest, vint en congé à Paris (1777). Il profita de son séjour en France pour proposer l'alternative « ou de préserver par des secours efficaces l'empire ottoman incapable de se défendre lui-même, ou de le laisser tomber en s'appropriant le débris le plus à la convenance de la France (1) ». Il n'y a de choix qu'entre ces deux partis pour conserver à la France

(1) Arch. des Aff. étr., Turquie, 171. Mémoire du comte de Saint-Priest sur son ambassade, 1768-1784.

le commerce du Levant, dont Saint-Priest, comme
Tott, se préoccupe avant tout d'empêcher que les
bénéfices ne nous échappent. Loin de souffrir de la
guerre de 1768, notre commerce avec la Turquie en
avait au contraire profité; les autres nations, présageant la chute de l'empire ottoman, avaient inter-
rompu ou ralenti leurs relations commerciales avec
lui et la France s'était trouvée presque seule à faire
des expéditions pour les ports turcs. « Des succès
inespérés justifiant mes calculs, écrira plus tard
Saint-Priest au roi (1), le pavillon de Votre Majesté
apporta l'abondance à Constantinople, et j'y ai vu
arriver, dans le cours de l'année 1773, jusqu'à
250 vaisseaux français, pendant qu'il n'en venait pas
40 avant la guerre. Le commerce et la navigation
firent de tels gains que cette période est appelée vul-
gairement par nos négociants de cette ville le temps
de la gloire. Gloire, pour eux, c'est profit. » Ce n'est
pas au moment où le commerce du Levant se signalait par une activité et une prospérité particulières
qu'il convenait de laisser d'autres s'en emparer. Est-
ce à dire qu'il fallait, d'ores et déjà, prendre notre
parti de la chute de la Turquie? Tel n'était pas l'avis
de Saint-Priest. Des deux moyens qui lui semblaient
s'offrir pour sauvegarder nos intérêts, il conseillait
de tenter d'abord le premier. La Russie ne pouvait-

(1) Arch. des Aff. étr., Turquie, 171. Mémoire du comte de Saint-
Priest sur son ambassade.

elle être arrêtée, la Turquie protégée, soit par une entente avec l'Autriche, soit par une alliance avec l'Espagne et quelques puissances secondaires? Passant du conseil à l'acte, Saint-Priest se mit en devoir de gagner l'Autriche à ses vues.

L'empereur Joseph II était alors l'hôte de Louis XVI à Versailles. Saint-Priest suggéra de se concerter avec lui sur les moyens de sauvegarder l'existence de la Turquie et de contenir l'ambition de la Russie, contre laquelle il savait l'Autriche mal disposée. Il eut avec Joseph II un entretien de deux heures sur la terrasse de Versailles et exhorta ce prince à adopter son plan. Peu de temps après arriva à Paris le baron de Thugut, internonce impérial à Constantinople, muni d'instructions lui prescrivant d'entrer en pourparlers avec les ministres de Louis XVI, en vue d'un concert éventuel sur les affaires de Turquie. Saint-Priest regretta toujours que « les circonstances n'aient pas paru permettre de s'en occuper alors ». Un diplomate autrichien lui déclara avoir vu à la chancellerie de Vienne le rapport de Thugut à sa cour, portant que « le conseil du Roi avait trouvé superflu de s'en inquiéter si fort à l'avance (1) ».

Il ne s'agit pas ici d'examiner si Saint-Priest ne faisait pas honneur à Joseph II et à Thugut d'intentions qui n'étaient pas les leurs, en leur prêtant le

____

(1) Arch. des Aff. étr., Turquie, 168. Lettre de Saint-Priest du 7 juillet 1783.

désir de sauvegarder l'empire ottoman. Lui-même admettait d'ailleurs que la France abandonnât cet empire à son sort, mais à une condition : c'est qu'elle se préparât à prendre une part de ses dépouilles. Dans ce cas, en examinant la carte, il ne voyait « rien de tentant que l'Égypte (1) ». A son tour, il se complaît dans la description, désormais classique, des richesses de la vallée du Nil, « le plus fécond pays du monde, exubérant à se nourrir par lui-même ». Lorsqu'on considère, dit-il « la fertilité de l'Égypte, où croissent presque sans culture toutes les denrées de nos colonies d'Amérique; où des habitants laborieux les cultivent; où, à défaut, on peut avoir des nègres à cent écus pièce, pendant qu'ils coûtent six fois davantage en Amérique : on est frappé de l'avantage d'avoir à trois mille lieues de la Provence, dans un pays salubre, une possession que nulle puissance européenne ne serait à portée de nous disputer ». Mais, quand Saint-Priest en arrive aux espérances que l'Égypte fait naître du côté de l'Inde, à la possibilité d'en faire « l'entrepôt du commerce de l'univers », de « saper par là la domination des Anglais » dans le Bengale, il convient que « sa tête s'exalte et que l'enthousiasme le gagne ». Comme le baron de Tott, il signale la facilité d'exécution d'une

(1) Arch. Aff. étr., mémoires et documents, Turquie 7ᴮ 8. — Mémoire présenté par le comte de Saint-Priest pendant son séjour en France, 1777-1778.

entreprise dirigée contre l'Égypte : le Delta, qui « offre les avantages d'une île actuellement sans défense » a dans le Nil un retranchement naturel, à l'abri duquel il deviendra inexpugnable, lorsqu'on l'aura fortifié; Alexandrie est une place ouverte; « l'anarchie du gouvernement égyptien le rend incapable d'énergie et les beys, esclaves étrangers, qui le forment, sont en horreur aux naturels du pays ». Saint-Priest voit dans la conquête de l'Égypte « le seul parti qui semble convenir à la France dans le cas de la chute de l'empire ottoman ».

La même hypothèse préoccupait encore, vers la même époque, un personnage de moindre notoriété que Tott et Saint-Priest, mais que sa situation semble avoir mis en mesure de se faire écouter en haut lieu. M. de Saint-Didier avait, dès l'époque de la guerre turco-russe, conseillé au gouvernement français la conquête de l'Égypte, en rendant compte au ministre de la situation du commerce du Levant, dont l'administration lui était confiée en sous-ordre. Quand il eut connaissance des propositions émanant de Tott et de Saint-Priest, il renouvela ses avis et reprit tous leurs arguments dans un mémoire (1) qu'il plaça sous les yeux de son chef. Lui aussi considère la conquête de l'Égypte comme « avantageuse et nécessaire ». Nous ne le suivrons pas dans les développements

(1) Archives de la Guerre.

qu'il consacre à l'état politique, aux richesses agricoles, au commerce de l'Égypte, aux relations de ce pays avec l'Inde. Ce sont là des considérations, dès ce moment si rebattues, qu'elles font l'effet de lieux communs. L'originalité des « observations de M. de Saint-Didier sur l'Égypte » consiste dans les moyens diplomatiques qu'il suggère pour s'en emparer. La France devrait, selon lui, faire alliance avec l'Espagne dont elle se procurerait le concours en lui assurant la possession de Minorque, de colonies en Afrique et, au besoin même, en lui abandonnant la Corse. La conquête de l'Égypte comporterait, au préalable, celle de Candie, que nous céderions également à l'Espagne, à la condition qu'elle y reçût nos vaisseaux. Moyennant ces avantages, cette puissance se chargerait d'arrêter l'Angleterre, seule adversaire dont l'opposition fût à craindre, car la Turquie serait trop avilie pour mettre obstacle à notre projet. Pour tromper la négligence des Anglais, la France feindrait une descente dans leur pays et simulerait une expédition contre la Tripolitaine. L'Égypte conquise, elle ferait occuper l'île de Metein, à l'entrée du détroit de Bab-el-Mandeb, et divers points sur la mer Rouge. Cette suggestion en dit long sur le but auquel Saint-Didier entend faire concourir l'Égypte devenue possession française. Mais, à défaut d'autre raison, il lui paraît suffisant, pour nous décider à entreprendre cette conquête, que la Russie, de sa propre initiative ou de concert avec l'Angleterre, en caresse le projet : car, si nous ne prenions pas les devants, nous risquerions de nous voir évincés par elle de tout l'Orient.

Pour la préparation de l'entreprise, Saint-Didier proposait d'employer le baron de Tott. Il se rencontrait en cela avec Saint-Priest qui, à la fin de son mémoire, exprimait l'espoir que le nouveau voyage du baron fournît les matériaux d'un travail particulier sur la conquête de l'Égypte.

Le baron de Tott venait en effet de quitter la France avec la mission officielle d'inspecter les Échelles du Levant et une mission secrète qui est longtemps restée enveloppée de mystère. Chaque année, sinon plusieurs fois par an, les commandants des navires de guerre en croisière dans le Levant visitaient un certain nombre d'Échelles et rendaient compte de leurs impressions au ministre de la Marine : c'est ce qu'on appelait « la visite des vaisseaux du roi ». Mais, à intervalle beaucoup plus long, quand l'état des affaires laissait à désirer, il était d'usage de confier à un inspecteur — officier, consul ou diplomate — la mission de visiter une à une toutes les Échelles du Levant et de faire un rapport d'ensemble sur leur situation. Il n'avait plus été fait d'inspection de ce genre depuis celle de M. de Maillet en 1717. Beaucoup d'Échelles, notamment celles de Syrie, de Palestine, de Morée et d'Égypte, s'étaient fâcheusement ressenties de la crise intérieure et exté-

rieure que venait de traverser l'empire ottoman. Il
était donc naturel que l'on pensât à faire une enquête générale sur leurs besoins. Il ne pouvait pas y
avoir d'occasion plus favorable pour procéder simultanément, sans exciter les soupçons, à une enquête secrète sur la situation politique de la Turquie et les ressources des provinces susceptibles, le cas échéant, de
tenter nos convoitises. Le gouvernement français fut
donc amené, tout naturellement, à profiter de cette
occasion pour réunir, sur la question qui se posait
devant lui, des éléments d'appréciation recueillis sur
place et présentant toutes les garanties possibles.
Pour cette mission de confiance, son choix se porta
sur l'homme qui, l'un des premiers, avait, un an
auparavant, posé le problème et indiqué la solution.
Le baron de Tott n'était pas moins apte à s'acquitter de l'inspection des Échelles que de la partie
secrète de sa mission : il est probable cependant que
la seconde contribua dans une large mesure à le faire
choisir comme inspecteur.

Après s'être concerté à Paris avec le ministère de la
Marine, à Marseille avec l'archivaire de la chambre de
commerce (1) et l'intendant de Provence, le baron de

(1) Voici en quels termes le ministre de la Marine, M. de Sartine,
informe la chambre de la mission de M. de Tott : « Le principal
objet de la mission de M. de Tott sera de faire exécuter au Levant
les règlements que Sa Majesté a jugé à propos de rendre... M. le
baron de Tott sera également chargé de rendre à Sa Majesté un
compte exact de la situation des différentes Échelles, de faire provi-

Tott s'embarqua, le 2 mai 1777, à Toulon, sur la frégate *l'Atalante*, commandée par le baron de Durfort. Sur la même frégate avaient été autorisés à prendre passage le comte et la comtesse de Tessé, le duc d'Ayen et la comtesse de Meun, qui se rendaient en Sicile, et un naturaliste, ami de Buffon, Sonnini de Manoncourt, chargé d'une mission scientifique en Égypte. Les vents forcèrent le navire à relâcher à Gênes ; il fit ensuite escale à Malte, où Tott s'acquitta d'une commission pour le grand-maître de l'ordre. De là, on se rendit en Crète, où commença l'inspection officielle et la mission secrète de Tott. Son séjour y fut de courte durée, mais lui permit cependant, grâce à des déplacements autour de la Canée et sur les côtes, de se faire une idée de la valeur stratégique de l'île. Dans les premiers jours de juin, *l'Atalante* mit à la voile pour Alexandrie.

L'indépendance de fait et l'anarchie politique de l'Égypte n'avaient fait que s'accentuer, depuis le moment où Choiseul avait jeté les yeux sur elle. Ali-bey, qui offre comme une première ébauche de

soirement les ordonnances qu'il jugera nécessaires pour mettre des termes aux dépenses excessives qui ont obéré les caisses de la plupart des Échelles et fixer les présents qu'il conviendra de faire aux puissances du pays, et de proposer entre les moyens qu'on pourra employer pour remédier entièrement aux abus qui s'y sont introduits, y faire renaître l'ordre et la tranquillité et y rétablir une administration sage et exacte, sur les principes les plus propres à accroître et à favoriser le commerce des sujets de Sa Majesté. » (Arch. ch. de com., 23 septembre 1776.)

Méhémet-Ali, était entré en insurrection ouverte contre la Porte. Ayant fait alliance avec le cheik Daher, qui s'était rendu maître de la Galilée et tenait en échec l'autorité du sultan, il avait envoyé ses troupes en Palestine et en Syrie sous la conduite de Mohammed-Abou-Dahab (décembre 1770). Trahi par ce général, qui était inopinément rentré en Égypte à la tête de son armée, après plus d'un an de campagne victorieuse en Syrie, Ali-bey avait essayé de se défaire de lui; mais, mis en échec par son rival, il avait dû s'enfuir du Caire, se réfugier auprès de son allié, Daher, et il ne revint en Égypte que pour y mourir, probablement empoisonné par Moham-med-Abou-Dahab (avril 1773). Le pouvoir passa pour deux ans à ce mameluk, qui, tout aussi indépendant qu'Ali-bey, mit cependant sa force au service de la Porte contre le cheik Daher. La mort le surprit pendant qu'il guerroyait en Syrie (1776). Deux de ses affranchis, Mourad et Ibrahim-bey, se partagèrent alors l'autorité, qu'aucun des deux ne s'était senti assez fort pour arracher à l'autre. Ils l'exerçaient depuis moins d'un an, lorsqu'une révolte dirigée par Ismaël-bey les chassa du Caire. La tyrannie de leur rival eut bientôt fait de grouper autour d'eux de nou-veaux partisans et, à son tour, Ismaël-bey dut s'en-fuir en Haute-Égypte. Rentrés au Caire, Mourad et Ibrahim s'y ressaisirent du pouvoir et le gouver-nement de l'Égypte retomba sous leur étrange condominium, troublé par de sourdes rivalités (1).

Dans de telles conditions, la situation de nos nationaux n'avait pu qu'empirer. Ali-bey était assez intelligent pour comprendre l'avantage que l'Égypte retirait de la présence des étrangers. Mais aussi quelle aubaine que la caisse de la nation, pour un despote cupide, sans cesse en quête de fonds pour solder les frais de ses coûteuses expéditions! Il y puisa sans vergogne : « Il exigeait des négociants des fournitures à prix ruineux et les payait de manière à leur faire perdre la moitié du capital; il leur emprunta des sommes immenses qu'il n'a jamais remboursées; il leur extorqua des présents considérables et termina par leur faire perdre la fourniture d'une année entière, dont l'objet était de plus de 300 000 livres (2). » Le négociant qui écrivait ces lignes, Charles Magallon, était intéressé pour plus de la moitié dans les avances faites à Ali-bey. Encore si la condescendance forcée de nos résidents leur avait procuré la bienveillance du dictateur! Mais elle ne l'empêcha pas de les maltraiter, d'avilir l'autorité consulaire, de menacer par deux fois le drogman Gilles de le faire mettre sous le bâton. Pour comble de malheur, sa chute faillit ruiner nos établissements : il fallut que le gouvernement français les autorisât à se rembourser, par une imposition extraordinaire sur le

(1) Voyez VOLNEY, *Voyage en Égypte et en Syrie et Savary,* lettres sur l'Égypte.

(2) MAGALLON, *Mémoire sur l'Égypte.*

commerce qui ne fut levée qu'en 1777, des avances
dont ils ne pouvaient plus espérer la rentrée. Absent
du Caire pendant la majeure partie de son règne,
Mohammed-Abou-Dahab ne se rendit coupable que
de légères avanies. Mais, dès leur arrivée au pouvoir,
Mourad et Ibrahim revinrent aux traditions d'Ali-bey
et les mauvais jours reparurent pour l'Échelle du Caire.

Tel était l'état de l'Égypte, quand le baron de Tott
y arriva. Le consul de France, trois négociants, et un
mameluk vinrent, le 11 juin, le chercher à Alexandrie et le conduisirent à Rosette, d'où la felouque du
cheik-el-beled, c'est-à-dire du bey-commandant du
Caire, lui fit remonter le Nil en trois jours. Tott entra
au Caire de nuit, pour éviter la réception solennelle
qu'on lui préparait. Mais il ne put se soustraire à l'obligation de rendre officiellement visite au pacha, qu'il
avait connu à Constantinople. D'autant plus soucieux
de ménager les beys que sa visite au pacha avait déjà
éveillé leurs susceptibilités, il s'était assuré une audience du cheik-el-beled, Ibrahim-bey, lorsqu'une révolution, — celle-là même qui mit en péril Ibrahim et
Mourad, — éclata au Caire et ne laissa pas au Bey-
commandant le loisir de recevoir l'inspecteur. Les
Français se barricadèrent dans leur « contrée » et c'est
au bruit de la fusillade, au milieu des dangers d'une
émeute, que Tott tint ses assemblées et légiféra (1).

____

(1) Voyez mémoires du baron de Tott, sur les Turcs et les Tartares.

Il prononça, au nom du roi, le transfert du consulat général de France et de l'Échelle d'Égypte du Caire à Alexandrie. Les négociants qui le désireraient seraient autorisés à demeurer au Caire, à leurs risques et périls; placés sous la juridiction du consul général d'Alexandrie, ils recevraient une allocation annuelle de 10 000 livres pour leurs dépenses particulières. Le transfert de l'Échelle n'impliquait donc pas l'évacuation complète du Caire par nos résidents. Tott jugeait opportun d'y conserver quelques établissements et croyait même le commerce que nous y faisions susceptible d'extension. « Le succès des Anglais dans la navigation de la mer Rouge doit nous inciter, pensait-il, à suivre leur exemple. Il est un motif de plus pour ne pas abandonner absolument nos établissements du Caire. » Ainsi en jugèrent aussi nos commerçants, dont plusieurs résolurent de demeurer à leur poste. Les autres se disposèrent au départ en rechignant, car le transfert de l'Échelle n'alla pas sans soulever de vives protestations et l'on ne se fit pas faute de dire que ce serait pour la France la perte du marché du Caire, pour l'Angleterre l'occasion de l'y supplanter. Sans se laisser ébranler par ces protestations, Tott écrivit au pacha et au cheik-el-beled pour les informer de sa décision et les inviter à accorder aide et protection aux Français qui continueraient à résider au Caire. Il entreprit ensuite de liquider les dettes de la nation, puis se rendit à Damiette,

où il avait ordre de laisser un vice-consul, M. de
Kercy (1). Après un nouveau séjour à Alexandrie, il
y reprit passage sur l'*Atalante* à destination de Jaffa,
où il arriva en septembre 1777.

Uniquement occupé en apparence des soins de son
inspection officielle, Tott n'avait cependant pas perdu
de vue sa mission secrète. Il est établi aujourd'hui
que cette mission consistait à relever les symptômes
de décadence donnés par la puissance ottomane dans
les provinces éloignées du centre de l'empire et à
réunir les éléments d'un plan de descente en Égypte.
« Je vous supplie de croire, Monseigneur (2), —
avait écrit Tott au ministre de la Marine avant de
s'embarquer à Toulon, — que je ne négligerai rien
pour justifier votre confiance en masquant ma mission secrète et, quoique les papiers publics, en parlant du partage, aient, à cet égard, hasardé des idées
qui ont fructifié, je me flatte que je parviendrai à
diriger les spéculateurs vers la mer Noire, car il leur
faut un aliment. » Cette préoccupation s'accorde avec
le regret exprimé par Saint-Priest, à la même époque,
que le projet d'occuper l'Égypte ait été « éventé avant
le temps ».

(1) Les renseignements qui précèdent sont tirés des Arch. des Aff.
étr., cartons commerciaux, 1768-1789, carton intitulé : Visite des
Échelles, inspection du baron de Tott; et correspondance consulaire,
Alexandrie et le Caire.

(2) Le 24 avril 1777. Arch. Aff. étr., carton intitulé : Inspection
des Échelles, inspection du baron de Tott.

Mais, pour avoir été menée avec mystère, l'enquête de Tott n'en fut pas moins consciencieuse. Une note des dépenses extraordinaires faites par lui au cours de son inspection, mentionne une somme de 765 piastres pour le voyage d'un nommé de La Laune à Suez, son séjour dans cette ville, les appointements du cheik qui l'y avait accompagné et ramené au Caire, où il revint pendant la révolution d'Ismaïl contre Mourad et Ibrahim. Ce de La Laune, dont le nom est soigneusement passé sous silence par Tott dans ses mémoires, parmi ceux des personnes qui l'accompagnèrent, était un officier chargé d'inspecter les côtes, les fortifications et d'en lever les plans. Il mit à profit le passage de l'inspecteur à Alexandrie, à Aboukir, à Rosette, pour étudier les défenses de ces places et la côte nord-ouest du delta. Pour avoir été de retour au Caire avant la fin de la révolution qui s'y déroula pendant le séjour de Tott, il faut que La Laune se soit dirigé sans arrêt sur Suez. Le voyage de l'inpecteur à Damiette lui fournit enfin l'occasion de poursuivre ses investigations dans la partie orientale du delta.

Quand l'*Atalante* eut repris la mer, La Laune réunit toutes ses observations en un mémoire, que Tott adressa de Smyrne, le 20 décembre 1777 (1), au ministre de la Marine. Les « observations sur les

____

(1) Arch. de la Guerre.

côtes d'Égypte (1) » de M. de La Laune concernent
la partie maritime d'une entreprise dont Tott, sans
plus attendre, signale déjà la facilité « dans le cas où
les vues de Sa Majesté détermineraient la conquête de
cette riche partie de l'univers ». Partout où la côte
septentrionale de l'Égypte ne se défend pas d'elle-
même, La Laune en a trouvé les défenses nulles ou
négligeables. Deux mauvais forts, l'un à l'entrée du
port neuf, sur un rocher qu'une jetée joint à l'île du
phare, l'autre au fond du port vieux, tous deux déla-
brés et peu redoutables : ce sont là les deux seules
défenses d'Alexandrie. A défaut du port neuf, que la
négligence des Turcs a laissé combler au point que
les navires étrangers y sont quelquefois en perdition,
le port vieux pourrait contenir les flottes les plus immenses. Très diminuée, la population de la ville
n'excède pas une dizaine de mille habitants. A six
lieues à l'est d'Alexandrie, Aboukir ou, comme on
dit alors, « les Béquiers », offre dans sa vaste rade
un mouillage très sûr. L'accès n'en est défendu que
par un seul fort, dépourvu de soldats et de munitions,
en plus mauvais état que ceux d'Alexandrie. La descente à terre y est très facile. Entre la ville de Rosette
et le « Bogas », c'est-à-dire la barre du Nil, un seul
fort, dont les murs tombent en ruines. Au Bogas de
Damiette, deux petits forts aussi mal entretenus que

____

(1) Arch. de la Guerre.

les précédents. A Damiette même, aucune défense, pas même une enceinte. Et cependant, des bâtiments de faible tonnage peuvent trouver un bon mouillage à proximité du Bogas de Rosette, à l'abri du cap Brulo, où la descente est aisée ; quant au Bogas de Damiette, il est accessible même à de gros bâtiments et le mouillage y est meilleur, la passe plus commode qu'à celui de Rosette. Partout, les murailles des forts sont lézardées, les canons sans affûts, les garnisons et les munitions manquent. Le Nil, dans ses deux branches, surtout de la fin juin à la fin octobre est navigable même pour des navires de fort tonnage. Si ce n'était la difficulté de leur faire franchir les passes, des vaisseaux de ligne pourraient s'y aventurer. Les vents du nord et du nord-ouest qui règnent de juin à octobre permettent de le remonter facilement.

Après avoir rendu compte de l'état des côtes, passé en revue les ouvrages de défense, les mouillages, le régime du fleuve, La Laune esquisse un plan d'opérations maritimes. Les forces de terre et de mer se rassembleraient en un point de la Crète, nommé Paleo Castro, qui offre un excellent mouillage et d'où les vents d'ouest peuvent, de juin à octobre, porter en cinq ou six jours une flotte en Égypte. L'armée et l'escadre seraient réparties en trois divisions qui, se séparant à trente ou quarante lieues de la côte, iraient s'emparer en même temps d'Alexandrie, de Rosette et

où un commerçant de sa nation, Charles Magallon, le recueillit et le soigna. Personne ne douta que les Bédouins n'eussent agi à l'instigation des beys d'Égypte, gagnés eux-mêmes aux vues du gouvernement anglais et de la Porte.

Cette tragique mésaventure eut un grand retentissement en France. On y vit la preuve que la Turquie, soutenue et stimulée par l'Angleterre, était résolue à faire respecter ses ordres interdisant l'accès de la mer Rouge aux navires des nations européennes. Le gouvernement se le tint pour dit et se garda d'aller à l'encontre des ordres de la Porte, qu'il ne fit rien pour ramener à de meilleures dispositions.

CHAPITRE IV

Aucune initiative officielle ne révèle, jusqu'en 1783, l'intention de donner une conclusion pratique à l'enquête secrète de Tott. La guerre de l'indépendance américaine ne laisse au gouvernement d'autre ressource en Orient qu'une attitude expectante.

Mais le conflit même qui occupe, loin de la Méditerranée orientale, les forces navales de l'État, tend à ramener l'attention du public sur la question dont l'Égypte détient la solution. Le déclin du pavillon britannique, les coups portés à son prestige, la révolte de l'Europe contre le despotisme maritime de l'Angleterre, les victoires du bailli de Suffren dans l'océan Indien remettent à l'ordre du jour le problème de la communication avec l'Inde. Le souvenir du pillage de la caravane n'est pas de force à prévaloir contre ce mouvement. En 1780, paraît, cette fois sous le nom de l'abbé Raynal, la seconde édition de l'*Histoire philosophique et politique des établissements des Européens dans les deux Indes*. La même année, un anonyme traduit de l'anglais et remet au ministre de la Marine des « Observations sur la possibilité et l'utilité d'établir une correspondance par terre avec l'Inde par la voie de Suez » (1). Au même moment, pourtant, Vergennes jugeait encore opportun d'attendre, avant de porter la question de Suez sur le terrain diplomatique, ou bien la soumission entière de l'Égypte pour négocier avec la Porte, ou bien son émancipation complète pour traiter avec les beys.

La situation de l'Orient continuait, d'autre part, à préoccuper vivement l'opinion, qui voyait se poursuivre en pleine paix le démembrement de la Turquie. Après la Bukovine extorquée par l'Autriche en 1775, les Tartares de Crimée et du Kouban obtenaient du sultan, sous la pression de la Russie, la reconnaissance de leur indépendance. Engagée dans

____

(1) Arch. Aff. étr., mémoires et documents, Indes orientales. 18, 16.

sa lutte avec l'Angleterre, la France conseillait aux
Turcs de céder à la violence et c'est sous sa médiation
que se concluait la convention sanctionnant ce nouveau coup de force (Ainali-Cavac, mars 1779). L'empire ottoman n'échappait à la destruction qu'en évitant
la lutte et n'obtenait la vie sauve qu'en abandonnant
sans combat à ses ennemis des lambeaux de son territoire. Chaque exigence nouvelle de ses voisins donnait
le signal d'une nouvelle alerte, et chaque alerte nouvelle remettait en mouvement, chez nous, la diplomatie du gouvernement et l'imagination du public.

Rarement ministre fut gratifié d'autant de conseils
et d'avertissements que Vergennes, pendant ses treize
années de ministère. De toutes parts lui parvenaient
des mémoires qui lui indiquaient le meilleur parti à
tirer des événements d'Orient. On trouve de tout
dans ces étonnantes productions d'auteurs inconnus
ou oubliés : de l'insensé et du sensé, du raisonnable
et du chimérique, du sérieux et du bouffon.

L'Égypte occupe une vaste place dans ces combinaisons. On se tromperait cependant en pensant
qu'elle fut unanimement reconnue comme étant le
territoire qui conviendrait le mieux à la France, en
cas de partage de l'empire ottoman. Si l'unanimité
est à peu près complète sur l'opportunité de ce partage, les avis se divisent au contraire sur le choix de
la position qu'il importe de nous assurer. Mais l'opinion que l'Égypte représente cette position s'impose,

même aux adversaires de cette idée, comme une croyance déjà fortement ancrée dans les esprits. Il est rare qu'ils ne se croient pas forcés d'en tenir compte, dans une plus ou moins large mesure.

Un instant ralentie par la diversion américaine, cette éclosion spontanée de mémoires redouble à partir de 1780, sans doute sous l'influence de l'alerte survenue l'année précédente et de l'entrevue qui réunit, à Mohilew, Joseph II et Catherine (juin 1780). A cette époque, le marquis Descorches de Sainte-Croix, qui devait, treize ans plus tard, sous le nom de citoyen Marie Descorches, représenter la Convention, à Constantinople, revenait de passer quelques mois auprès de M. de Saint-Priest. De retour à Paris, il remit au ministre des Affaires étrangères un mémoire où il ressuscitait, sous une forme nouvelle, le spectre de la maison d'Autriche (1). Il la montrait passant de la basse vallée du Danube dans celle du Nil, ramenant en Égypte le commerce des Indes orientales et mettant le comble à sa prospérité. « Jamais, déclare-t-il, la liberté de l'Europe n'a été menacée par la puissance de Charles-Quint comme elle le serait alors. » Il aurait voulu conjurer ce danger par un accord de la

______

(1) Arch. Aff. étr., mémoires et documents, Turquie, 7ᴮ 8. « Réflexions succinctes sur l'empire ottoman, sur sa faiblesse, sur les avantages que la Russie et la France trouveraient à former entre elles par les mers turques un commerce réciproque et à obtenir de la Porte des facilités à ce sujet, à condition que ces deux puissances lui garantiraient l'intégrité de ses possessions en Égypte. »

France et de la Russie garantissant l'Égypte à la Turquie et procurant, en échange, aux deux puissances
garantes des facilités pour établir des relations commerciales par les détroits.

Les craintes de Decorches, relativement aux vues
de l'Autriche sur l'Égypte, ne sont pas un fait isolé;
car, vers la même époque, un anonyme montre un
émule quelconque d'Ali-bey traitant un jour avec la
cour de Vienne, lui « livrant les portes de l'Asie » et
faisant ainsi de Trieste la métropole du commerce de
l'Inde (1). « En supposant quelque solidité à ces
vues, concluait l'auteur de ce mémoire, la France
aura toujours entre ses mains des moyens d'en prévenir l'exécution et même de s'en approprier les
avantages, sans manquer à ses anciennes liaisons
avec la Porte ottomane. » Bien qu'ils paraissent exa-
gérés, puisque Joseph II tint, à diverses reprises,
l'Égypte à notre disposition, les soupçons des Français de son temps n'étaient pas complètement dénués
de fondement car, vers 1780, l'Autriche cultivait
l'amitié des beys et celle du grand Douanier Cassis,
dont elle fit un comte du Saint-Empire.

A aucune époque n'est mieux apparue la diversité
des motifs qui orientent les imaginations vers l'Égypte

(1) « Mémoire sur les vues générales et les maximes politiques que
la France pourrait admettre relativement à son commerce extérieur et
maritime. » Ce mémoire contient des « considérations sur l'Égypte ».
(Arch. Aff. étr., mémoires et documents, France, commerce, 2006.)

et celle des solutions que dicte la fantaisie de chacun. L'un prévoit une entreprise de l'Autriche dans la vallée du Nil, l'autre un appel des beys à la cour de Vienne en vue du transit par Suez ; l'un suggère de garantir la possession de l'Égypte à la Turquie ; l'autre d'entrer en négociations avec les Beys et de solliciter d'eux l'ouverture de la mer Rouge au pavillon français. Un troisième est amené à s'occuper de l'Égypte par l'examen d'une hypothèse qui semblait bien peu faite pour y conduire sa pensée. « D'après la situation de l'empire ottoman, disaient les instructions de Choiseul à Saint-Priest, et celle que l'on peut craindre qu'il arrivera dans cet État par les révolutions, il ne faut pas douter que l'empire perse n'y joue un rôle intéressant et qui demande des spéculations. » Nous eussions été surpris que cette hypothèse ne tentât la verve de personne. On la trouve, en effet, énoncée dans un « mémoire sur le consulat général de France à Bagdad » (1781), où est discutée l'éventualité du renversement de l'empire turc par les efforts combinés de la France et de la Perse (1). La France eût établi sa domination sur la Syrie et la Palestine, d'où il lui eût été facile de porter des coups funestes à la suprématie anglaise dans l'Inde. Quant à l'Égypte, « je ne voudrais pas, — dit l'auteur du mémoire — qu'on y touchât pour le présent, sauf

(1) Arch. Aff. étr., cartons commerciaux, 1776-1789.

à faciliter au pacha les moyens de se rendre indépendant dans la Basse-Égypte, comme le cheik Aman
l'est dans la Haute... Mais il est probable que le
temps et les circonstances nous fourniraient l'occasion de nous en rendre les maîtres, du moins de
nous étendre aux dépens de cette riche contrée. »

L'originalité ou la hardiesse de ces conceptions
sont de beaucoup surpassées par celles d'un mémoire
adressé à Vergennes, le 15 novembre 1782, par le
baron de Waldner (1). Afin d'exclure l'Angleterre du
commerce de l'Inde et de creuser un canal de Suez
à Gaza, le baron de Waldner veut entraîner la France,
la Hollande et la République de Venise dans une
expédition commune contre l'isthme de Suez et l'Arabie, avec l'aveu de la Porte ottomane. Tel est le
gigantesque et chimérique dessein qui est développé
en huit cahiers, où sont exposées, dans leurs moindres
détails, les propositions suivantes : la conclusion de
traités d'alliance et de commerce entre la France, la
Hollande et Venise, sous la garantie de la Porte, pour
la navigation de la Méditerranée, de la mer Rouge et
de la mer des Indes; la construction à frais communs d'un canal de jonction; l'occupation de l'isthme

---

(1) « Projet sur un traité d'union et de garantie territoriale, en Asie
et en Afrique entre la France et la République de Hollande et traité
de commerce avec la République de Venise pour la Méditerranée,
compromis avec la Porte ottomane, partage au besoin des terres ottomanes tant en Europe, en Asie qu'en Afrique. » (Arch. Aff. étr.,
mémoires et documents, Turquie, 14^A.15.)

de Suez par des garnisons mixtes ; la conquête de l'Arabie, de l'Yémen et du sultanat de Mascate par les troupes alliées, le tout devant coûter « centuple moins que les possessions françaises de l'Inde et au dixduple ce qu'a coûté la Corse ». L'acquisition de ces territoires conduirait, dit Waldner, à la conquête de l'Égypte, aussitôt que la politique l'exigerait. Ces exigences futures de la politique engagent l'auteur à tracer d'avance un plan général du partage de la Turquie, dans lequel on est surpris de voir Venise obtenir pour sa part toute l'Asie Mineure. Le sort inespéré fait à cette république déchue s'explique par le désir de séparer les territoires de la France, consistant dans l'Égypte, la péninsule arabique et diverses îles de l'archipel, de ceux de la Russie établie aux Dardanelles. Le reste de la Turquie d'Europe eût été à l'empereur.

La proposition d'un canal de jonction des deux mers n'est déjà plus nouvelle ; l'idée en est désormais admise, presque banale. Il n'y a plus de dissidence que sur la question du tracé. Le baron de Waldner, qui rejette absolument l'hypothèse d'un canal dérivé du Nil, préfère au tracé direct de Suez à Péluse un canal de vingt-huit lieues de longueur, allant de Suez au lac de Sirbonide, près de Gaza. Une précision qui va jusqu'à la minutie supplée comme toujours à la faiblesse de l'argumentation. Dimensions du canal, prix et durée des travaux, tout est prévu, déterminé. Parmi ces puérilités, on est surpris de trouver des idées justes, des détails intéressants. C'est ainsi que Waldner détruit la légende de l'inégalité des deux mers, objection qu'il traite de « fantôme de l'ignorance », et de « crainte vulgaire ». Il est curieux aussi de le voir proposer l'emploi de la main-d'œuvre indigène, de ces vagabonds que le gouvernement turc n'a jamais su fixer, c'est-à-dire des Bédouins nomades, pour lesquels il aurait voulu construire « une maladrerie sur les bords de Suez, près « des fontaines de Moïse ».

On ne saurait s'étonner du peu de cas que le gouvernement semble avoir fait de propositions aussi extravagantes; on ne peut cependant s'empêcher de trouver son initiative modeste, lorsqu'on la voit se borner, en 1782, à l'envoi d'un émissaire chargé de porter aux Indes, par la voie de Suez, la nouvelle des préliminaires de Paris. La personne choisie pour cette mission fut celle-là même qui, au début de la guerre, s'était rendue de Pondichéry en France par la même voie. Froment profita de son second voyage pour recueillir de nouvelles indications, dresser une carte et communiquer ses idées au gouverneur français de l'Inde, qui en fit l'objet d'un rapport à sa cour (1).

Du côté anglais, la rude leçon de 1779 n'avait pas

____

(1) Arch. Aff. étr., mémoires et documents, Indes orientales, Chine, Cochinchine. Lettre de Froment à M. de Fleurieu, 14 décembre 1790.

mis fin pour longtemps à toute tentative de communication avec l'Inde par Suez. En 1781, des négociants avaient engagé avec Ibrahim et Mourad beys des pourparlers qui restèrent d'ailleurs sans effet.

Telle était la situation lorsqu'une nouvelle crise faillit rallumer la guerre en Orient. Des intrigues fomentées en Crimée par les agents russes aboutirent à une révolution qui renversa le khan Dewlet-Gheray. Son successeur se plaça sous la protection de la Russie qui, prenant prétexte d'une insurrection de la noblesse contre le nouveau khan, fit envahir par ses troupes la Crimée et le Kouban. Puis, détruisant de ses propres mains l'indépendance qu'elle avait fait reconnaître à ces territoires quatre ans auparavant, la Russie en proclama l'annexion. Accusés par elle de l'avoir contrainte à cette extrémité par leurs infractions au traité de Kainardji, les Turcs durent se contenter d'une protestation platonique et reconnaître le fait accompli (avril 1783-janvier 1784).

Aux premiers bruits de cette crise, l'inquiétude renaît à Versailles et ramène l'habituel concert de prédictions, de conseils et de suggestions. L'alarme est donnée par l'ambassadeur du roi à Constantinople qui, sans illusion sur la gravité de la situation, insiste très sagement pour que le gouvernement adopte un plan de conduite. Saint-Priest revint alors avec amertume, dans ses dépêches à Vergennes, sur l'accueil fait à son mémoire de 1777. « Ah! monsieur, lui écrivait-il (1), le mémoire que j'eus l'honneur de vous remettre en 1777, à votre demande, sur mon aperçu de l'état des affaires de Turquie, ne présentait pas des idées ni prématurées, ni gigantesques, comme il me parut qu'en avait jugé feu M. le comte de Maurepas... Aujourd'hui l'Empereur a changé de système, nous sommes impréparés et dans la crise. Mais à quoi servent les regrets? » Le désenchantement qu'il éprouve à voir tenir aussi peu de compte d'avis sans cesse réitérés n'empêche pas Saint-Priest de faire son devoir jusqu'au bout, et de renouveler un conseil dont il n'ignore pas qu'on lui sait peu de gré : « Je ne puis terminer, monsieur, écrit-il encore à Vergennes (2), sans renouveler une dernière fois le vœu que je répète depuis longtemps dans une dépêche, pour que le conseil du Roi arrête à l'avance, sur l'hypothèse de la chute de cet empire, un plan qui puisse ménager à la France les mêmes avantages que l'existence ottomane lui procure ou, du moins, un équivalent. » Ce qu'était cet équivalent, il suffisait pour le savoir, de se reporter à son mémoire de 1777.

En même temps que les avis de Saint-Priest, affluèrent à Versailles ceux d'une infinité de conseillers officieux et bénévoles. L'un des plus empressés à faire profiter le gouvernement de ses lumières fut un

____

(1) Le 7 juillet 1783. (Arch. Aff. étr., correspondance de Turquie, vol. 168.)

(2) Le 2 novembre 1783. (Arch. Aff. étr., Turquie 169.)

neveu du ministre qui avait autrefois jeté les yeux sur l'Égypte : le comte de Choiseul-Gouffier. Très bien en cour, où son nom, le puissant crédit de sa famille, son esprit et son talent littéraire l'avaient d'emblée mis en vue, Choiseul-Gouffier convoitait la succession de Saint-Priest à Constantinople. Le rappel de cet ambassadeur était alors chose à peu près décidée. Fidèle à une tradition qui ne s'est pas éteinte avec l'ancien régime, le gouvernement s'en prenait à son agent des mécomptes de sa politique en Orient. Lui reprochant de pencher pour la Russie, il rendait responsable de ses propres embarras l'homme qui n'avait cessé de lui prodiguer, depuis seize ans, les avertissements les plus sûrs et les conseils les plus sages. Les titres de Choiseul-Gouffier à briguer la succession de Saint-Priest n'étaient pas, à première vue au moins, des plus indiscutables. Il avait fait, en Orient, une tournée archéologique, à la suite de laquelle il avait publié le *Voyage pittoresque de Grèce,* qui lui avait ouvert les portes de l'Académie française. L'archéologie n'était pas seule à faire l'intérêt et le succès de cet ouvrage, où l'auteur, déjà attiré par la politique, s'indignait de la domination turque sur la Grèce et appelait Catherine II à la délivrance de ce pays. C'était là une étrange recommandation à faire valoir pour occuper le poste d'ambassadeur à Constantinople. Mais Choiseul-Gouffier était le candidat de Marie-Antoinette et de sa coterie et, du reste, il était tout disposé, au besoin, à renier ce qu'il appellera plus tard ses badinages littéraires. Le succès de sa candidature exigeait néanmoins qu'il prouvât, autrement que par cette compromettante profession de foi, ses aptitudes diplomatiques et c'est dans ce but qu'il pria son ami le baron de Breteuil de remettre à Vergennes, au moi de mai 1784, un mémoire intitulé « Notions sur l'état actuel de l'empire ottoman (1) ».

Le travail de Choiseul-Gouffier abonde en détails « sur la faiblesse des successeurs de Soliman, les usurpations des pachas, le déplorable état de l'armée, de la marine et des finances, les desseins et les intrigues de l'Autriche et de la Russie (2) ».

L'auteur va-t-il conclure de cet état de choses à la même alternative que Saint-Priest : prendre en mains la défense de l'empire ottoman, ou prélever notre part de ses dépouilles, avant que les autres aient tout pris? Adopter les conclusions de Saint-Priest n'eût pas été pour Choiseul le moyen d'avancer ses propres affaires; préconiser soit une intervention militaire en faveur de la Turquie, soit une conquête à ses dépens, n'eût pas non plus contribué à le faire bien venir de Vergennes. Sans porter tort à la sincérité de Choiseul-Gouffier, on peut supposer qu'il a tenu compte de ces considérations, en écri-

(1) Arch. Aff. étr., mémoires et documents, Turquie, XIVᴬ.
(2) Voyez : *Choiseul-Gouffier. La France en Orient sous Louis XVI*, par Léonce PINGAUD. Paris, Picard, 1887.

vant son mémoire. « Établir entre la Grèce et la Porte un *modus vivendi* qui équivaudrait à l'indépendance ; puis lever en Grèce, avec l'assentiment des Turcs, des milices indigènes organisées à la française, appuyées sur des corps d'artillerie étrangers, gardiennes des principaux passages du pays (1) » : tel est le système que suggère Choiseul-Gouffier pour contenir l'Autriche. Quant à la Russie, c'est par des moyens exclusivement pacifiques que la France déjouera ses intrigues. Avant tout, elle fera de l'Orient, par le commerce, une vaste colonie française et assurera sa suprématie dans la Méditerranée, de Gibraltar au Caire. Les desseins des Russes ainsi prévenus, elle entreprendra de leur démontrer l'intérêt qu'ils ont, pour le commerce, à la conservation de l'empire turc ; les encouragera à profiter des débouchés qu'il leur offre ; sollicitera du Divan l'ouverture des détroits à notre marine marchande et nouera par cette voie des relations commerciales avec les côtes russes de la mer Noire. C'était montrer quelque naïveté que de compter sur la seule force du raisonnement et l'empire des lumières pour convertir à ces vues des Russes grisés par le succès et des Turcs esclaves de la routine. Le chimérique et le sens pratique s'allient en effet étrangement dans le premier essai diplomatique de notre ambassadeur en herbe. Ce n'est pas une rai-

(1) Léonce PINGAUD, *Choiseul-Gouffier. La France en Orient sous Louis XVI.*

de Damiette. Ce plan obligerait les Mameluks à diviser leurs forces. La division navale qui cinglerait sur Alexandrie porterait assez de troupes pour laisser une garnison dans la place, dont La Laune prévoit la reddition pure et simple. Mais, en cas de résistance, il suggère cependant un plan d'attaque : un vaisseau embossé devant le fort qui garde l'entrée du port neuf suffirait à le réduire au silence, pendant que le reste de la flotte, forçant l'entrée du port vieux, placerait la ville entre deux feux. Pour être plus à portée de se rendre à Rosette, le gros de l'armée, avec quelques frégates, serait dirigé sur les Béquiers, dont une seule frégate détruirait le fort. Cinquante soldats suffiraient à s'emparer du fort du Bogas de Damiette, où seraient envoyés les bâtiments légers destinés à faire remonter le Nil à des forces de terre. Trois jours seraient suffisants pour remonter le fleuve jusqu'à la pointe du delta, dont on se rendrait maître et que l'on fortifierait. Pour réduire le Caire sans exposer la ville aux dangers d'un siège, il suffirait d'établir, un peu en amont, des fortifications analogues à celles de la pointe du delta. On couperait ainsi le Caire de ses communications avec la Haute et la Basse-Égypte et la famine forcerait bientôt les défenseurs à capituler. Une corvette descendrait la branche de Rosette en s'emparant de tous les bâtiments du pays, afin de servir aux transports des troupes qui, d'Alexandrie et des Béquiers, seraient rassemblées à Rosette, d'où elles iraient occuper tout le delta. Deux frégates seraient envoyées à Suez pour s'en emparer. Pour la navigation sur le Nil, on pourrait se servir de corvettes et de petits bâtiments existant dans nos ports; mais il serait préférable d'en faire construire de spéciaux, dont La Laune donne le plan.

En adressant au ministre les « observations » de M. de La Laune, Tott lui annonçait qu'il préparait un travail d'ensemble comportant les plus amples détails sur les avantages à retirer de la conquête de l'Égypte, sur le gouvernement du pays, les ressources et les moyens de s'en rendre maître. Inspection officielle et mission secrète continuèrent donc à l'occuper simultanément, pendant qu'il visitait Smyrne, où il passa l'hiver, puis les Échelles de Turquie d'Europe et de Morée. Partout, le mandat de l'inspecteur servait à dérober aux regards la mission confiée à M. de La Laune, — mais cette fois sans arrière-pensée de conquête, — d'examiner les fortifications ottomanes et d'apprécier les moyens de défense de l'empire.

Tott fut de retour en juillet 1770. La double mission dont il avait été chargé lui imposa, en France comme pendant sa tournée, une double besogne, l'une officielle et l'autre occulte. Son inspection fit l'objet d'un rapport au ministère, intitulé : « Mémoire sur les arrangements généraux du Levant et de Barbarie. »

Les mesures qu'il y proposait furent examinées,
les 7 et 8 juillet 1779, dans deux comités, auxquels
assistèrent MM. de Maurepas, de Vergennes, de Sartine, de la Tour, inspecteur du commerce du Levant,
et de Rostagny, député du commerce de Marseille.
On y jeta les bases d'un règlement général qui fut
édicté le 27 novembre 1779 et sanctionna les principales dispositions prises par Tott au cours de son inspection. En même temps qu'il s'adonnait publique-
ment à cette tâche, Tott mettait la dernière main au
mémoire commencé pendant son voyage, recevait
de La Laune les plans mis au net des ouvrages relevés
et adressait au ministre le compte rendu de sa mission
secrète (1).

Entre la conquête de Candie et celle de l'Égypte,
Tott n'hésite pas. Il se prononce nettement contre le
projet d'acquérir la première, du moins dans sa totalité. La position de cette île lui paraît cependant, à
juste titre, offrir à la marine du roi « un centre de
protection pour le commerce du Levant et surtout
celui de l'Égypte ». Il conviendrait donc d'en occuper un port. Celui de la Sude ne remplirait pas du
tout les conditions voulues. Le point que Tott conseille d'occuper est celui-là même où La Laune sug-
gérait de réunir les forces destinées à opérer contre
l'Égypte : Paleo Castro serait aussi facile à prendre

(1) Arch. de la Guerre.

qu'à défendre et l'acquisition pourrait en être justifiée aux yeux des Turcs, qui l'ont abandonné. De peu d'utilité par elle-même, Candie n'est donc considérée par Tott qu'en fonction, pour ainsi dire, de la conquête de l'Égypte, à laquelle est consacré tout le reste de son volumineux mémoire.

C'est bien là le « plan général » que Tott annonçait de Smyrne au ministre et qui devait mettre le gouvernement au fait des moindres détails de la question. L'état actuel de l'Égypte, sa géographie physique, son commerce, les avantages économiques et politiques qu'en retirerait la France, tout est examiné dans ce rapport, véritable plaidoyer en faveur de la conquête, dont les conditions sont développées dans un plan d'opérations qui forme comme le couronnement de l'œuvre. « Le grand avantage de la conquête de l'Égypte est dans sa position », déclare Tott, qui voit en elle la colonie idéale, la terre promise de la colonisation française. L'acquisition de l'Égypte « rapprocherait », pour ainsi dire, la France de ses colonies, en mettant à sa disposition, à proximité de la métropole, un pays susceptible de lui fournir tout ce que des possessions lointaines ne lui procurent qu'à grands frais. L'administration en demeurerait placée « sous les yeux du roi et de ses ministres » ; la défense en serait facilitée par la nature même, qui garantit la sécurité de l'occupant. Maîtresse de l'Égypte, la France aurait entre ses mains

« la clef des portes » dont ses concurrents ne pourraient plus se passer sans placer leur commerce dans
un état de flagrante infériorité. Au lieu d'éparpiller
ses forces pour protéger les branches éparses de son
commerce maritime, elle pourrait les réunir pour en
sauvegarder « le tronc » et, par une conséquence
extrême de cet avantage, la possession de l'Égypte
mettrait la France en mesure de « dicter des lois à
toutes les nations ».

Tott ne cherche pas à dissimuler l'enthousiasme
que lui inspire un projet dont la facilité d'exécution
satisfait « la prudence la plus timide ». Tout concourt à en imposer l'adoption au gouvernement français : la situation critique de la Turquie, dont la Russie prépare le démembrement; l'insurrection des
colonies anglaises d'Amérique; les efforts de l'Angleterre pour se dédommager de ses pertes. « La conquête de l'Égypte pare à tout. » Elle mettra obstacle à
l'accroissement de la Russie, en diminuant l'intérêt
de cette puissance à réaliser ses projets et en contrai-
gnant la Turquie à faire usage des moyens dont elle
dispose pour s'y opposer. N'est-ce pas en effet pour
étendre la main sur « le commerce méridional »,
pour s'ouvrir l'archipel et la Méditerranée que la
Russie cherche à avancer jusqu'à Constantinople?
Or, à quoi se réduira ce commerce, quand l'occupation de l'Égypte aura fait tomber « cet entrepôt naturel » entre les mains des Français, détenteurs d'une

position qui leur permettra de dominer dans la Méditerranée et d'accaparer le trafic de l'Asie? Moins intéressée à satisfaire ses ambitions, la Russie trouvera aussi la Turquie mieux armée pour s'y opposer. Jusqu'à présent, nos avis les plus pressants n'ont pu vaincre son inertie et la décider à se réformer. Le seul espoir qui reste est de l'y contraindre. Or, elle sera à notre discrétion le jour où nous occuperons l'Égypte. « Le café seul, dit Tott, fera la loi à l'empire ottoman... Maîtresse de toute cette denrée que l'habitude, encore plus forte que les besoins physiques, a rendue de première nécessité chez les Turcs, la France en disposera à son gré. »

Grâce à cet ingénieux moyen, la possession de l'Égypte assurera la docilité de la Porte à nos vues et la sécurité de notre commerce, lors même que les Turcs seraient refoulés en Asie. Précédé de la conquête de l'Égypte, cet événement pourrait même tourner à l'avantage de notre commerce. Tandis que les produits de notre industrie s'introduiraient par Smyrne dans toute l'Asie Mineure, notre marine exploiterait le commerce de cette région par le golfe Persique et le réunirait à celui de l'Égypte par la mer Rouge.

Plus la conquête de l'Égypte offre d'avantages, plus il faut s'attendre à ce qu'elle rencontre d'opposition. L'Angleterre cherchera à la contrecarrer. Quels moyens mettra-t-elle en œuvre pour y réussir?

Ce n'est ni en Égypte, ni sur nos propres côtes que son intervention est à craindre. Se vengera-t-elle sur notre commerce méditerranéen? Mais la petitesse des vaisseaux qui l'exploitent les soustraira facilement aux recherches de la marine britannique et les Anglais seront les premiers à assurer nos navires marchands. C'est contre nos colonies que l'Angleterre tournera ses armes. Mais qu'importe qu'elle s'en empare, puisque l'Égypte les remplace? Tott prend son parti de leur perte avec une facilité qui prouve le peu de cas qu'il en fait et peu s'en faut qu'il n'en considère l'abandon comme un bon débarras.

Quoi qu'il en soit, l'intérêt d'acquérir l'Égypte prime de beaucoup, à ses yeux, celui de préserver les positions auxquelles se réduisait alors notre empire colonial. Si l'on songe à la révolution politique que la seule découverte du passage aux Indes par le Cap a opérée en Europe, « combien serait plus importante celle qu'opérerait l'occupation de l'Égypte? Alors que la route par le midi de l'Afrique a enrichi les puissances qui s'en sont constamment partagé et disputé les avantages, pourra-t-on douter que la conquête de l'Égypte, en les réunissant pour la France, n'élève cette monarchie au plus haut degré de gloire, de puissance et de richesse? » Envisageant l'établissement d'un canal navigable d'Alexandrie au Nil, Tott montre les profits à retirer de ce travail au triple point de vue agricole, commercial et politique. Il y voit le moyen de mettre en valeur toute une partie de la Basse-Égypte, d'amener à Alexandrie les marchandises de l'Inde, d'y attirer celles de la Syrie et de tenir sous notre dépendance économique tout le bassin oriental de la Méditerranée.

Des avantages que présente la conquête de l'Égypte, Tott passe aux moyens de la réaliser. Le plan d'opérations qu'il soumet au ministre ne fait que développer, en les précisant les dispositions suggérées par La Laune. L'entreprise lui apparaît moins comme une conquête que comme « l'occupation paisible d'un État sans défense ». Elle lui semble exiger, de la part du chef qui la dirigera, moins des talents militaires exceptionnels que des qualités d'organisateur. Les forces qu'il propose d'y employer n'en sont pas moins imposantes : 5 vaisseaux de ligne, 7 frégates, 3 chébecs, 6 demi-galères, 80 bâtiments de transport, 20 000 hommes, 5 000 dragons à pied avec leurs selles, 6 compagnies de royale artillerie dont 2 d'ouvriers, 40 pièces de campagne, 10 obusiers, 30 pièces de siège avec leurs affûts de place, 2 000 pioches, 6 000 pelles ferrées, 20 000 palissades, des chariots de munitions, 6 mortiers de 8 pouces, 400 bombes, etc. Le rassemblement de ces forces et de ce matériel se fera au point que La Laune a indiqué et dont Tott a conseillé l'occupation, en rendant compte de son inspection à Candie : Paleo Castro. Le moment choisi pour commencer les opérations sera, à cause du régime des vents, les derniers jours de juillet. Les forces de terre et de mer devront, comme dans le plan de La Laune, être réparties entre trois divisions, dont la composition est déterminée par Tott avec la plus grande précision.

Alexandrie sera enlevée de vive force. Une frégate d'avant-garde mouillera devant le port neuf; le consul y conduira sa nation; un vaisseau, une frégate et 40 bâtiments de transport entreront dans le port vieux, pendant que deux autres vaisseaux s'embosseront à l'entrée du port neuf, face aux côtés intérieur et extérieur du port. Un janissaire de la nation sera envoyé à terre pour déclarer aux habitants que « l'Empereur de France ne voulant que venger la violation des traités, ne sévira que contre ceux qui prétendraient se soustraire par la fuite à son pouvoir ou s'attireraient son indignation en faisant le moindre mouvement pour troubler le bon ordre ». Au signal convenu, les vaisseaux lâcheront leurs bordées sur le fort, où leurs chaloupes armées débarqueront une cinquantaine d'hommes; les troupes débarqueront aussitôt sur la plage, au fond du port vieux. Divisées en deux corps, elles pénétreront dans Alexandrie et se réuniront sur la place; des corps de garde seront établis sur différents points; un détachement avec 4 pièces de canon sera placé à la porte de Rosette; toutes les autres portes seront fermées. La ville une fois en notre pouvoir, des fortifications seront élevées du côté de la terre et du côté de la mer. Un plan annexé au mémoire de Tott indique l'emplacement des futures batteries, ainsi que celui qu'occuperont les navires employés à l'attaque. Les Béquiers et Damiette seront enlevés en même temps qu'Alexandrie, grâce à des opérations dont le dispositif est également prévu par Tott, et fortifiés aussitôt tombés entre nos mains. Remonter le Nil de Damiette à la pointe du delta ; y établir au lieu nommé « Ventre de la Vache », un camp retranché où l'on laissera 500 hommes d'infanterie, 1000 dragons, une compagnie de canonniers avec 4 pièces de siège, 8 de campagne, des munitions et du matériel ; s'emparer de Rosette et la fortifier ; faire partir de là, sur des navires réquisitionnés, 2 500 soldats et 1 500 dragons, avec 6 pièces de campagne, pour s'emparer du delta ; laisser à Foua, Semenoud, Menouf de petites garnisons qui communiqueront entre elles par des patrouilles ; forcer enfin le Caire à nous ouvrir ses portes en le coupant de ses communications avec le nord et le sud : telles sont les phases successives d'une conquête dont le plan, chez Tott et chez La Laune, ne diffère que par les détails.

Lorsque le baron de Tott remit ce rapport au ministre de la marine, la guerre avait éclaté entre la France et l'Angleterre (1778). A première vue, il semble que ce dût être, pour les ministres de Louis XVI, une raison de plus de céder aux conseils de Tott, de Saint-Priest et de Saint-Didier, et l'on est presque surpris que l'intérêt stratégique ne les ait pas décidés à tenter une entreprise dont l'hypothèse avait été antérieurement admise par eux et l'étude poussée aussi loin. De quelle conséquence aurait pu être en effet, au moment où l'Inde se soulevait sous Hayder-Ali, où le bailli de Suffren tenait en échec les flottes anglaises, la conquête de l'Égypte par les Français? L'idée de cette diversion ne se présenta cependant pas à l'esprit des ministres de Louis XVI, ou plutôt ne s'y présenta que pour être écartée.

Avant de condamner leur abstention, il convient cependant d'en examiner les raisons. Tout d'abord, il ne faut pas oublier que, si le Directoire s'est approprié ce projet et l'a exécuté, il ne s'y est résolu qu'après cinq années de lutte malheureuse sur mer et sous le coup de l'échec d'un plan de descente en Angleterre. Le gouvernement de Louis XVI est donc excusable d'avoir reculé devant l'exécution d'une entreprise dont l'idée n'était pas, à beaucoup près, aussi mûre en 1779 qu'en 1798 et à laquelle il n'était pas nécessaire de recourir pour venir à bout d'une ennemie dont la défaite pouvait être obtenue sans cela.

Entreprendre la conquête de l'Égypte c'était, en outre, faire revivre la question d'Orient; or, susciter de propos délibéré des complications en Europe, au moment où nos forces navales étaient occupées sur toutes les mers, où nous cherchions à entraîner la Russie à une démonstration contre le despotisme maritime de l'Angleterre, c'était une éventualité de nature à faire réfléchir les plus audacieux. Le ministre qui dirigeait alors notre politique extérieure y était moins disposé que personne. Vergennes nous apparaîtra dans la suite comme un partisan convaincu du *statu quo* oriental et un adversaire déclaré de tout projet de conquête au détriment de la Turquie. Ses idées personnelles s'accordent même si peu avec la mission secrète confiée à Tott qu'on est amené à considérer son consentement à cette mission comme une concession de sa part aux vues de certains de ses collègues. Mais si une concession, d'ailleurs platonique, pouvait lui être imposée en 1777, alors que sa situation était encore mal assise, il n'en était plus de même deux ans plus tard, après que l'alliance avec l'Amérique, le pacte avec l'Espagne, les premiers succès de nos flottes avaient fortifié son autorité.

La mission secrète de Tott était enfin, dans l'esprit même de ses inspirateurs, beaucoup plus une mesure de précaution que le prologue d'une action immédiate. Elle était destinée à éclairer le jugement du gouvernement, au cas où certaines éventualités viendraient à se produire, beaucoup plus qu'à préparer les voies à une opération imminente. C'est, on l'a vu, en Orient que ces éventualités étaient attendues; c'est du désir de sauvegarder l'équilibre méditerranéen et le commerce français du Levant, en cas d'effondrement de l'empire ottoman, qu'était née l'idée de nous approprier l'Égypte : le parti à tirer de cette conquête pour nuire à l'Angleterre n'intervenait encore qu'à titre accessoire. On peut certes regretter que cet intérêt n'ait pas, dès 1779, passé du second plan au premier et porté la France à conquérir l'Égypte. Mais on ne peut nier qu'en ajournant l'exécution du projet de Tott, les ministres de Louis XVI ne soient restés conséquents avec eux-mêmes.

A défaut d'une conquête politique, une conquête économique aurait pu leur paraître tentante. Pas un de ceux qui avaient plaidé auprès du gouvernement la cause d'une expédition en Égypte n'avait négligé d'insister sur la possibilité de joindre le commerce de l'Inde à celui de la Méditerranée. Cette jonction présentait par elle-même assez d'intérêt pour mériter de passer du rang d'accessoire à celui de fin. Plaidant le plus, les avocats de l'expédition auraient pu obtenir le moins et, par leurs arguments en faveur d'une action militaire, décider le gouvernement à renouveler, sur le terrain diplomatique, la tentative de Colbert. Ses propres dispositions paraissaient précisément l'y porter. La route de Suez semble en effet avoir joui de sa part, entre 1776 et 1779, d'un regain de faveur. Plusieurs officiers avaient été successivement envoyés aux Indes par cette voie, que la cour de Versailles paraissait vouloir adopter pour ses communications politiques avec l'Extrême-Orient.

M. de Grandmaison, commissaire des guerres, après avoir perdu trois de ses compagnons en route, mourut lui-même dans la traversée de Mascate à Bombay. Il s'était chargé d'instruire nos négociants de l'Inde de toutes les notions nécessaires à ceux qui auraient envie d'entretenir des relations avec l'Europe par la mer Rouge et l'Égypte. Les Anglais prétendirent avoir trouvé dans ses papiers un plan d'attaque de Bombay et les autorités françaises de l'Inde durent le désavouer (1776-1777) (1). Plus heureux que son prédécesseur, M. de Montigny, parti de Constantinople, parvint sans encombre au terme de son voyage (1777-1778) (2). Ces missions prennent une certaine importance, si l'on songe que la guerre éclata, en cette même année 1778, entre la France et l'Angleterre et remit en question la domination de l'Inde. Dès le commencement des hostilités, un Français, nommé Froment, partit de Pondichéry, pour se rendre en France par l'Égypte (3). En arrivant à Versailles, il soumit au maréchal de Castries, ministre de la Marine, des observations qui firent

(1) Arch. Aff. étr., correspondance consulaire. Le Caire, 3 mars et 17 juin 1777.

(2) Arch. Aff. étr., correspondance consulaire. Lettre du consul Mure, 3 mars 1777.

(3) Arch. Aff. étr., mémoires et documents, Indes orientales, Chine, Cochinchine, 19, 5. Lettre adressée, le 13 décembre 1790, par le sieur Froment à M. de Fleurieu, ministre de la Marine.

peut-être germer dans l'esprit de ce ministre l'idée du plan dont il poursuivit plus tard l'exécution. N'est-il pas étrange que le plaidoyer de Tott n'ait pas déterminé les ministres de Louis XVI à procurer au commerce le libre accès d'une route dont la valeur leur était connue et l'usage presque familier?

Leur abstention sur ce point ne semble pas devoir être imputée qu'à leur indifférence : les circonstances ont pu fournir à leur inertie sinon une excuse, au moins un prétexte plausible. Les relations commerciales que des négociants avaient établies entre l'Europe et l'Inde par la mer Rouge irritaient la Compagnie anglaise des Indes, jalouse de la concurrence que le commerce libre lui faisait par cette voie. Les passages réitérés d'officiers français par l'isthme de Suez, de 1776 à 1779, faisaient craindre d'autre part au gouvernement anglais de voir l'accès de cette route définitivement assuré aux communications politiques et commerciales de la France avec l'Inde. Ces craintes lui firent ouvrir l'oreille aux doléances de la Compagnie, qui protestait au nom de son monopole. Le gouvernement anglais n'hésita pas à solliciter contre ses propres nationaux le concours de la Turquie. Le commandement émis par le sultan en 1776 était resté sans aucun effet : à l'instigation de l'ambassadeur d'Angleterre, Abdul-Hamid rendit, en 1779, un nouveau firman, où avouant franchement ses craintes au sujet de la profanation des villes saintes et de la conquête de l'Égypte, il enjoignit de saisir les navires et les marchandises qui arriveraient à Suez. En provoquant cette mesure de rigueur et en se faisant complice de l'acte barbare qui en fut la conséquence, l'Angleterre obéissait certainement moins au désir de sauvegarder le privilège de la Compagnie des Indes, qu'à celui de couper court à un commerce qu'elle craignait de voir tomber entre les mains des Français, beaucoup plus solidement établis au Caire et depuis beaucoup plus longtemps que les Anglais.

Les commerçants anglais crurent pouvoir tenir aussi peu de compte du firman de 1779 que des deux actes précédents. Peu de temps après, deux vaisseaux, venant des Indes britanniques, débarquèrent à Suez quelques officiers, quelques passagers et un certain nombre de prisonniers français. La caravane s'étant formée s'achemina vers le Caire, convoyant le chargement mis à terre par les navires. La confiance la plus complète régnait parmi les voyageurs; toutes les armes étaient au fond des caisses. A cinq lieues de Suez, des Bédouins venus de Tor fondirent sur la caravane, la dispersèrent et la pillèrent. De ceux qui la composaient, les uns s'enfuirent vers Suez, les autres vers le Caire; un seul put échapper aux Bédouins et résister aux privations, à la fatigue et au soleil : c'était un Français de l'île Bourbon, Saint-Germain, qui, après avoir erré trois jours dans le désert, fut sauvé par un fellah et conduit au Caire,

son toutefois pour méconnaître ce que ce mémoire
contenait de bon et nous en retrouverons les meilleures idées, passées de la théorie à la pratique, dans
la politique économique bientôt inaugurée par la
monarchie en Orient.

En dehors de l'entourage immédiat du pouvoir, la
question reste posée dans les termes mêmes où l'ont
autrefois définie Saint-Priest et de Tott. L'esprit du
plus grand nombre ne se hausse pas aux conceptions
philosophiques ou économiques de Choiseul-Gouffier
et n'imagine le problème que sous la forme d'une
alternative. Des deux partis en concurrence, celui
qui consiste à nous nantir d'un gage n'a rien perdu
de son attrait et, parmi les gages possibles, l'Égypte
reste toujours le plus vanté.

C'est ainsi qu'un mémoire anonyme de 1783, traitant « des apparences de guerre entre la Russie et la
Porte ottomane », se borne à reprendre et à développer les vues exposées avec moins d'ampleur par
Saint-Priest et de Tott. L'auteur ignoré de ces
notes (1) propose comme eux de chercher dans la
conquête de l'Égypte une compensation aux pertes
que la chute de l'empire ottoman menace d'infliger
à notre commerce. « L'Égypte est à notre porte;
l'Égypte n'est plus aux Turcs; le pacha n'y est rien;
elle n'appartient à personne. » Vingt vaisseaux de

____

(1) Arch. Aff. étr., mémoires et documents, Turquie, 14ᴬ 15.

ligne pour faire face aux forces navales du sultan; moins de dix mille hommes pour disperser la cavalerie des beys; une escadre armée à Toulon, pour protéger le débarquement qui se ferait par Alexandrie; une autre à Brest, pour tenir en respect l'Angleterre, seule puissance en état de s'opposer à l'entreprise; telles sont les conditions auxquelles « l'Égypte serait à nous avant que l'escadre anglaise fût dans la Méditerranée ». Aucune conquête ne serait plus facile à conserver : « A l'ouest, elle est défendue par la Lybie; au sud, par l'Abyssinie; à l'est, par des déserts de sable et par la mer Rouge. Le seul point que l'on doive protéger contre les attaques est la ligne entre la Méditerranée et la mer Rouge; elle est étendue, puisqu'elle a près de vingt lieues. » Et s'appropriant sans s'en douter une idée des Pharaons, l'auteur propose de faire servir à la défense de l'Égypte le canal qui joindrait ces deux mers. Les avantages économiques de cette jonction ne sont pas non plus passés sous silence; la France établira à Socotora et à Bab-el-Mandeb des comptoirs où ses navires viendront embarquer les marchandises qui y auront été apportées et les transporteront à Suez. De ce port au Caire, le transport des marchandises se fera à dos de chameaux, en attendant le percement d'un canal dérivé du Nil, et prendra trois jours. Le gouvernement français entretiendra à Suez une flotte toujours prête à s'armer, au premier signal, et à faire voile vers les Indes; il aura « un port royal sur la mer Rouge, un à Alexandrie, outre le port marchand qu'on rendrait plus sûr ». Enfin, la possession de l'Égypte procurera à la France « tous les moyens pour fouiller enfin l'Afrique, cette partie du monde si inconnue aux anciens et aux modernes. Que le gouvernement abandonne cette recherche aux négociants et aux missionnaires. Presque toujours ils ont parcouru les premiers avec utilité ces pays dont on savait à peine le nom. La religion et l'intérêt sont deux puissants mobiles ». Si inattendues qu'elles soient, ces velléités d'exploration africaine ne sont pas un fait isolé, à la fin du dix-huitième siècle. Un naturaliste qui avait accompagné Tott en Égypte, Sonnini de Manoncourt, avait essayé, quelques années auparavant, de pénétrer par la vallée du Nil en Abyssinie et dans l'intérieur de l'Afrique. Retours à des traditions du passé, ou premières velléités d'œuvres modernes, ces conceptions oubliées présentent au moins un intérêt de curiosité.

La Crète, Chypre et Rhodes sont, après l'Égypte, les pays qui réunissent le plus de suffrages. Un étranger, Alexandre Andronic Gika, conseille au maréchal de Castries, ministre de la Marine, de se les adjuger toutes les trois, sans préjudice de « quelques autres îles de l'archipel ». On aurait ainsi « ajouté aux États de la France des pays riches », d'où l'on serait à portée, non seulement de tenir en respect les nouveaux maîtres de Constantinople, mais encore de les troubler continuellement (16 août 1783) (1). Un grand seigneur, le duc de Luxembourg, s'éprend jusqu'à se rendre importun d'un plan qui consiste à lever, pour la défense de l'empire ottoman, une légion chrétienne composée de Grecs, encadrée d'officiers français et placée sous son commandement, et à l'établir dans l'île de Candie, pour éloigner de l'archipel toute puissance européenne quelle qu'elle soit. Une négociation se poursuivit sur ces bases, au vu et au su de l'ambassade de France à Constantinople, entre le grand-vizir et un émissaire du duc, M. de la Chalousière (1783-1784) (2). C'est à la même époque que le prince de Nassau, projetant de partir pour la Turquie, se laissait couronner d'avance prince de Candie.

Le bruit mené autour de ces projets de conquête leur suscite des adversaires qui font aussi entendre leur voix. En juillet 1783, l'auteur anonyme de « Réflexions politiques et militaires sur la guerre que l'Empereur et la Russie préparent contre les Turcs (3) » s'en prenait avec violence à « la triste conquête de l'Égypte et du royaume de Candie », projet qu'il qualifiait de « peu réfléchi, mal combiné et autant au-

(1) Arch. Aff. étr., correspondance de Turquie, vol. 159, 16 avril 1783.

(2) Arch. Aff. étr., correspondance de Turquie, vol. 169.

(3) *Ibid.*

dessous de la majesté du Roi que destructif de la population de son royaume ». Quant aux conséquences de cette conquête à l'égard de la domination anglaise aux Indes, ce raisonnement lui paraissait « si léger, si frivole qu'on ne peut se décider à y répondre ».

Sans aller jusqu'à décrier les pays où d'autres auraient voulu voir planter le drapeau français, certains pourtant songeaient déjà à chercher ailleurs qu'en Orient une compensation aux agrandissements que la Russie et l'Autriche recevraient sur ce terrain. Le futur conventionnel Carra, qui remania et réédita en 1783 un *Essai politique sur le partage de la Turquie d'Europe* (1), composé par lui en 1777, suggère de trouver cette compensation sur notre frontière du Nord, dans les Pays-Bas autrichiens. C'est, croyons-nous, la première fois que cette idée est jetée dans le débat; elle devait faire son chemin, et, si audacieuse qu'elle fût, les ministres de Charles X ne devaient pas hésiter à se l'approprier.

L'émotion qui fait fondre sur le bureau de Vergennes cette nouvelle averse de consultations était trop justifiée pour ne pas être partagée par le gouvernement. De fait, toute l'année 1783 se passa, pour lui, dans une appréhension très vive et une extrême perplexité. La paix de Versailles, dont Vergennes presse la conclusion avec l'Angleterre en prévision de

____

(1) Arch. Aff. étr., correspondance de Turquie, vol. 169.

la crise qui s'annonce en Orient, ne rend encore à la France qu'une liberté d'action bien relative. Ses finances restent obérées des charges de la dernière guerre ; les affronts qu'elle a infligés à l'amour-propre britannique lui ferment la voie d'une entente avec Londres ; l'alliance autrichienne, dont elle ne veut pas se dégager, l'oblige à des ménagements envers l'empereur et met obstacle à un rapprochement avec Berlin. Nul espoir à fonder sur les dispositions de l'Autriche ni de la Russie, qui rivalisent d'empressement à spéculer sur les embarras de la France : l'une profite des circonstances pour extorquer aux Provinces-Unies l'ouverture des bouches de l'Escaut, l'autre pour arracher aux Turcs la Crimée et le Kouban. L'impunité semble les encourager à ne pas s'arrêter en si bon chemin et à pousser les choses à bout. Joseph II étend déjà les mains vers la Moldavie et la Valachie et Catherine vers Constantinople.

On s'explique sans peine que, dans de telles conditions, Vergennes se soit résigné à examiner les hypothèses qui lui répugnaient le plus. En prévision d'une conflagration en Orient, un capitaine du génie, Mathieu Dumas, fut envoyé dans le Levant pour visiter les places fortes et les ports de l'archipel. « Sous le nom supposé de Vernon, et le prétexte de continuer les recherches de Choiseul-Gouffier, il prit terre à Candie, considérée dès lors comme le prix éventuel de secours fournis à la Turquie ou d'une neutralité favorable aux Russes; il réussit à lever la carte de l'île et revint en France avec une fructueuse moisson de renseignements recueillis à Smyrne, en Morée, et jusque sur le Bosphore (1). »

Cette mission n'est pas le seul indice de l'évolution que la crise de 1783 fit ébaucher à la pensée de Vergennes. Parmi les nombreux mémoires dont cette crise fournit le thème s'en trouvent deux, datés de juin 1783, et dus à la plume d'un fonctionnaire des Affaires étrangères, collaborateur de Vergennes, Gérard de Rayneval. Dans le premier sont examinés les « motifs qui doivent déterminer le roi à s'opposer à la destruction de l'empire ottoman et l'indication des moyens à employer pour rendre l'opposition de Sa Majesté efficace (2) ». La France a, d'après Rayneval, d'autant plus d'intérêt à la conservation de cet empire qu'il est plus faible et que le progrès y pénètre moins. « S'il survient une révolution, si les Turcs changent de maître, si l'on améliore leur constitution, si on les rend libres, si on les instruit, ils auront bientôt chez eux les arts et l'industrie, comme ils ont les matières premières; non seulement, ils parviendront à se suffire à eux-mêmes, mais ils entreront aussi en concurrence avec nous dans les marchés étrangers. D'un autre côté, la Turquie soumise à un gouvernement libre prendra facilement l'essor dont

<hr>

(1) Léonce Pingaud, *op. cit.*
(2) Archives du ministère de la Guerre.

elle est susceptible; elle aura promptement une marine formidable; Constantinople deviendra un des principaux ports de l'Europe, et le souverain qui y régnera dominera dans la Méditerranée et nous forcera, pour les contre-balancer, à augmenter considérablement notre marine; notre marine marchande, dans la Turquie européenne comme dans la Turquie asiatique, sera infiniment réduite; Marseille déchoira promptement de sa splendeur actuelle et, tout ce que cette ville pourra espérer, ce sera un commerce d'échange dont il est impossible de prévoir l'étendue. » Tels sont les motifs que la France du dix-huitième siècle avait de redouter la renaissance de la Turquie, qu'on ne concevait alors possible que par l'intermédiaire d'une domination étrangère.

Comment donc empêcher cette domination de s'introduire en Turquie? Rayneval ne croit possible de s'y opposer que moyennant la réalisation d'une quantité infinie de conditions : se joindre à la Prusse pour attaquer l'empereur; envoyer une escadre dans la mer Noire; décider l'Angleterre au moins à la neutralité; lancer l'Espagne contre les possessions autrichiennes d'Italie; soudoyer la Suède pour faire une diversion en Finlande; contenir le Danemark dans l'inaction; débaucher les membres de la Confédération germanique; occuper les Pays-Bas autrichiens à titre de nantissement. Rayneval ne se dissimule et ne passe sous silence aucune des difficultés que rencontre l'exécution de ce plan. Quarante mille hommes seront nécessaires dans les Pays-Bas et cinquante mille au moins sur le Danube; l'expédition de la mer Noire exigera au bas mot douze vaisseaux de ligne; les princes allemands, la Prusse, la Suède demanderont des subsides en argent. L'Espagne voudra-t-elle envoyer des troupes en Italie? L'Angleterre nous laissera- t-elle occuper les Pays-Bas? Ne profitera-t-elle pas de la circonstance pour mettre la main sur la Hollande? La Russie n'achètera-t-elle pas sa complicité? Si Catherine II est obligée par nous à reculer, ne saisira-t-elle pas la première occasion pour rentrer en campagne et ne faut-il pas craindre de renouveler la guerre périodiquement?

Dans ces conditions, Rayneval en vient à examiner de plus près les résultats probables du bouleversement comploté par les deux cours impériales. Si elles se partagent toute la Turquie d'Europe, sans doute obtiendront-elles chacune un accroissement considérable de puissance; mais elles pèseront aussi essentiellement l'une sur l'autre, deviendront suspectes l'une à l'autre et se surveilleront mutuellement. La France deviendra, par la force des choses, l'alliée de l'une ou de l'autre. Au surplus, elle pourra, « pour rétablir l'équilibre jusqu'à un certain point, demander la totalité des Pays-Bas, y compris le Luxembourg; elle s'emparera de l'Égypte et de l'île de Candie ». Ces conquêtes occasionneront la guerre

avec l'Angleterre : mais la guerre n'est-elle pas inévitable, dans la première hypothèse comme dans la
seconde? En la faisant pour la défense des Turcs, la
France se lancera dans une entreprise hasardeuse;
en la faisant avec les deux cours impériales, « Sa
Majesté court la chance d'acquérir de superbes provinces, savoir les Pays-Bas et l'Égypte, et elle n'aura
qu'une guerre maritime à soutenir avec l'Angleterre,
guerre où elle aura pour elle l'Espagne et la Russie...
Si, comme on a quelque sujet de le supposer, la plus
grande partie de la Turquie européenne est divisée en
petits États, la révolution sera peu sensible pour la
France; elle conservera son commerce, les deux
cours n'auront pas acquis une puissance effrayante;
le Roi aura fait des acquisitions utiles ». Ainsi, en
présence des difficultés qu'il voyait à arrêter la
marche des deux empires, Rayneval concluait, en
somme, à ne pas s'y opposer et à faire, des Pays-Bas
et de l'Égypte, le prix de notre complicité.

Sans doute cette conclusion fut-elle jugée trop caté-
gorique par Vergennes et ses dispositions n'allaient-
elles pas, malgré l'épreuve à laquelle sa politique était
soumise, jusqu'à admettre d'ores et déjà un mar-
chandage avec les copartageants de la Turquie. Quoi
qu'il en soit, le mémoire de Gérard de Rayneval fut
suivi d'un second, qui fut lu au conseil du roi, par
Vergennes lui-même, le 11 juin 1783. L'acquisition
par la Russie du Kouban et de la Crimée entrainerait,

disait l'auteur, la conquête par l'empereur de la Moldavie et de la Valachie. La Prusse ne manquerait pas de réclamer un équivalent et les trois puissances, pourvues chacune d'un accroissement considérable de forces, deviendraient les arbitres du Levant et du Nord, par suite de toute l'Europe. Quels moyens s'offrent au roi de s'y opposer? La représentation? On ne peut guère en espérer de résultat. Les armes? La France est affaiblie par la guerre et a besoin de repos. Mais peut-être une menace réussira-t-elle à arrêter l'Empereur et à le détourner de ses désirs de conquête, à moins qu'elle ne le porte à nous offrir, pour nous amadouer, la cession des Pays-Pas. Si la menace ne suffit pas à obtenir le résultat voulu, Rayneval conseille de passer à l'acte et d'envahir les Pays-Bas. Il ne s'agit plus, dans ce second mémoire, d'une subversion totale et d'un partage en règle de la Turquie; le champ de l'hypothèse est beaucoup plus restreint : il est limité à la mainmise de l'Autriche sur la Moldavie et la Valachie. Dans ce cas, Rayneval préconise en somme le recours à l'intimidation et, au besoin, à la force pour assurer à la France un équivalent, sous la forme des Pays-Bas autrichiens.

Il est à supposer que les vues de Vergennes étaient conformes à celles que Rayneval expose dans ce mémoire, composé à la demande du ministre, peut-être rédigé sous son inspiration et, en tout cas, lu par lui au conseil du Roi. Il semble donc à peu près certain qu'au point où en étaient les choses en juin 1783, Vergennes, résigné à laisser la Russie s'adjuger la Crimée et le Kouban, penchait à chercher dans la conquête des Pays-Bas un dédommagement à l'agrandissement possible de l'Autriche en Moldavie et Valachie. C'est à cette entrée en scène de l'Empereur, revendiquant les deux principautés, que se bornaient pour le moment les prévisions de Vergennes. Une extension plus considérable de la crise, un démembrement général de la Turquie d'Europe ne lui paraissaient pas immédiatement à craindre, et sans doute réservait-il, pour cette éventualité qu'il ne jugeait pas imminente, le choix d'une autre compensation, qu'il inclinait visiblement à chercher en Crète.

En attendant, il va au plus pressé et se donne pour tâche de prévenir toute extension de la crise.

A toutes les portes où il frappe, il est éconduit : à Londres, où on lui oppose purement et simplement l'impossibilité de se prêter à un accord avec la France ; à Berlin, où l'on met pour condition à toute entente notre rupture préalable avec l'Autriche ; à Vienne, où pour esquiver la proposition de préserver la Turquie, on nous offre d'un morceau de cette proie. Ce morceau, c'est naturellement l'Égypte, dont Joseph II insinue à la France de s'emparer, au cas où lui-même se verrait obligé de s'adjuger la Moldavie et la Valachie. Cette nécessité lui serait imposée, disait-il, si, comme il le jugeait alors certain, la guerre éclatait de nouveau entre les Russes et les Turcs. Ainsi, ce n'est pas seulement de France qu'on presse Vergennes d'abandonner la Turquie et de faire de l'Égypte le prix de cette défection ; voici que ce vœu, dont l'obsession le poursuit déjà à Versailles, lui revient maintenant de Vienne, adopté par l'empereur.

Vergennes fit la sourde oreille aux ouvertures de l'Autriche, comme il l'avait fait aux avis de tant de conseillers improvisés. Partout éconduit, mais sûr de l'abstention de l'Autriche tant que la guerre n'aurait pas éclaté entre les Russes et les Turcs, il ne songea plus qu'à empêcher cette guerre d'éclater. C'est alors que, recourant au même moyen héroïque qu'en 1779, il conseilla à la Turquie de s'incliner devant la raison du plus fort et d'acheter la paix par un nouveau sacrifice. La Crimée et le Kouban, reconnus provinces russes, perdirent jusqu'à leur nom pour devenir la Tauride et le Caucase. Puis, comme il fallait un bouc émissaire pour porter le poids de cette solution, plus prudente que brillante, Saint-Priest fut rappelé de Constantinople (1784).

Ce rappel immérité ne ferma pas la bouche au diplomate disgracié. Au retour d'une ambassade de quinze années, Saint-Priest raconta sa mission et développa ses idées dans une série de remarquables mémoires, dédiés et présentés au roi. La partie commerciale de son étude forma un mémoire particulier sous le titre : *Mémoire sur le commerce et la navigation au Levant.* Un important chapitre y est consacré à la communication avec l'Inde par la mer Rouge et à l'historique des tentatives faites par ses prédécesseurs pour résoudre ce problème. Dans la partie politique de son travail, Saint-Priest revient et insiste sur le vœu, tant de fois exprimé par lui, que la France arrête à l'avance un plan capable de sauvegarder ses intérêts, en cas de destruction de l'empire ottoman. Dans ce cas, son opinion se résume dans un suprême avis, qui constitue, en quelque sorte, son testament politique : « L'Égypte seule peut surpasser en revenus la dépense qu'elle occasionnerait, remplacer dans un climat sain les riches productions des colonies dévorantes de l'Amérique et offrir à la politique de Votre Majesté un moyen de prépondérance dans tout l'hémisphère (1). »

Cette conviction, depuis longtemps ancrée dans l'esprit de Saint-Priest, avait encore été fortifiée par un remarquable travail que dut lui faire parvenir, dans les derniers temps de son ambassade, le consul général de France en Égypte, M. Mure (2). Comme son chef lui-même, cet agent inclinait à considérer

(1) Arch. Aff. étr., correspondance de Turquie, vol. 171. Mémoires et documents, Turquie, 17, 15.

(2) Arch. minist. Guerre. Le texte de ce mémoire, dont plusieurs exemplaires sont conservés aux Archives de la Guerre, a été publié par la *Revue d'Égypte,* qui l'a attribué à Saint-Priest. Un des exemplaires porte en effet l'annotation suivante : Remis par M. de Saint-Priest à M. d'Abancourt, ingénieur-géographe, 1789. » Mais le mémoire a pour auteur Mure et date de 1783.

comme fatal le démembrement de l'empire ottoman.
S'imaginer que la condescendance dont la Porte
venait encore de donner l'exemple pût indéfiniment
la préserver de la guerre, lui paraissait une illusion ;
or, en cas de rupture, une seule campagne devait,
d'après lui, suffire à mettre l'empereur et la Russie
en possession de toute la Turquie d'Europe. Une fois
maître de la Grèce et de l'archipel, il était « pour
ainsi dire impossible » que l'empereur ne portât pas
immédiatement après ses vues sur l'Égypte. « Les
côtes de la Grèce et les îles de l'archipel fourmillent
de matelots, disait Mure. Le commerce du Levant et
principalement celui de l'Égypte donnerait la plus
grande activité à cette marine. La possession de
l'Égypte mettrait l'empereur en état, non seulement
de se passer des productions de l'Amérique, mais
encore d'en fournir du même genre aux autres nations. Il serait à portée de prendre part au commerce
de l'Inde, peut-être même de s'en approprier la plus
grande partie. Une escadre de 12 à 15 vaisseaux
à Suez le rendrait maître de la mer dans cette partie
du monde et il est difficile de prévoir jusqu'où il
pourrait y étendre son pouvoir et sa domination. »
Cet avenir était trop séduisant pour ne pas tenter la
cour de Vienne, dont une entreprise en Égypte ne
rencontrerait d'obstacle, ni de la part de l'Égypte, ni
de celle de la Turquie aux abois : et une fois qu'elle
y serait établie, l'en chasser serait extrêmement diffi-

cile. La France ne pouvait pas s'accommoder d'une pareille résolution. Lui convenait-il, au sortir d'une guerre, de se lancer dans une autre, contre les deux empires, pour la défense de la Turquie? Mieux valait prendre ses mesures pour ne pas rester les mains vides. « En réfléchissant sur les moyens de contre-balancer les avantages que les puissances voisines de la Turquie peuvent se promettre d'un démembrement de cet empire, on n'en voit pas, disait Mure, de plus efficace et de moins dispendieux que de s'emparer de l'Égypte aussitôt qu'elles entreront sur le territoire ottoman. »

Tel est le raisonnement par lequel il est conduit à mettre sous les yeux de son chef un tableau, plus complet que nul n'en avait encore tracé, des avantages de l'Égypte comme possession, des moyens de la conquérir, de la conserver et de la mettre en valeur, des débouchés qu'elle peut offrir à notre industrie, des revenus que l'État peut en tirer, etc. Il va sans dire que, parmi les avantages attendus de la conquête de l'Égypte, la possibilité de ramener vers son ancienne voie le commerce de l'Inde occupe le premier rang. « La proximité de l'Inde, l'activité qu'on donnerait par la mer Rouge à la communication avec cette partie du monde, la facilité du transport des marchandises de Suez au Nil par un canal qui n'a besoin d'être recreusé qu'en partie, ou des autres ports de la mer Rouge à ce fleuve par terre, diminueraient infiniment le temps, les frais, la perte des matelots qu'occasionnent les voyages par le cap de Bonne-Espérance et assureraient la préférence aux marchandises qui reprendraient l'ancienne route. » Mure n'a pas de peine à montrer que ce commerce n'a été tari que par suite des obstacles accumulés par l'incurie des Turcs et que, « ces entraves levées, il est hors de doute que le commerce des Indes peut se faire, comme autrefois, par l'Égypte, avec un avantage marqué sur les nations qui continueront à se servir de la voie du cap de Bonne-Espérance ».

Sur les côtes de l'Égypte, ses ports, ses rades, ses défenses, les conditions du débarquement, celles de la conquête, Mure n'émet guère d'idées et ne fournit guère de notions qui n'aient été, antérieurement, émises ou fournies par Tott. Son projet, toutefois, ne se borne pas à l'occupation du delta et du Caire : comprenant qu'il ne peut pas y avoir de tranquille possession de la Basse-Égypte sans qu'on soit maître de la vallée supérieure du Nil, il prévoit l'extension de la domination française jusqu'à la première cataracte. Sa longue expérience du pays, acquise grâce à un séjour prolongé, lui permet d'ajouter aux indications d'ordre stratégique des recommandations pratiques, sur les précautions à prendre pour prévenir l'influence du climat sur les troupes et pour mettre celles-ci à l'abri de la peste. L'Égypte conquise, Mure se préoccupe aussi des moyens de la protéger contre les invasions. Deux petits forts à la première cataracte, pour tenir en respect les populations de Nubie, d'ailleurs assez paisibles ; échelonnés d'Assouan au Caire, des détachements peu importants, à distance de vingt-quatre heures au plus ; un détachement au Fayoum ; une forte garnison au Caire ; un petit corps de troupes à Damanhour, pour mettre le Béhéra à l'abri des incursions des Arabes de l'ouest ; quelques redoutes pour garder la partie occidentale de la côte, entre la Tripolitaine et Alexandrie ; pour défendre ce port, un système complet de fortifications, comportant la remise en état des deux forts existants et une série d'ouvrages que détermineraient les gens du métier ; à Aboukir, la forteresse actuelle, réparée ; à Rosette, un ouvrage commandant l'entrée du fleuve ; une redoute à l'entrée du lac Bourlos ; un ou deux forts, bien munis d'artillerie, à l'embouchure de la branche de Damiette, qui a plus de fond que celle de Rosette ; une ligne de fortifications, dont la nature reste à déterminer, le long des vingt-cinq lieues qui séparent Suez du lac Menzaleh, seul côté par où soit à craindre une invasion turque : telles sont les grandes lignes du plan de défense que Mure esquisse pour l'Égypte. La France achèvera d'y assurer la sécurité de sa domination en mettant dans ses intérêts Djezzar Ahmed pacha, qui s'est rendu à peu près indépendant en Palestine et n'aspire qu'à étendre son autorité sur la Syrie.

La partie la plus curieuse et à coup sûr la plus
neuve du mémoire de Mure est celle qui concerne les
mesures à prendre, après la conquête, pour la mise
en valeur du pays. La majeure partie des terres ap-
partenant au gouvernement, la France s'en emparera,
les affermera et les vendra, au fur et à mesure qu'il se
présentera des acquéreurs. Ainsi, elle se dédomma-
gera des frais de l'expédition. En outre, elle attirera
en Égypte des colons français, qui ne manqueront
pas d'affluer, quand ils connaîtront les ressources
agricoles du sol. On recreusera les canaux, que la
négligence des Turcs a laissé combler; on améliorera
l'irrigation dans la Basse-Égypte par l'emploi des ma-
chines hydrauliques. Quant aux impôts, il suffirait d'en
établir deux pour subvenir, et au delà, aux dépenses
de l'administration. Le premier serait un impôt sur
les terres, payable en nature, au moment de la récolte, égal au dixième du revenu et ne frappant que
les bons terrains, dans les années de bonne récolte.
En seraient exonérées, par exemple, les terres sur lesquelles l'inondation ne serait pas parvenue. Pour épargner au gouvernement la peine de vendre les denrées
provenant de cette dîme, celle-ci serait affermée,
dans chaque district, à des habitants solvables. Le
second impôt, que Mure qualifie « d'impôt sur le
luxe », devrait être établi de manière à ne frapper que
la classe la plus riche de la population, dans son goût
pour le luxe extérieur, et à ne pas atteindre les ar-

ticles de notre industrie. Pour la même raison, les droits de douane, qui constitueraient un troisième chef de revenus, devraient également être fixés à un taux modéré afin de ne pas entraver le commerce, ni diminuer la consommation des articles manufacturés, dont la France fournirait la majeure partie. Car c'est une autre préoccupation de Mure, que de « faire servir l'Égypte à augmenter le commerce et la consommation des objets de manufacture de France ». A cet effet, il n'hésite pas à conseiller d'interdire l'introduction en Égypte des étoffes de soie, coton et laine qui ne seraient pas fabriquées en France ou importées des Indes par bâtiments français. Pour augmenter encore l'intérêt du gouvernement à conquérir l'Égypte, il lui laisse entrevoir enfin d'autres revenus, grâce aux monopoles du tabac, du sel, du natron, du séné. Impôt foncier, douanes et monopoles produiraient un revenu total que, dans un supplément à son mémoire, Mure estime à 120 millions de livres par an.

Les relations possibles de l'Égypte avec Candie et Chypre lui servent enfin de prétexte à montrer, sans y insister, combien l'acquisition de ces deux îles offre moins d'intérêts que celle de la vallée du Nil. « La conquête de ces deux îles et leur défense coûteraient, dit-il, autant de dépenses et emploieraient peut-être autant de troupes que l'Égypte. Ainsi, elle ne servirait qu'à occuper, sans utilité majeure, les forces de

la France et à la détourner d'un objet plus important... En supposant que les îles de Candie et de
Chypre pussent entrer dans son lot, elles ne devraient
être considérées que comme des accessoires à l'objet
principal, et la possession n'en serait pas à mé-
priser. » L'examen de leur position respective conduit
Mure à émettre cette appréciation, qui a reçu depuis
une si éclatante justification : « Dans le cas où l'empire ottoman serait envahi par ses voisins, l'île de
Candie tomberait naturellement au pouvoir de la
puissance qui s'emparerait de la Morée, et Chypre
serait plus à la convenance de celle qui posséderait
l'Égypte. » Mais, réservant pour plus tard cette entreprise complémentaire, Mure termine cet aperçu, si
riche en vues justes et en conceptions que l'avenir a
réalisées, par ce conseil, tant de fois déjà donné au
gouvernement de Louis XVI : « Dans le cas où l'invasion de la Turquie serait impossible à prévenir par
l'effet des négociations, le plus sûr serait de s'emparer, en même temps, de l'Égypte, qui pourrait
seule, en ce cas, conserver à la France et augmenter
même sa prépondérance sur les puissances commerçantes et maritimes. »

Le magistral rapport de Mure alla, comme les mémoires de Saint-Priest, attendre son heure dans les
cartons du ministère des Affaires étrangères.

Si Vergennes n'en fit pas plus de cas, ce n'est pas
seulement par antipathie naturelle et opposition de

principe contre la politique des partages. C'est par suite d'une confiance que le temps a justifiée dans la durée de l'empire ottoman. En 1783, tandis que Saint-Priest n'osait pas se faire fort de le conserver un an, Vergennes lui donnait encore vingt ans à vivre. Tandis que les moins pessimistes doutaient qu'une intervention armée de la France fût suffisante pour le sauver, Vergennes estimait que la neutralité du gouvernement français et son refus, hautement déclaré, de prêter les mains à un partage, suffiraient à l'empêcher de s'écrouler. On ne pouvait donc imaginer contradiction plus complète entre la politique de Vergennes et celle des partisans d'une action militaire en Égypte.

L'arrangement intervenu entre la Porte et la Russie en 1784 semblait précisément donner le signal d'une accalmie, dont la France se disposait à profiter pour prendre en mains le relèvement militaire de la Turquie. Choiseul-Gouffier qui s'embarqua, en avril 1784, pour Constantinople, où il venait de recueillir la succession de Saint-Priest, emmenait avec lui toute une mission d'ingénieurs, d'officiers de toutes armes et d'ouvriers, qui allaient travailler à remettre en état la flotte, les ports, les arsenaux, l'artillerie et l'armée du sultan. Était-ce au moment où la cour de Versailles se décidait à cette tentative que la proposition de conquérir l'Égypte pouvait avoir chance d'être accueillie par elle?

Des nombreux projets qui lui avaient été présentés dans ce sens, le gouvernement venait enfin de détacher, pour ainsi dire, un objet particulier, qui pouvait, à lui seul, former un tout distinct, un intérêt essentiel, dont il allait s'efforcer d'obtenir, séparément, la satisfaction.

CHAPITRE V

La monarchie a poursuivi à plusieurs reprises l'exécution de vastes plans commerciaux, de véritables plans de pénétration asiatique. Lorsqu'on rapproche les unes des autres des tentatives accomplies en même temps ou à peu d'années de distance, sur des points quelquefois très divergents on aperçoit entre elles un lien et l'on voit s'en dégager un plan.

L'année même où il lit au Conseil un « mémoire sur le commerce » qui est tout un programme de relèvement maritime, Colbert fonde la Compagnie des Indes, lui assure un fonds considérable, une flotte, des comptoirs dans l'Hindoustan, un établissement à Madagascar (1664). Un an après, il charge M. de La Haye-Vantelet d'obtenir de la Porte l'ouverture à notre marine du port de Suez et de la mer Rouge (1665). L'année même (1670) où il renouvelle à M. de Nointel les instructions données cinq ans auparavant, à M. de La Haye, il invite nos consuls dans le Levant à lui faire connaître « de quel moyen l'on pourrait se servir pour avoir fréquemment des nouvelles des Indes, combien de caravanes de Perse et des Indes il vient chaque année dans leur Échelle, combien elles emploient de temps dans chaque voyage, tant en allant qu'en revenant... » etc. En 1702, le comte de Pontchartrain charge un émissaire de se rendre auprès du roi de Sennaar et du négus d'Abyssinie et de chercher de ce côté un accès à la mer Rouge. L'année même où cet envoyé, Le Noir du Roule, périt assassiné, un autre agent, Jean-Baptiste Fabre, part en mission auprès du shah de Perse (1704). Ainsi rapprochées par leur date et par leur objet, toutes ces tentatives apparaissent comme les différentes parties d'un même tout, d'un plan traditionnel de pénétration aux Indes par les grandes routes commerciales de l'antiquité.

La royauté a été hantée par ce plan jusqu'à ses derniers instants. L'Inde a exercé sur elle une sorte de fascination. Le commerce de cette région lui est apparu comme le commerce par excellence, « le grand commerce, le seul qui soit considérable » et qui permette d'assurer à jamais la prospérité économique du royaume. Détourner cette source de richesses et la capter au profit de nos nationaux a été, depuis Colbert, l'objectif invariable de tous nos ministres, de tous ceux du moins qui ont eu le souci de leurs devoirs, le but suprême de leurs efforts en matière maritime et commerciale.

Ils ont essayé de l'atteindre tantôt par l'une, tantôt par l'autre des voies qui s'offraient à les y conduire : par le Cap, par l'Égypte et par la mer Rouge, par l'Asie Mineure et le golfe Persifique, par la Perse et l'Asie Centrale. En 1768, la route du golfe Persique paraissait avoir les préférences du gouvernement royal. Entre le duc de Praslin, ministre de la Marine, M. de Perdriau, consul de France à Alep, et la chambre de commerce de Marseille, s'élaborait un vaste plan qui resta d'ailleurs sans effet, en vue d'attirer le commerce de l'Inde dans la Méditerranée par la voie de Bassora, de Bagdad et d'Alep (1). Deux

(1) « Mémoire sur le commerce que la nation française peut entreprendre dans le golfe Persique, Bassora, Bagdad et Échelles du Levant, présenté en 1768 à Monseigneur le duc de Praslin, ministre

ans après, la chute de Choiseul entraînait dans l'oubli la question de l'accès aux Indes, par quelque voie que ce fût.

Une foule de documents prouve au contraire la fidélité du public à cette idée, dont on peut ainsi suivre la trace jusqu'au moment où le gouvernement s'en empara, pour essayer encore une fois de la réaliser. Mais ce n'est ni la voie de Bagdad, ni celle de la Perse que désigne l'opinion publique : c'est celle dont, par trois fois, le grand Colbert a essayé de nous ouvrir l'accès : celle de Suez et de la mer Rouge.

Amener à Suez les marchandises des Indes; en assurer le transport, par un moyen quelconque, route, canal maritime ou canal dérivé du Nil, entre la mer Rouge et la Méditerranée : telle est la solution dont le public continue à se montrer partisan. Cette solution suppose deux conditions, qui apparaissent comme la clef de voûte de tout le système : l'ouverture au pavillon français de la mer Rouge et du port de Suez, fermés à toutes les marines chrétiennes, et la liberté, pour nos marchandises, de « transiter » par le territoire égyptien. C'est par là que l'Égypte devient partie au procès; mais elle n'y intervient, pour ainsi dire, que par voie de conséquence.

de la Marine, par le sieur Petro de Perdriau, consul de France à Alep... etc. » (Arch. historiques, chambre comm. de Marseille, H. H. 2.)

L'Égypte ici n'est pas une fin, elle n'est qu'un moyen. La fin dernière, le but essentiel, demeure l'Inde, qu'il s'agit d'atteindre pour en capter le commerce. Ramener le commerce de l'Inde dans la Méditerranée, en lui rendant l'accès de sa route primitive, et profiter de la situation prépondérante acquise en Égypte par les Français pour le placer entre leurs mains : ainsi peut se définir l'objet général de l'entreprise. Distincte, sinon indépendante, de la question d'Égypte, la question de Suez n'est qu'un des aspects de cette vaste et complexe question de l'Inde, qui se pose à la fois au Cap, en Égypte, dans le golfe Persique et dans l'Asie Centrale.

Maintes fois sollicité de revenir aux traditions de Colbert, le gouvernement se déroba, jusqu'en 1783, à ces pressants appels et fit preuve, à cet égard, d'une indifférence qui contraste, nous l'avons vu, avec l'activité des Anglais. Mais la paix de Versailles (1783) et, l'année suivante, l'envoi à Constantinople d'un nouvel ambassadeur, le comte de Choiseul-Gouffier (1784), vinrent donner le signal d'une remarquable tentative.

« Quant à la navigation de la mer Rouge, que le grand Colbert avait à cœur de procurer à la France, Votre Majesté ne doit pas s'attendre que la Porte, qui l'a refusée constamment à Louis XIV, se prête à la Lui accorder. » Ainsi s'exprimait Saint-Priest, avec une franchise un peu brutale, en s'adressant à

Louis XVI au retour de son ambassade. « Au reste, ajoutait-il quelques lignes plus bas, Votre Majesté peut aisément se passer du consentement des ministres ottomans. La station d'une ou deux frégates françaises dans la mer Rouge y assurerait son pavillon et le rendrait maître de ce riche commerce. » Mais avant d'employer la force, ne pouvait-on recourir à un autre moyen? A défaut du consentement de la Porte, ne pouvait-on se contenter de celui des maîtres de l'Égypte, sauf à solliciter ensuite la ratification du sultan? Jusqu'alors, c'est à Constantinople que le gouvernement français avait cherché la solution du problème; désormais, c'est au Caire qu'il transporte la négociation. C'est ce qui fait le caractère propre et l'originalité de la campagne diplomatique menée, de 1783 à 1787, par le maréchal de Castries, le comte de Choiseul-Gouffier et divers agents subalternes, pour l'introduction du pavillon français dans la mer Rouge.

Dans le courant de l'année 1783, le maréchal de Castries, ministre de la Marine, demanda à l'un de ses subordonnés des « observations sur le commerce que les étrangers font au Levant ». « Les Turcs, lit-on dans ce mémoire (1), consomment beaucoup de mousselines, de toiles et d'étoffes des Indes. Ils tirent ces marchandises par la voie de Suez. Nous ne

______

(1) Arch. Aff. étr., cartons commerciaux, 1783. Le document porte la mention : « Observations demandées par Monseigneur. »

leur ferons cette fourniture qu'autant que nous par-
viendrons à faire le commerce de l'Inde par la mer
Rouge. En attendant cette révolution si désirée, il est
difficile d'imaginer qu'on puisse fabriquer en France,
pour l'usage des Turcs, des mousselines, des toiles
et des étoffes en concurrence avec l'Inde. » Appro-
visionner la Turquie en marchandises de l'Inde;
c'est l'un des objets essentiels et des motifs déterminants qui sont alors invariablement invoqués
pour justifier l'intérêt de la France à réunir, par
la mer Rouge, le commerce de l'Inde à celui du
Levant.

Est-ce cette observation qui inspira au maréchal
de Castries le plan dont il allait bientôt entreprendre l'exécution? ou bien l'idée en avait-elle déjà
germé dans son esprit, lorsqu'il se fit fournir ces
éclaircissements? Quoi qu'il en soit, l'année ne
s'acheva pas sans que les trois mêmes phrases
eussent passé, mot pour mot, du mémoire composé
à sa demande, dans des instructions données en son
nom à un officier.

Au mois de juillet 1783, le gouvernement français envoya en Orient quelques officiers de marine,
en vue de reconnaître « l'état de défense et les
moyens d'attaque » des îles de l'archipel et des côtes
de l'empire ottoman. Il profita de cette circonstance
pour charger l'un d'eux, le comte de Bonneval, de se
rendre en Égypte et d'y faire une enquête sur les

relations commerciales de Suez avec l'Inde. Les instructions (1) remises à cet officier commencent par reproduire à peu près textuellement le passage essentiel des « observations sur le commerce que les étrangers font au Levant » ; puis elles se poursuivent ainsi : « Le sieur comte de Bonneval prendra du sieur Mure, consul à Alexandrie, tous les éclaircissements relatifs à une exploitation si désirable. Il fera un voyage au Caire, et même à Suez, s'il le peut avec facilité. Il prendra une connaissance entière de notre factorerie du Caire, livrée à elle-même dans cette ville immense. » M. de Bonneval n'ayant pu remplir les termes de ce programme, les instructions qui lui avaient été données furent reproduites dans celles de Choiseul-Gouffier, en date du 9 mai 1784, où elles prirent place entre des articles relatifs à la mer Noire et à la Perse, dans le vaste plan commercial dont il faut faire honneur au maréchal de Castries. L'ambassadeur était invité à fournir « un tableau de comparaison des deux voyages » par Suez et par Bassora, ainsi que « des cartes exactes tant de la mer Rouge que de ses côtes et des points principaux de l'Égypte ». Les instructions laissent voir une préférence marquée pour cette route, par laquelle un mes-

(1) Arch. Aff. étr., correspondance de Turquie, vol. 169. 9 juillet 1783.

(2) Arch. Aff. étr., correspondance de Turquie, vol. 170. 9 mai 1784.

sager pouvait parvenir de Marseille à Bombay en quarante-huit jours.

Avec l'envoi de Choiseul-Gouffier à Constantinople coïncide en effet un retour du gouvernement de Louis XVI aux vues économiques des ministres de Louis XIV. Les instructions données au nouvel ambassadeur (1) laissent clairement voir l'intention de reprendre, simultanément, en Égypte, dans le golfe Persique, dans la mer Noire, l'action depuis si long-

(1) L'article consacré, dans les instructions de Choiseul-Gouffier, à la correspondance avec l'Inde, vient immédiatement après celui qui a trait au commerce de la mer Noire : « Sa Majesté verrait avec satisfaction qu'on agrandît et qu'on poussât le commerce de ses sujets qui s'étendrait par Alep à Badgad, en Perse et dans le golfe Persique. Le sieur comte de Choiseul-Gouffier sait que Sa Majesté a pensé en même temps à établir par cette route une communication pour les lettres et paquets à expédier aux Grandes-Indes. C'est dans cette vue qu'elle a établi un consul à Bassora et qu'elle lui a donné pour correspondant et dans sa dépendance un vice-consul résidant à Bagdad. L'ambassadeur de Sa Majesté s'informera des progrès et des événements du commerce que fait par cette voie la maison du sieur Audibert qu'il entretiendra à cet effet à Marseille et il proposera la meilleure méthode à suivre pour la correspondance de Sa Majesté dans l'Inde... » « Celle par Suez et la mer Rouge paraît devoir être préférée comme la plus prompte et l'on a calculé qu'avec toutes les chances heureuses un messager peut arriver de Marseille à Bombay en quarante-huit jours. L'ambassadeur du Roi enverra un tableau de comparaison des deux voyages. On lui remet une note relative au dernier. Il rendrait un service réel s'il pouvait procurer des cartes exactes, tant de la mer Rouge que de ses côtes et des points principaux de l'Égypte. Mais si cette entreprise lui paraissait entraîner une dépense considérable, avant de l'ordonner, il demanderait au Secrétaire d'État de la Marine les ordres de Sa Majesté... » « Un tableau clair et précis de la situation actuelle des affaires, du commerce et de la population de la Perse serait très agréable à Sa Majesté et servirait à la pleine intelligence des nouvelles qui parviennent de ce royaume. » (Arch. Aff. étr., Turquie, vol. 170.)

temps suspendue ou ralentie, et de renouveler, sur tous ces points à la fois, une vigoureuse tentative, afin d'ouvrir à notre commerce des routes dont l'Inde est le terme commun. L'ouverture de la route de Suez n'est donc, cette fois encore, qu'un des points d'un programme qui embrasse tous les éléments traditionnels du plan français de pénétration asiatique. La reprise, à ce moment précis, du plan de Colbert s'explique par la situation même de l'empire ottoman et se rattache à un essai de solution pacifique de la question d'Orient. Tandis qu'elle prend en mains le relèvement politique et militaire de la Turquie, la France cherche à asseoir, sur des bases inébranlables, sa propre prépondérance économique dans le Levant, en amenant dans la Méditerranée orientale le commerce de la mer Noire, de l'Asie Centrale et de l'Inde. C'est ainsi que les plus réalisables des idées personnelles de Choiseul-Gouffier se sont transmises de son mémoire de 1783 (1) à ses instructions officielles. D'autre part, le soin qu'on prend de lui demander des cartes, non seulement de la mer Rouge, mais aussi de l'Égypte, donne à entendre que le gouvernement se réserve, en dernier recours, de faire main basse sur ce pays si, les Turcs venant à être chassés d'Europe, il faut en venir à cette extrémité pour sauver le commerce français du Levant.

(1) Voir chap. iv, p. 111-112.

A peine arrivé à Constantinople, le 10 décembre 1784, Choiseul-Gouffier chargea un lieutenant de vaisseau, M. de La Prévalaye, de la mission confiée, l'année précédente, à M. de Bonneval. Dans des instructions très développées (1), il le mit au courant de tout ce qui pouvait lui être utile, retour et débit des marchandises de l'Inde, résultats obtenus par les Anglais, etc., et lui traça pas à pas sa conduite. Aussitôt parvenu devant Alexandrie, La Prévalaye débarquera de sa corvette, *la Poulette,* sans autre suite qu'un dessinateur et trois ou quatre hommes de son équipage. Après s'être entretenu avec notre consul général, il se rendra à Rosette et remontera le Nil jusqu'au Caire, où le consul l'aura adressé à une personne sûre. Là, il liera connaissance avec le Grand Douanier Antoun Cassis, et fera en sorte de s'insinuer dans la confiance des beys. Il ne s'agit pas, pour le moment, de passer une convention avec eux, mais seulement de chercher à connaître les droits qui seraient, le cas échéant, payés à Djeddah, à Suez et au Caire. La Prévalaye étudiera aussi les moyens d'établir à Moka et à Djeddah des agents officiels, reconnus par les Turcs. L'ambassadeur pourrait ensuite faire armer par quelque négociant un bâtiment dont il solliciterait l'admission à Suez. La mission de La Prévalaye n'eut malheureusement pas plus de succès

(1) Arch. Aff. étr., correspondance de Turquie, vol. 171.

que celle de Bonneval : il suffit de la publicité donnée à sa venue pour l'empêcher d'arriver jusqu'au
Caire.

Sans se laisser décourager par deux échecs consécutifs, Choiseul-Gouffier renouvela, au commencement de 1785, les mêmes instructions à un troisième
officier de marine, M. de Truguet, commandant du
brick mis à la disposition de l'ambassade. Il l'auto-
risa, en outre, à traiter avec les beys (1). Truguet prit
terre à Alexandrie, gagna le Caire sous un déguise-
ment, et se mit en rapport avec un négociant marseillais, Charles Magallon, qui, depuis le transfert de
notre consulat du Caire à Alexandrie, remplissait
bénévolement envers ses compatriotes l'office du
consul le plus dévoué. La femme de ce commerçant
exerçait sur la principale femme de Mourad-bey une
influence qu'elle faisait servir au bien de son pays.
« Je ne cesse, par l'entremise de ma femme, écrit
Magallon lui-même (2), de cultiver l'amitié des
grands. Il ne se passe pas de semaine et même de
jour que nous ne nous rappelions à leur mémoire
par l'envoi de petites bagatelles que nous savons
leur faire plaisir. Ma femme jouit de leur estime;
elle n'aura pas de peine à m'y faire participer. »

(1) Arch. Aff. étr., correspondance de Turquie, vol. 172. Lettre de
Choiseul-Gouffier, en date du 26 février 1785.

(2) Arch. Aff. étr., Turquie, 172. Magallon à Choiseul-Gouffier,
23 avril 1785.

C'est grâce aux intelligences de ce ménage de négociants dans le harem, que Truguet réussit à entrer en pourparlers avec Mourad-bey, à se faire écouter et à traiter directement avec ce Mameluk, sans qu'il lui en coûtât autre chose que des prévenances et « quelques présents de bien peu de valeur par rapport à la magnificence d'un prince dont le luxe presque fabuleux était le produit de brigandages continuels ». Mourad-bey, en la fidélité duquel Truguet affirme sa confiance, lui promit de venir lui-même à cheval, à la tête de toute sa maison, veiller à la sécurité de nos caravanes entre Suez et le Caire. Malgré cette assurance, Truguet jugea prudent de passer une convention avec un cheik arabe, dont tous les marchands turcs achetaient la protection pour le transport de leurs marchandises d'une ville à l'autre. Il acheva de nous mettre à couvert de toute surprise en traitant également avec le Grand Douanier Joseph Cassab. Il obtint enfin de Mourad la promesse de faire contre-signer par Ibrahim-bey le traité intervenu entre eux, et lui en laissa une copie qui parvint bientôt après à Constantinople, revêtue de la signature d'Ibrahim. Truguet rejoignit ensuite sa corvette, pourvu de toutes les informations désirables sur le commerce de l'Inde et d'une carte de la mer Rouge, autrefois dressée par les Anglais (1).

(1) Arch. Aff. étr., correspondance de Turquie, vol. **172**. Lettre de Truguet au ministre de la Marine, 24 février **1785**.

Les actes du 10 janvier 1785 se composent donc de trois traités, qui se complètent l'un l'autre. Le premier, en dix-huit articles, signé par Truguet et Mourad-bey, et, ultérieurement, par Ibrahim-bey, stipule que les négociants français seront accueillis et protégés à leur passage en Égypte, à l'aller comme au retour; que les marchandises de l'Inde payeront 2 pour 100 au pacha, 4 pour 100 au commandant de l'Égypte, et seulement 3 pour 100 en tout lorsqu'elles seront destinées à la France; qu'aussitôt après l'arrivée de nos navires à Suez, les beys pourvoiront au transport du chargement au Caire, avec toute la célérité et la sécurité possibles. Le second acte, dans lequel le Grand Douanier se laisse qualifier de « protecteur, surintendant et bon conseiller » des négociants français, enregistre la promesse faite par lui de ne pas élever le taux des droits de douane et lui accorde en échange un demi pour 100 sur les marchandises de l'Inde qui arriveront par Suez. Le troisième enfin, met à la charge d'El-Hadj-Naser-Chedid, cheik arabe, le salaire de l'escorte et les péages prélevés par les tribus du désert, et le rend personnellement responsable de tout accident fâcheux survenu en chemin, moyennant le paiement d'une somme fixe pour chaque charge de chameau (1).

(1) Arch. Aff. étr., correspondance de Turquie, vol. 172. Ces actes sont annexés à la lettre de Choiseul-Gouffier en date du 26 février 1785.

Les succès incroyables de Truguet surpassèrent
toutes les espérances de Choiseul-Gouffier qui en
rendit compte au maréchal de Castries, le 26 février 1785 (1). C'est avec orgueil qu'il comparait ce
résultat presque gratuit aux millions dépensés par les
Anglais et cette trilogie de traités, édictant toutes les
garanties possibles, à leur traité déchiré de 1775.
Restait à obtenir l'assentiment de la Porte, dont les
beys avaient réservé le consentement. Choiseul-Gouffier entreprit de « faire concevoir au grand vizir tous
les avantages qui devaient résulter pour l'empire ottoman de sa condescendance à nos désirs » : le prix des
marchandises de l'Inde a baissé dans tout l'empire,
où elles sont plus recherchées que jamais ; le tribut
que la Turquie payait, de ce fait, aux Indes réduit
grâce à l'ouverture de cette nouvelle voie. Le chérif
de la Mecque n'aurait ni prétexte à se plaindre, ni
profanation des villes saintes à redouter, puisque nos
bâtiments n'aborderaient jamais à Djeddah. C'était,
d'ailleurs, bien moins pour des motifs religieux, que
par déférence aux avis intéressés de l'Angleterre et
par ignorance des véritables intérêts de la Turquie
que le précédent grand-vizir avait fait émettre un
firman interdisant le commerce le plus avantageux
de l'empire. Pour augmenter le poids de cette argumentation, Choiseul-Gouffier songea même à se pro-

____

(1) Arch. Aff. étr., Turquie, 172.

curer un diamant de 40 000 écus que le grand vizir faisait chercher partout. Notre ambassadeur rencontrait en effet, dans l'entourage du sultan, plus de préventions que jamais contre son projet. D'ailleurs, malgré toutes les précautions prises tant à Constantinople qu'au Caire, des lettres de nos négociants d'Égypte ne tardèrent pas à répandre le bruit de nos succès. Ce simple soupçon, que Choiseul-Gouffier s'efforça aussitôt de démentir, mit tout le corps diplomatique en émoi. L'ambassadeur d'Angleterre multiplia sur-le-champ les démarches auprès de la Porte; tous les autres ministres suivirent son exemple. Dans ces conditions, il était à craindre qu'une confirmation solennelle des engagements pris par les beys ne servît qu'à stimuler le zèle de nos rivaux. Cette confirmation paraissait d'ailleurs de jour en jour moins probable. Le grand vizir venait d'être déposé, le mufti arrêté. Déjà la mort d'un capitan pacha qui nous était favorable avait privé notre ambassadeur d'un appui précieux (1).

Sans renoncer à poursuivre une négociation dont il prévoyait la lenteur, Choiseul-Gouffier conseilla cependant de n'en pas attendre la fin pour profiter des avantages acquis. Une clause du traité de Truguet avec les beys obligeait ceux-ci à faire bon accueil aux navires français qui arriveraient à Suez, avant la

(1) Arch. Aff. étr., Turquie, 172. Choiseul-Gouffier à Castries, 26 mars 1785; Magallon à Choiseul-Gouffier, 23 avril 1785.

ratification de l'arrangement par la Porte. Pourquoi ne pas profiter de cette faculté provisoire pour faire une première expédition de marchandises des Indes à Suez? « Deux vaisseaux d'environ 600 tonneaux seraient suffisants. » Choiseul-Gouffier conseille d'en confier l'armement à deux négociants marseillais, M. de Seymandi et M. Audibert, dont le premier lui avait adressé, l'année précédente, un mémoire sur le commerce de l'Inde. Aussi l'ambassadeur avait-il engagé cet armateur à se rendre à Versailles, pour conférer de cette opération avec le maréchal de Castries (1).

Un hasard fournit justement la preuve des bonnes dispositions des beys à notre égard. Le 24 avril 1785, mouilla à Suez la corvette du roi l'*Auguste*, qui avait quitté Pondichéry le 22 janvier de la même année, commandée par M. de Geslin de Châteaufer; elle avait à bord M. de Canaple, lieutenant-colonel, chargé de dépêches pour la cour, le comte de Rully, colonel du régiment d'Austrasie, et M. de Ménesse. Le commandant avait ordre, après avoir mis ces officiers à terre, d'attendre à Suez, jusqu'au 25 mai, les dépêches de la cour pour les Indes et de revenir alors à Pondichéry, en rapportant le plus d'observations possibles sur les côtes et la navigation de la mer Rouge. Le commandant de la ville signifia aux passagers de ne

(1) Arch. Aff. étr., Turquie, **172**. Choiseul-Gouffier à Castries, 25 avril 1785.

pas débarquer avant l'arrivée des ordres du Caire. A peine instruits de cet incident par Magallon, Ibrahim et Mourad prirent immédiatement toutes les mesures nécessaires au débarquement de nos officiers et à leur passage à travers l'Égypte (1).

Cet exemple ne fit que confirmer Magallon dans l'opinion que les beys voyaient avec satisfaction les projets de la France sur le commerce de Suez. «Ibrahim-bey, écrivait-il à Choiseul-Gouffier, m'a fait témoigner par le canal de son harem combien il désirait que l'on pût mettre de la célérité dans l'exécution et il a saisi cette occasion pour faire dire à ma femme une infinité de choses obligeantes, ce qui devrait prouver, Monseigneur, qu'à cette époque ce commandant n'avait rien reçu de contraire à vos projets de la part de la Porte. Nous avons journellement de sa part, ainsi que de celle de Mourad-bey, avec qui il continue de vivre dans la plus grande union, des nouvelles qui, bien loin d'annoncer un changement dans leurs dispositions, nous confirment dans l'idée où nous avons toujours été qu'ils reconnaissent dans le commerce de l'Inde par Suez des avantages pour eux et qu'il leur tarde, ainsi qu'à nous, de lui voir prendre une certaine consistance (2). » Magallon

----

(1) Arch. Aff. étr., Turquie, 172. Magallon à Choiseul-Gouffier, 27 avril 1785; Choiseul-Gouffier à Castries, 5 juin 1785; Mure à Castries, 5 juin 1785.

(2) Arch. Aff. étr., Turquie, 172. Magallon à Choiseul-Gouffier, 23 avril 1785.

pensait même que, s'il leur parvenait de la Porte
l'ordre de s'opposer au passage de marchandises par
Suez, Ibrahim et Mourad n'en tiendraient aucun
compte.

A Constantinople, au milieu de l'anarchie qui suivit la déposition du grand vizir, Choiseul-Gouffier
put surprendre au capitan-pacha, qui exerçait les
fonctions de kaimakam, une « lettre d'amitié » aux
beys d'Égypte, appelant leur protection sur « les
navires et les sujets français qui vont et viennent par
la mer de Suez, avec des lettres pour leur consul, de
la part des négociants de leur nation établis aux
Indes (1) ». Titre d'une valeur contestable, mais que
le caractère exceptionnel des circonstances pouvait
faire considérer comme suffisant. Le sort de nos traités dépendait de la rapidité de nos résolutions. Les
beys venaient d'envoyer à la Porte une députation,
dont la mission équivalait à une déclaration d'indépendance. Spécifiant eux-mêmes les conditions qu'ils
voulaient bien s'imposer, ils ne consentaient plus, au
lieu du tribut annuel dont ils éludaient le paiement

(1) Arch. Aff. étr., Turquie, 172. Choiseul-Gouffier à Castries,
10 mai 1785. « L'ancienne amitié qui règne entre la Sublime Porte
et la cour de France me fait espérer, disait cette lettre, qu'aux termes
des traités établis vous protégerez le consul de cette cour résidant en
Égypte, les vaisseaux qui y naviguent et les autres navires ou les
sujets français qui vont et viennent par la mer de Suez avec des
lettres adressées audit consul de la part des négociants de sa nation
établie dans l'Inde et que vous leur accorderez toute assistance dans
les affaires qui pourront leur survenir. »

depuis deux ans, qu'à fournir quelques provisions à la caravane de la Mecque.

Ce n'était donc plus la permission de la Porte qu'il s'agissait d'obtenir, mais bien son silence, tout au plus son aveu. Choiseul-Gouffier croyait pouvoir en répondre, pourvu qu'on agît sans retard. Les étrangers en effet n'avaient pas cessé leurs démarches. L'ambassadeur d'Angleterre avait envoyé en Égypte, sous prétexte de lui chercher des médailles, un Italien qui lui servait d'espion. Choiseul-Gouffier comptait bien faire voyager notre homme désagréablement et lui interdire tout accès auprès des beys, mais il était moins sûr de pouvoir déjouer « la vigilance intéressée de l'empereur et l'activité de l'internonce ». Il n'était pas jusqu'à Venise qui n'eût mis en mouvement son nonce et ses consuls. En prolongeant son abstention, le gouvernement français s'exposait à voir la Porte céder aux instances de nos rivaux et couper court, par un nouveau firman, à l'application des traités; tandis que, placé en face du fait accompli, le sultan hésiterait davantage à compromettre, en allant à l'encontre d'un état de choses établi par les beys, ce qui lui restait d'autorité en Égypte. Ne pouvait-on craindre aussi que les beys, impatients de voir s'ouvrir un commerce dont ils attendaient eux aussi de grands bénéfices, n'admissent une autre puissance aux conditions qu'ils nous avaient concédées? « Il n'y a pas un moment à perdre, concluait Choiseul-Gouffier, pour profiter d'une occasion qu'il serait peut-être impossible de jamais ressaisir. »

En France cependant, le ministre de la Marine perdait son temps et sa peine à lutter contre l'opposition de la Compagnie des Indes que le contrôleur général Calonne venait de ressusciter par arrêt du 14 avril 1785. Depuis cette funeste décision, le maréchal de Castries s'ingéniait à concilier avec les exigences du commerce récemment ouvert à notre activité le monopole de la nouvelle Compagnie, qui s'étendait à la mer Rouge. Il fit appel, pour sortir d'embarras, aux lumières de Saint-Priest, de Tott, de Choiseul-Gouffier et de M. de Cabre, inspecteur du commerce du Levant. Le texte de l'arrêt du 14 avril 1785 était formel. Aux termes de cette disposition, le commerce d'Inde en Inde demeurait bien libre, mais l'article 7 en exceptait expressément la Chine, le Japon et la mer Rouge. Aucun espoir, par conséquent, de pouvoir faire entrer dans les opérations demeurées libres le commerce d'Inde en Égypte.

(1) Arch. Aff. étr., Turquie, 173. Choiseul-Gouffier à Castries, 5 et 24 juillet 1785. « Il ne s'agit même pas de prouver à la Porte qu'il est intéressant pour elle de faciliter à ses peuples les moyens d'acquérir les produits des Indes à un prix plus modéré. Toute idée de commerce et de bien public est étrangère à un ministère aussi aveugle qu'ignorant. Il suffit de la convaincre que les chrétiens ne violent pas le territoire de la Mecque en se rendant par mer à Suez ; que les beys, mieux éclairés sur les intérêts de l'Égypte, agissent très sagement en y appelant le commerce des étrangers, et que la France doit s'empresser d'accepter une liberté qui va être offerte à d'autres puissances, si elle diffère un moment d'en jouir. » (Lettre du 5 juillet.)

« Nul négociant ne pourra donc spéculer par Suez, s'il n'y est invité positivement et en rétractation ou modification de la défense. Sans cela, ajoutait M. de Cabre, nos traités avec les beys, malgré la sanction future de la Porte, deviendraient sans effet et ne seraient que de la besogne préparée pour les Anglais. » Il serait affreux, pensait l'inspecteur, qu'un si bon ouvrage fût sacrifié à une entreprise déjà mauvaise en soi; il n'y aurait pas à hésiter, s'il le fallait, à sortir cette opération inattendue des entraves du privilège exclusif et, puisqu'elle pouvait opérer une révolution dans le système général de l'Inde, devait-elle être arrêtée par « une minutie des convenances et de l'intérêt particulier » ? De deux choses l'une, ou l'arrêt du 14 avril « serait plié à la voie de Suez », ou il était incompatible avec elle, et il n'y avait pas à hésiter à le révoquer (1).

L'avis qu'il eût été préférable de suivre est certainement celui qu'exprimait M. de Cabre, dans deux lettres d'une argumentation irréfutable. Personne n'en était plus convaincu que le maréchal de Castries. Dès la conclusion des traités, il avait reçu des deux négociants marseillais que Choiseul-Gouffier lui avait recommandés, MM. Audibert et de Seymandi, des propositions en vue d'exploiter le commerce de l'Inde par la mer Rouge. Ces armateurs offraient « d'en-

____

(1) Arch. Aff. étr., Turquie, 172. M. de Cabre au maréchal de Castries, 4, 5 et 26 mai 1785.

voyer dans l'Inde deux ou trois navires qui y reste-
raient pour faire habituellement les transports de
marchandises par Suez ». « Il importe aux intérêts du
royaume, pensait le maréchal, de ne pas laisser
échapper une occasion unique d'ouvrir l'isthme de
Suez au commerce; il est indifférent à l'État que ce
soit par la Compagnie des Indes ou par une association de Marseille que le bien se fasse, pourvu qu'il
soit fait; mais il est prouvé qu'il ne peut utilement
s'opérer que par les négociants de Marseille, dont
toutes les habitudes sont formées dans le Levant et
particulièrement avec Alexandrie et le Caire (1). » Il
y allait donc de l'intérêt de l'État que les deux parties fussent conciliées et, pour ce faire, M. de Castries
ne voyait que deux moyens : ou que la Compagnie
des Indes prît un intérêt majeur dans l'association de
Marseille; ou que le commerce à exploiter fût partagé, en attribuant à Marseille tout le commerce
jusqu'à Suez et à la Compagnie tous les transports de
l'Inde à Suez.

Pendant qu'à Paris le ministre de la Marine s'ingéniait à trouver un terrain d'entente avec la Compagnie, à Constantinople Choiseul-Gouffier s'impatien-
tait et se désolait de voir compromettre, par tant de
lenteur, le bénéfice des traités de Truguet. L'ambassade d'Angleterre et l'internonce impérial conti-

(1) Arch. ministère de la Guerre. Mémoire du maréchal de Castries,
1785.

nuaient à prodiguer l'argent pour obtenir de la Porte ce qui ne nous avait rien coûté. Inquiet de leurs agissements, Choiseul-Gouffier pressait le gouvernement de prendre un parti. Informé des difficultés suscitées par l'arrêt du 14 avril, il s'ingéniait, à son tour, à en concilier les dispositions avec le commerce de Suez. Les navires chrétiens n'étant admis que jusqu'à Moka, lorsque cet arrêt a été rendu, ne pouvait-on considérer le commerce comme libre depuis ce port jusqu'à Suez, sous prétexte que le roi n'a pu donner à la Compagnie plus qu'il ne possédait? A défaut de cette échappatoire, Choiseul-Gouffier suggère toute une série de combinaisons et finit par proposer que le commerce de l'Inde par Suez soit purement et simplement réuni à celui de la Compagnie des Indes. Tout vaudrait mieux, à son gré, que d'ajourner davantage l'envoi d'une première cargaison, lequel devait être fait le plus tôt possible et avec toute la discrétion désirable (1).

Malheureusement la Compagnie ne pouvait se décider ni à agir par elle-même, ni à laisser agir les autres. Toute tentative pour accommoder l'arrêt du 14 avril aux conditions du commerce par Suez se heurtait à sa mauvaise volonté et à l'opposition insurmontable de son protecteur, Calonne (2). Le contrô-

---

(1) Arch. Aff. étr., Turquie, 173. Choiseul-Gouffier à Castries, 5 juillet 1785.

(2) S'il faut en croire Choiseul-Gouffier, l'opposition de la Compa-

leur général croyait sa Compagnie des Indes « la plus belle chose du monde » et se souciait peu de priver notre commerce d'un bénéfice incalculable, pourvu que le dernier mot lui restât. Vergennes lui-même témoignait quelque répugnance à se passer, pour commencer les opérations, du consentement de la Porte et doutait quelque peu de la fidélité des beys à leur parole. « Il répétera qu'il a résidé quatorze ans à Constantinople, qu'il connaît bien les Turcs et qu'il est plus qu'inutile de subordonner une chose décidée et commencée à une chimère », écrit M. de Cabre, que ces lenteurs impatientent. Aussi, de guerre lasse, en vient-il lui-même à proposer, pour vaincre l'opposition de la Compagnie, de transiger avec elle et de placer sous sa dépendance la nouvelle exploitation. M. de Seymandi « prendrait l'attache de la Compagnie », qui aurait recours à lui pour exploiter le commerce de l'Inde par Suez. La difficulté ainsi résolue, une corvette ou une frégate de l'île de France escorterait jusqu'à Suez les deux ou trois vaisseaux armés par Seymandi, et attendrait dans ce port que les marchandises fussent arrivées à Alexandrie. A la moindre

gnie et l'appui que lui prêta le contrôleur général auraient eu des causes assez louches. Plus tard, l'ambassadeur déclarera en effet que l'échec de son projet a été dû aux « plus viles intrigues des agioteurs, confédérés avec les entours du ministre des finances et les directeurs de cette chétive Compagnie des Indes, à laquelle l'intérêt public était si cruellement sacrifié ». (Arch. Aff. étr., Turquie, 182, 20 avril 1791.)

infraction commise par les beys à leurs engagements, le commandant saisirait tous les bâtiments du pays chargés de café et de marchandises pour l'Égypte et le consul déclarerait qu'on ne les relâcherait qu'après entière réparation. « Le moyen est réputé infaillible. » L'opération commerciale terminée, Seymandi présenterait ses comptes au ministre et si, comme on peut s'y attendre, la démonstration tourne à l'avantage de la nouvelle entreprise, le bon sens aura peut-être raison du fanatisme et de la routine et « l'évidence conduira à la libre exploitation ardemment et si justement désirée par le commerce (1) ».

Restait encore à mettre les deux parties d'accord. Seymandi présenta, le 6 juin 1785, au maréchal de Castries, un mémoire (2), par lequel il offrait de consacrer un premier fonds de trois millions au commerce de l'Inde par Suez et proposait à la Compagnie de s'unir à lui, en vue de cette opération. Il fixait ensuite les conditions de son compromis avec la Compagnie, l'intérêt qui reviendrait à chacun dans les affaires communes, le traitement que recevraient ses agents dans les comptoirs. Car l'opération projetée

(1) Arch. Aff. étr., Turquie, 172. M. de Cabre au maréchal de Castries, 26 mai 1785.

(2) Arch. Aff. étr., Turquie, 172. Mémoire sur le commerce des Indes par la mer Rouge, par M. de Seymandi, 6 juin 1785. Voir aussi (Turquie, 172) un mémoire de Seymandi aux administrateurs de la Compagnie des Indes, qui reproduit à peu près les propositions du précédent.

consistant, pour ainsi dire, dans l'exploitation d'une
ligne Suez-Pondichéry, restait absolument distincte
des opérations proprement dites de la Compagnie des
Indes.

Ce programme reçut, dans une assemblée générale
tenue le 27 août 1785, de profondes modifications.
Les administrateurs ne dissimulèrent pas leur mauvaise opinion de l'opération qui leur était soumise,
maintinrent leur droit exclusif à s'en charger et n'y
consentirent que par condescendance envers la politique du gouvernement. Ces réserves faites, ils déli-
bérèrent d'envoyer à Moka un bâtiment chargé de
marchandises de l'Inde, qu'un autre navire transporterait à Suez, tandis que le premier effectuerait à
Moka son chargement de café pour l'Europe. Enfin,
« pour attacher M. de Seymandi d'une manière dis-
tinguée à son service », la Compagnie le nomma
son directeur à Marseille, avec 12 000 livres d'appointements (1).

Encore, en informant officiellement le maréchal de
Castries de cette solution bâtarde, les administrateurs
de la Compagnie eurent-ils bien soin d'insister sur le
peu de confiance que leur inspirait l'entreprise et sur
les motifs de pure déférence qui les avaient décidés à
la tenter. Calonne, à son tour, renchérit sur leur appréciation, et c'est un spectacle peu commun que celui

(1) Arch. Aff. étr., Turquie, 173. Procès-verbal d'une assemblée de
la Compagnie des Indes, 27 août 1785.

de cette Compagnie et de ce contrôleur général des Finances qui ne se résignent qu'à contre-cœur à profiter d'un avantage convoité de longue date, âprement disputé, et présentant comme un sacrifice l'exploitation d'un commerce appelé à enrichir ceux qui le feraient et accroître la richesse publique (1).

Se contentant du peu qu'on lui accordait, le maréchal de Castries chercha à en tirer le meilleur parti possible. Puisqu'un vaisseau de la Compagnie se rendrait à Moka, un bâtiment du Roi lui ferait escorte et croiserait dans la mer Rouge, jusqu'à ce que les marchandises de l'Inde fussent arrivées à Alexandrie. Le commandant de ce bâtiment aurait ordre de se saisir de tous les navires du pays chargés de café ou d'autres marchandises à destination de l'Égypte, si, contre toute attente, Ibrahim-bey et Mourad-bey manquaient à leur engagement. Des frégates croiseraient entre Damiette et Alexandrie pour intercepter, au besoin, le trafic de ce côté et en imposer aux Mameluks. Il s'agissait « de si bien cimenter nos traités que l'exécution la plus stricte n'en puisse jamais être subordonnée aux passions et aux caprices des différents beys d'Égypte (2) ». Tel est le plan qu'exposait le maréchal de Castries le 1er octobre 1785 dans un

____

(1) Arch. Aff. étr., Turquie, 173. Lettre des administrateurs de la Compagnie des Indes au maréchal de Castries. Lettre de M. de Calonne au même, 20 septembre 1785.

(2) Arch. Aff. étr., Turquie, 173. Lettre du maréchal de Castries au consul Mure, le 20 septembre 1785.

magistral rapport au roi (1). En l'écoutant retracer
l'historique de son entreprise, on ne se douterait pas
qu'elle était alors si près de sa fin.

La Compagnie acheva en effet d'en compromettre
le succès en la faisant traîner en longueur. Choiseul-
Gouffier ne lui avait pourtant rien laissé ignorer de
ce qui pouvait lui être utile pour réussir. Situation
politique de l'Égypte; quasi indépendance des beys;
inutilité du consentement exprès de la Porte; danger
qu'il y avait à réveiller ses soupçons; intrigues et
compétitions étrangères à Constantinople; nécessité
d'agir vite et sans trop de bruit; parti à tirer des relations établies entre l'ambassadeur et les beys, qui se
considèrent comme personnellement engagés envers
lui; péril qu'il y aurait à user, sans raison suffisante,
d'intimidation ou de violence : toutes les données
propres à éclairer la Compagnie et à guider sa conduite lui étaient fournies par les « observations » de
Choiseul-Gouffier « sur le commerce des Indes par
Suez (2) ». Elle n'était pas moins complètement ren-
seignée sur la partie commerciale et maritime de
l'entreprise par un mémoire de Truguet, qui traitait
du régime des moussons, du calcul des voyages, de
la navigation dans la mer Rouge, de l'état des car-

(1) Arch. Aff. étr., Turquie, 173. Rapport du maréchal de Castries
au Roi sur le commerce des Indes par la mer Rouge. Voir aussi
(Turquie, 173) une lettre du maréchal de Castries à Choiseul-Gouffier,
20 septembre 1785.

(2) Arch. ministère de la Guerre.

gaisons, du débarquement des marchandises, de leur transport au Caire et à Alexandrie (1).

Bien qu'elle fût en possession de tous les éléments nécessaires au succès de son entreprise, la Compagnie ne se déclara pas encore satisfaite. Elle commença par réclamer une série de garanties aussi impossibles à obtenir de la Porte que dépourvues d'utilité pratique : un passeport pour son vaisseau, le *Calonne;* un firman pour son agent à Moka, M. de Montcriff; des lettres du sultan pour le gouverneur de Moka et pour le schérif de la Mecque. Choiseul-Gouffier se récria, objectant l'inutilité de pareilles mesures (2); l'Arabie, fit-il observer, est à peu près indépendante; la Compagnie, déclara Vergennes lui-même, généralement enclin à approuver ses scrupules, en sera réduite à s'ouvrir les ports de la mer Rouge par des moyens qui manquent rarement leur effet en Orient. Les

(1) Nous n'avons pu retrouver ce mémoire auquel fait allusion Choiseul-Gouffier, dans ses « observations » citées plus haut. Nous pensons que ces indications de Truguet devaient former la deuxième partie, aujourd'hui perdue, d'un mémoire dont la première partie subsiste dans les archives de la Guerre et dont nous aurons l'occasion de parler plus loin.

(2) Arch. Aff. étr., Turquie, 173. Choiseul-Gouffier à Castries, 10 octobre 1785. « La Porte, dont l'autorité dans cette partie de l'Arabie a toujours été très précaire, l'a perdue entièrement depuis l'année 1033 de l'hégire, c'est-à-dire depuis environ cent ans. Presque tout ce pays est aujourd'hui soumis à un prince souverain de la tribu ou secte des Zeidigés, lequel prend le titre d'iman du Yémen et reconnaît même à peine la suprématie spirituelle que les empereurs ottomans s'arrogent en qualité de khalifes sur tous les princes mahométans. »

administrateurs demandèrent alors communication des traités de 1785 : le ministre la leur refusa, dans la crainte qu'ils ne commissent des indiscrétions au profit de la Compagnie anglaise (1). Telle est la défiance qu'ils avaient su lui inspirer !

Dès ce moment, Vergennes était assez édifié sur la mauvaise volonté de la Compagnie pour douter qu'on pût en venir à bout. « La compagnie, écrivait-il à Choiseul-Gouffier, a trop peu de fonds pour embrasser autant d'objets ; en second lieu, je doute qu'obligée d'employer des agents peu expérimentés, elle puisse, sans risque, tirer parti de la facilité que vous lui avez procurée (2). »

Mais tout le monde ne se résignait pas aussi facilement que Vergennes à l'échec d'une entreprise sur laquelle on avait fondé de si grandes espérances. La résurrection de la Compagnie des Indes par l'arrêt du 14 avril 1785 avait suscité de véhémentes protestations de la part des chambres de commerce de Guyenne et de Marseille. L'opposition qu'elle mit à l'initiative de Seymandi et sa répugnance manifeste à utiliser pour son propre compte la route de Suez

______

(1) Arch. Aff. étr., Turquie, 173. Le maréchal de Castries au contrôleur général Calonne, 22 décembre 1785 : « Le peu de valeur qu'elle attache à cette entreprise, l'opinion qu'elle en a témoignée, ses liens avec la Compagnie anglaise, l'intérêt que peut avoir celle-ci à se procurer ses actes, la nôtre ne mettant pas assez d'importance et de suite à les lui céler, rendraient cette communication dangereuse. »

(2) Arch. Aff. étr., Turquie, 174. 8 janvier 1786.

vinrent à point pour fournir à ses adversaires un éclatant exemple des entraves que son privilège exclusif pouvait mettre au commerce national. Aussi ne se firent-ils pas faute de l'exploiter contre elle. Dans des mémoires (1) adressés à la cour, les chambres de commerce de Guyenne et de Marseille tirèrent argument de cet exemple pour réclamer la révocation de l'arrêt du 14 avril et la suppression de la Compagnie. Elles dressèrent le bilan des bénéfices que son inconcevable incurie faisait perdre à la France et montrèrent, à l'aide de chiffres et de statistiques, que, pendant le temps où le commerce de l'Inde avait été libre, c'est-à-dire de 1769 à 1785, l'initiative privée avait expédié plus de navires aux Indes, exporté et importé plus de marchandises que l'ancienne Compagnie, à l'époque de sa plus grande prospérité. Les administrateurs ayant jugé à propos de riposter à ces attaques, s'attirèrent la sévère *réplique aux observations des administrateurs de la compagnie des Indes*, à la rédaction de laquelle l'abbé Morellet prit une part importante.

Après avoir épuisé tous les moyens dilatoires, la Compagnie n'avait cependant pu faire autrement que de décider l'armement d'un vaisseau, le *Prince de Condé*. Mais elle mit si longtemps à l'armer que, lorsqu'il fut en état de prendre la mer, les

____

(1) Arch. chambre de commerce, Marseille.

circonstances ne permettaient plus de l'expédier.

La Porte s'était en effet décidée à ressaisir le pouvoir en Égypte et avait chargé le capitan-pacha de réduire les beys à l'obéissance (1787). Celui-ci venait précisément de recevoir leur soumission, quand une frégate française, la *Vénus*, commandée par le comte de Rosily, jeta l'ancre à Suez. Magallon sollicita aussitôt du capitan-pacha l'escorte nécessaire au transport des passagers et des dépêches : il fut éconduit. Il plaça alors sous les yeux du capitan-pacha la « lettre de protection » que Choiseul-Gouffier avait, deux ans auparavant, obtenue de ce même officier, provisoirement investi des fonctions de kaimakam, en faveur des navires français venant des Indes. L'ambassadeur, objecta d'abord le Turc, avait abusé de sa complaisance en lui faisant prendre un engagement contraire aux intentions de la Porte; puis, comme Magallon insistait, il déclara ne rien pouvoir décider avant d'avoir consulté les négociants indigènes, qui faisaient le commerce de Moka et des Indes. Voici aussitôt Magallon en campagne, pour faire en sorte que cette consultation fût favorable à nos intérêts. Il y avait réussi et le chef des marchands avait répondu en ce sens au capitan-pacha, lorsqu'un fanatique, prenant la parole, s'écria que les Français accapareraient tout le commerce de la mer Rouge, de Moka et des Indes, réduiraient à la misère le schérif de la Mecque et finiraient par s'emparer du pays même.

Le capitan-pacha renvoya Magallon aux objections de
ce fanatique. Pourtant, après de nouvelles instances
et sur l'assurance que la frégate ne contenait pas de
marchandises, il consentit à lui laisser passer des provisions et à permettre que les passagers et les dépêches vinssent sans escorte au Caire. Encore fut-il
enjoint à la *Vénus* de repartir le plus tôt possible (1).

Une fois la difficulté aplanie et l'incident clos,
Rosily, qui avait reçu mission de renseigner la cour
sur les dispositions des beys et de s'employer à nous
les rendre favorables (2), joignit ses efforts à ceux
de Magallon au Caire et de Mure à Alexandrie pour
nous concilier les créatures que le capitan-pacha avait
placées à la tête du gouvernement. Ils réussirent, à
force de patience et d'arguments, à convaincre ces
Égyptiens de l'intérêt qu'ils avaient à favoriser le commerce des Français par la mer Rouge. Après le départ
du capitan-pacha, Magallon acheva de gagner l'amitié
des nouveaux beys et obtint du plus puissant d'entre
eux, Ismaël, une lettre invitant les commerçants
français de l'Inde à expédier des marchandises à Suez
et leur promettant la protection de quiconque parti-
cipait au gouvernement de l'Égypte (3).

(1) Arch. Aff. étr., correspondance consulaire. Alexandrie, lettres
du consul Mure, 4 mai 1787 et 20 juin 1787.

(2) Arch. de la guerre. Lettre de Rosily à Monge, 1798; lettre de
Rosily au ministre de la Marine, 31 mars 1787.

(3) Arch. Aff. étr., correspondance consulaire. Alexandrie, 20 juin
1787.

Il était encore possible, si la Compagnie l'avait voulu, de réparer les fautes commises et de rattraper le temps perdu. Si nous n'avions pas su profiter des traités de 1785, du moins aucune autre nation n'en avait-elle obtenu le bénéfice et ne s'en était-elle approprié les avantages. Les Anglais ne s'étaient pas fait faute d'intriguer pour y parvenir. Mais il ne semble pas que les agissements de leur consul, aidé d'un négociant vénitien, Rosetti, qu'ils avaient intéressé à leur cause, eussent abouti à un résultat pratique. Les Autrichiens étaient allés plus loin encore. L'internonce avait envoyé un émissaire en Égypte pour prier les beys de faire participer ses nationaux aux conditions obtenues par les Français et la cour de Vienne avait eu le front de demander à la cour de Versailles le concours de son ambassadeur et de son consul. Mais Vergennes avait éludé la réponse et l'internonce en avait été pour ses frais (1). Notre situation restait donc intacte et il dépendait encore de la Compagnie de s'en prévaloir. Malheureusement, celle-ci compromit encore une fois l'effet des garanties obtenues par Magallon. Elle avait annoncé, le 20 juin 1786, que la première expédition de l'Inde à Suez serait faite par M. de Moracin (2). Ce n'est que

---

(1) Arch. Aff. étr., Turquie, 174. Vergennes à Choiseul-Gouffier, 8 janvier 1786.

(2) Arch. Aff. étr., Turquie, 174. Lettre des administrateurs de la Compagnie des Indes au maréchal de Castries, 20 juin 1786.

le 27 octobre 1788 que Magallon informe le ministre de l'arrivée de cette cargaison à Moka, où elle fut retenue longtemps (1). Le 29 mars 1789, arriva enfin à Suez le navire de la Compagnie des Indes, le *Prince de Condé*. Magallon put encore le faire recevoir et en faire transporter la cargaison au Caire, où il la fit vendre avantageusement (2). Mais tant de lenteurs avaient fait passer le moment où la France aurait pu introduire son pavillon dans la mer Rouge.

Moins incapable que la Compagnie, le gouvernement avait essayé de faire tourner au profit de sa correspondance avec l'Inde la faculté dont cette néfaste Société n'avait pas su faire bénéficier le commerce français. En novembre 1787 arriva au Caire un officier nommé Martin de Montcamp, chargé de dépêches pour le gouverneur de Pondichéry. Le consul d'Angleterre remua ciel et terre pour mettre obstacle à son passage et obtint que le lieutenant d'Ismaël-bey donnât au commandant de Suez l'ordre de l'arrêter. Magallon réussit toutefois à faire révoquer cet ordre et, moyennant quelques présents offerts à Ismaël et à son lieutenant, le messager put passer à Suez où il s'embarqua pour Djeddah, sur un bâtiment égyptien (3).

(1) Arch. Aff. étr., correspondance consulaire. Le Caire, 27 octobre 1788.

(2) Arch. Aff. étr., correspondance consulaire. Le Caire, 6 juin 1789.

(3) Arch. Aff. étr., correspondance consulaire. Le Caire, lettres de

Des missions comme celle de Martin de Montcamp attiraient forcément l'attention, provoquaient les intrigues des Anglais et faisaient monter jusqu'à 30 000 livres les frais d'une simple dépêche. Frappé des inconvénients que présentait le procédé auquel recourait le gouvernement, Magallon proposait, le 18 décembre 1787 (1), un système moins coûteux et plus sûr : Deux « pakbots », dont l'un partirait en octobre et l'autre en mars, feraient le service entre l'Inde et Suez, où ils arriveraient approximativement en mai et en décembre; Magallon se faisait fort de trouver des hommes obscurs, pour porter les dépêches, à l'insu des Anglais et des gens du pays, jusqu'à Alexandrie, où elles seraient expédiées à Marseille sur des bâtiments nolisés par lui. Ainsi, à défaut du commerce, la poste au moins eût utilisé la route que deux siècles de persévérante lutte nous avait enfin ouverte. Mais des observations de Magallon le gouvernement ne retint que la critique d'un procédé coûteux et négligea l'indication d'un mécanisme pratique, économique et régulier; entraîné par la routine, il s'en tint, pour sa correspondance avec l'Inde, à la route maritime du cap de Bonne-Espérance; si bien qu'en fin de compte, ni marchandises, ni dépêches n'empruntèrent la voie de Suez, dont l'accès, si ardem-

Magallon, 17 novembre 1787 et de Martin de Montcamp, 18 novembre 1787.

(1) Arch. Aff. étr., *id.*

ment convoité, si péniblement conquis, resta purement et simplement inutilisé.

Il en fut de même de la voie du golfe Persique.
Choiseul-Gouffier en avait facilité l'usage à la Compagnie des Indes en lui ménageant à Bassora, dans la
personne du consul et négociant Rousseau, un auxi-
liaire aussi actif que l'était Magallon au Caire. L'incurie de la Compagnie, aussi ancrée dans sa routine
qu'intraitable sur son monopole, rendit cette facilité
aussi stérile que les traités conclus avec les Beys pour
le passage des marchandises par Suez.

Du côté de la mer Noire, c'est devant l'opposition de
la Porte qu'avaient échoué les tentatives de Choiseul-
Gouffier. Tous ses raisonnements étaient restés impuissants à vaincre la résistance des ministres du sultan, qui refusèrent d'accorder de bon gré à la France
ce qu'ils avaient cédé, par force, à la Russie : « Si des
brigands nous ont enlevé notre pelisse, répliqua le
grand vizir à l'ambassadeur, ce n'est pas une raison
pour que nos amis prétendent nous piller à leur tour. »

Le succès ne répondit donc aux efforts du gouvernement sur aucun des points du vaste plan commercial
dont il avait poursuivi l'exécution, et la monarchie
devait disparaître sans avoir vu s'ouvrir les deux
routes que le maréchal de Castries confondait dans
cette magnifique définition : « Le golfe Persique et
la mer Rouge semblent être deux bras que la nature
étend pour unir les Indes à l'Europe. »

CHAPITRE VI

Tandis que la question de Suez mettait aux prises, à Versailles, le ministre de la Marine et la Compagnie des Indes, un nouvel orage, déchaîné sur l'Orient, avait ramené à sa suite l'obsédante alternative de la protection ou du partage de l'empire ottoman.

La Russie n'avait pas laissé les Turcs jouir longtemps de la tranquillité si chèrement achetée en 1784. Dès l'année suivante, elle remettait leur patience à l'épreuve par une succession ininterrompue d'exigences : « C'était tantôt au sujet des Tatars du Kouban ou des Zaporogues réfugiés en Turquie, accusés d'avoir ravagé le territoire russe ; tantôt au sujet des Lesghis du Caucase, autres maraudeurs de frontières, qu'on disait poussés en avant et soutenus par le pacha d'Achalzig (1). » Autant de griefs, autant de prétextes inventés ou grossis pour les besoins de la cause. Par contre, la Porte n'avait que trop de raison de se plaindre que la Russie laissât ses consuls se transformer en agents provocateurs et fît parcourir par des émissaires secrets les provinces qu'elle convoitait.

A peine la curée s'annonçait-elle, que la France fut invitée à en prendre sa part. Au moment où Choiseul-Gouffier signalait de Constantinople ce retour offensif de la Russie, Ségur transmettait de Pétersbourg le récit d'un entretien qu'il avait eu avec Potemkine. « Si votre maître voulait, lui avait dit le favori de Catherine II, croyez-vous qu'il ne serait pas bien facile de refouler les barbares en Asie et de nous partager à deux la Turquie, la Grèce, l'archipel et l'Égypte (2)? »

Peu de temps avant que cette insinuation parvint à Versailles, avait retenti aux oreilles de Vergennes un appel parti d'un des points mêmes où il avait été question de planter le drapeau français.

Le 12 juin 1785, le baron de Breteuil, le même qui avait servi de patron à la candidature de Choiseul-Gouffier et de parrain à son premier essai diplomatique, avait remis à Vergennes un mémoire, dans

(1) *Choiseul-Gouffier*, par Léonce PINGAUD.

(2) Léonce PINGAUD, *op. cit.* Ces ouvertures de Potemkine à Ségur se placent en juillet 1785.

lequel un habitant de Candie suppliait Louis XVI de
« tendre aux Grecs la main secourable qui avait été
la libératrice des Américains » et d'être pour les Crétois « un second Minos qui rappelle dans leur patrie
la félicité, fruit d'une bonne administration (1) ».

Sans doute est-ce par considération pour l'intermédiaire, vétéran de la diplomatie, que Vergennes,
contrairement à son habitude, crut devoir répondre
autrement que par le silence à la supplique de ce Crétois. « Personne, écrit-il à Breteuil, ne doute de l'importance de l'île de Candie, du malheur de ses habitants, et des vœux qu'ils font pour changer de
maître. Il est également certain que cette possession,
entre les mains du Roi, deviendrait la source de très
grandes richesses. Si la politique de Sa Majesté n'est
pas trompée, si chaque État reste, comme elle le
désire, dans son intégrité, jamais l'île de Candie ne
sera occupée par une puissance chrétienne et, quand
il y aurait possibilité d'obtenir des Turcs la cession de
cette île, Sa Majesté ne voudrait pas risquer d'élever
une guerre, en profitant de leur faiblesse pour les
dépouiller. Ce serait autre chose si l'empire ottoman
était renversé, mais avant de songer à prendre part à

______

(1) Arch. Aff. étr., Turquie, 172. « Sire, que Votre Majesté daigne
tendre aux Grecs la main secourable qui a été la libératrice des Américains et, quand la France adore l'image du plus grand des Henri
dans un Roi comme lui père de ses peuples, puissent les Crétois
retrouver dans votre auguste personne un second Minos, qui rappelle
dans leur patrie la félicité, fruit d'une bonne administration ! »

ses dépouilles, il est de la sagesse comme de la grandeur du Roi d'empêcher sa chute (1). »

Les principes qui inspirent cette réponse guidèrent encore Vergennes dans la nouvelle crise provoquée par les exigences de la Russie. A défaut d'une médiation en forme, repoussée par l'Impératrice, il fit agréer ses bons offices et, croyant la France et la Turquie plus intéressées à la prolongation de la paix qu'à une satisfaction d'amour-propre, comptant d'ailleurs pour beaucoup de gagner du temps, il se hâta encore de désarmer la Russie en persuadant à la Porte de céder sur la question des Lesghis. Mais l'effet de cette concession fut, cette fois, sans lendemain. La discussion close sur un point, Catherine II s'empressa en effet de chercher un autre sujet de chicane et éleva des prétentions sur la souveraineté de la Géorgie : et, de nouveau, la Turquie sentit peser sur elle la menace d'une guerre.

La Russie n'avait pas attendu d'en tenir le prétexte pour chercher à fomenter, dans les États du sultan, des troubles qui lui servissent de diversion. L'Égypte lui avait paru se prêter à ce genre d'intrigues. Elle s'était chargée de pourvoir au recrutement des Mameluks et, peuplant cette milice de ses sujets et de ses créatures, elle avait ainsi ménagé à sa politique un moyen d'action de premier ordre. Dès 1786, le

____

(1) Arch. Aff. étr., Turquie, 172.

quart des Mameluks des nouvelles maisons se composait de Russes, le reste de Géorgiens et de Circassiens; Ibrahim-bey faisait venir de Russie 500 Mameluks et Choiseul-Gouffier se demandait avec inquiétude ce qui arriverait si, « au lieu de 500 jeunes paysans, le gouvernement russe lui envoyait 500 soldats bien exercés, avec des officiers pour les commander (1) ». Instruit des relations suspectes qui s'étaient établies entre les beys et la Russie, Vergennes, qui ne péchait cependant pas par excès de défiance, prescrivait à Choiseul-Gouffier de les faire surveiller de près : « Il serait important, écrivait-il, que vous eussiez quelqu'un qui pût vous instruire exactement des menées des Russes en Égypte. Non que je croie que cette puissance soit en état d'exécuter tout ce qu'elle projette, mais il peut arriver un moment où le soulèvement des beys embarrasserait beaucoup la Porte, et l'on doit toujours penser que l'Égypte est le grenier de Constantinople (2). »

Tout porte à croire en effet que la Russie ne s'intéressait à l'Égypte qu'au point de vue d'une diversion.

Mais l'Égypte pouvait voir pour d'autres puissances une valeur propre, qui la leur fît convoiter. La notion de cette valeur, l'intérêt de cette conquête, depuis longtemps connus de l'Autriche, n'y avaient

(1) Arch. Aff. étr., Turquie, 174. Choiseul-Gouffier, 11 mars 1786.
(2) Arch. Aff. étr., Turquie, 174, Vergennes, 14 juin 1786.

pas été perdus de vue. Réédité à Leide en 1785, l'ouvrage de Jauna (1), cet apôtre attardé d'une croisade ayant l'Égypte pour but, empruntait aux circonstances un caractère d'actualité.

L'attention du gouvernement anglais fut, en cette même année 1785, directement appelée sur l'Égypte. Le R. Honorable Henry Dundas, secrétaire d'État de Sa Majesté Britannique, reçut d'un commerçant anglais, mêlé aux négociations de ses compatriotes pour s'ouvrir la route de Suez, un mémoire intitulé : « *Speculations on the situation and resources of Egypt.* » L'auteur était ce Baldwin (2) qui, en 1775, s'était chargé de veiller sur le passage à travers l'Égypte des voyageurs et des correspondances de l'Inde. Depuis cette époque, Georges Baldwin n'avait cessé de travailler à établir des communications régulières entre l'Angleterre et l'Inde par la mer Rouge. C'est une curieuse figure que celle de ce franc-tireur de la politique anglaise, qui, sans mandat officiel, entreprend de procurer à son pays le bénéfice de la voie de Suez, intéresse à cette cause, dont il a fait la sienne, les administrateurs de la Compagnie des Indes orientales, l'ambassadeur d'Angleterre à Constantinople, le cabinet de Londres, et fait finalement agréer ses services. C'est lui qui, en 1778, donne aux Indes la première nouvelle de la guerre avec la France.

(1) Voyez chap. I, p. 25.
(2) Voyez chap. III, p. 54.

En 1781, il part pour l'Angleterre ; découragé de voir son rêve lui échapper perpétuellement, il est sur le point de perdre tout espoir, quand les événements d'Orient viennent exercer sur les dispositions des ministres anglais une influence favorable à ses desseins. Mandé par Dundas à l'India Board, Baldwin est invité à donner son avis sur la situation. C'est alors (1785) qu'il remet au secrétaire d'État le mémoire auquel nous avons fait allusion (1). Il ne se borne pas à décrire la situation, le commerce, les productions de l'Égypte : il en analyse aussi les moyens de défense. « L'Égypte, dit-il, est accessible de tous les côtés, à cause de l'ignorance et du défaut de discipline qui caractérisent ses maîtres actuels. Toutes les avenues en sont ouvertes et aucune n'est gardée. » Après avoir montré l'Égypte désarmée, Baldwin en signale « l'importance pour l'Angleterre, simplement en raison de son utilité pour la correspondance politique et commerciale avec l'Inde ». Il n'a garde d'en passer sous silence l'importance pour la France et il insiste particulièrement sur la possibilité d'une conquête de l'Égypte par nos armes. « L'Angleterre, dit-il, doit surveiller d'un œil jaloux les machinations de la France. » L'Égypte serait,

(1) Les détails qui précèdent, ainsi que le texte de ce mémoire et celui de documents ultérieurs, sont contenus dans un ouvrage de BALDWIN : *Political recollections, relative to Egypt,* etc. Londres, 1801.

selon lui, la part de cette puissance dans un partage que font craindre la situation de l'empire ottoman et les ambitions de l'Autriche et de la Russie. « La France, en possession de l'Égypte, posséderait la clef du commerce du monde; elle en ferait l'entrepôt de l'univers, la terreur de l'Orient, par la facilité avec laquelle elle y transporterait ses troupes, quand elle le voudrait et en tel nombre qui lui conviendrait; et l'Angleterre verrait ses possessions de l'Inde à la merci de la France. » Ainsi, sans énoncer la proposition de s'emparer de l'Égypte, Baldwin réunissait tous les arguments qui pouvaient convertir à ce projet le gouvernememt anglais. Celui-ci le nommait consul général d'Angleterre en Égypte et Baldwin prenait, l'année suivante, possession de son poste.

Le danger d'une nouvelle guerre turco-russe et l'intérêt croissant que l'Égypte excitait dans d'autres pays concouraient donc simultanément à ramener vers elle l'attention des Français.

Telle était la situation quand Catherine II entreprit, à travers les provinces méridionales de son empire, un voyage dont la seule annonce mit tous les esprits en ébullition (1). On y vit comme l'aveu public des ambitions qu'elle nourrissait, en même temps qu'une provocation à l'adresse de la Turquie. Ce fut bien pire à mesure qu'on connut les incidents dont furent

(1) Ce voyage dura du 15 janvier au 22 juillet 1787.

marquées les étapes de ce voyage triomphal, accompli en grand appareil militaire, avec une escorte dans laquelle figuraient les ambassadeurs d'Angleterre, d'Autriche et de France. A Kaneef, le roi de Pologne vient se joindre au cortège. A Kief, l'impératrice admet à son audience les députés des Lesghis, « ces petits magots qui, de par la médiation française, sont devenus ses sujets ». Des courtisans de Versailles, des héros de la guerre d'Amérique, comme Alexandre de Lameth et Édouard Dillon, accourent lui offrir leur épée. A Kherson, elle passe sous un arc de triomphe dont le fronton porte une inscription grecque, aussitôt traduite : *chemin de Byzance.* Joseph II étant venu la rejoindre, les ministres de Russie et d'Autriche sont mandés en hâte, auprès de leurs souverains. A Baktchi-Seraï, Catherine II vient occuper le palais des khans de Crimée, naguère encore tributaires de la Porte. A Krementchuk, elle passe en revue son armée et à Sébastopol sa flotte. Chaque étape de ce voyage sensationnel est donc pour Catherine II l'occasion de démonstrations qui sont autant de défis à la Turquie. Encore ces démonstrations ne sont-elles que la mise en scène des exigences auxquelles la Porte est invitée à faire droit : reconnaître l'indépendance de la Géorgie, faire cesser sur la frontière les hostilités des Khirgiz et des Abazes, régler certaines questions de salines pendantes entre les gouvernements de Kinburn et d'Otchakof, accepter un consul russe à Varna, s'expliquer sur ses armements, s'engager à ne plus changer aussi fréquemment les hospodars de Moldavie et de Valachie, telles sont les principales revendications dont le volumineux mémoire, établi à Kherson par Catherine et Joseph II, est, pour comble d'ironie, décoré du nom de *plan de conciliation* (1).

Tenir la Russie en respect et la mettre à la raison n'était possible qu'avec le concours de l'Autriche, et l'Autriche, qui s'était dérobée aux instances de la France, avait emboîté le pas derrière la Russie. Dès lors, désarmer la Russie par la soumission de la Turquie demeurait, cette fois, le seul moyen de prévenir la rupture : mais l'attitude de la Porte ne laisse, dès l'abord, subsister aucun espoir en sa résignation. Malgré les conseils de Choiseul-Gouffier, auxquels ils préfèrent ceux des réprésentants anglais et prussien, les Turcs prennent le parti de regimber. Aux provocations de Catherine II, ils répondent en envoyant une force navale montrer leur pavillon à l'embouchure du Dnieper et, à ses exigences, ils ripostent à leur tour par des revendications. Toutes les concessions postérieures au traité de Kainardji, sans en excepter la convention de 1783, devront être annulées ; les navires russes soumis au droit de visite à leur passage par le Bosphore ; les consuls russes convaincus d'intrigues

(1) Cf. M. Pingaud, *op. cit.*, p. 187.

punis par leur gouvernement et des consuls turcs
admis en Russie ; les prétentions de l'Impératrice sur
la Géorgie formellement démenties. Comme il a ré-
pliqué à cet ultimatum en maintenant toutes les exigences de sa cour, le ministre de Russie à Constantinople, Boulgakoff, est sommé par le grand vizir
d'avoir à consentir, dans le délai d'une heure, à la
restitution de la Crimée ; faute de quoi, il est conduit
et enfermé aux sept tours (16 août 1787).

En France, on n'a pas attendu que ce dénouement
se fût produit pour en entrevoir les conséquences.
Les suites que peut avoir pour la Turquie une défaite
dont personne ne doute préoccupent l'opinion dès
l'instant où une rupture s'annonce comme inévitable,
c'est-à-dire dès le début du voyage de Catherine II.
A ce moment critique, Vergennes vient précisément à
mourir. Sa disparition est, pour les adversaires de sa
politique, un encouragement à revenir à la charge
auprès de son successeur, Montmorin. Aux prises avec
une situation hérissée de difficultés, ce ministre, qui
n'apporte au pouvoir ni système préconçu, ni autorité
personnelle incontestée, ne semble pas être homme
à n'en faire qu'à sa tête. La politique de son prédécesseur lui fait défaut d'elle-même, plutôt qu'il ne
l'abandonne : c'en est fait, ou peu s'en faut, du crédit
de la France auprès de la Porte qui ne peut plus être
retenue sur la pente où la poussent l'Angleterre et la
Prusse. Volontaire ou forcé, l'abandon de la politique

de Vergennes, à laquelle Montmorin n'en substitue aucune autre, le laisse désemparé, sans fil conducteur, en présence d'événements dont la direction lui échappe de plus en plus.

C'est dans ces conditions qu'un plan de conduite fut suggéré à Montmorin. Ce plan n'eût-il par lui-même aucun intérêt, — ce qui n'est d'ailleurs pas le cas, — qu'il en emprunterait à la personnalité de l'auteur. La vie du duc de Lauzun (1) est un vrai roman, et un roman de mœurs du dix-huitième siècle ; les dissipations, les aventures tapageuses, les plus tendres liaisons y alternent avec les campagnes, les expéditions lointaines, les missions diplomatiques officieuses. Rien n'y manque, même pas le dénouement tragique qui termine tant de romans vécus en même temps que celui-là : car, après avoir fait peau neuve avec la France, le héros, devenu le général Biron, finit par porter sa tête sur l'échafaud. Le personnage n'est pas moins original que sa destinée ; il résume toutes les qualités et tous les défauts de sa caste et de son temps : la grâce, l'esprit, la bravoure, la générosité, la sensibilité, la passion, la légèreté et l'inconséquence. Une réputation de frivolité bien établie et, avouons-le, amplement méritée, a caché à ses contemporains tout ce qu'il avait de ressources, d'intelligence et d'énergie. La Révolution seule lui a

(1) Voyez *le Duc de Lauzun*, par Gaston MAUGRAS, 2 vol. Paris, Plon-Nourrit.

fourni une scène politique et militaire à sa taille, mais avec une trappe au bout.

En 1787, Lauzun est à Versailles, recherché, adulé, mais impatient de dépenser son activité autrement qu'en aventures, tourmenté du désir de jouer un rôle, de prouver sa valeur, de se rendre utile. La campagne de Corse n'a été que son début dans la carrière des armes; la cour n'a pas rendu justice à la campagne du Sénégal, dont il a eu la direction; celle d'Amérique, où il s'est distingué, ne l'a pourtant pas porté au premier plan. En politique, il s'est fait la main en remplissant diverses missions confidentielles à Londres et à Varsovie, en s'employant sans succès à poser les jalons d'une alliance entre la France et la Russie, et en conseillant au gouvernement l'acquisition du Sénégal, qu'il fut chargé de conquérir. La crise orientale de 1787 le trouve inoccupé, sans autre emploi, à quarante ans, que le commandement de son régiment de Lauzun-Hussards, qui l'absorbe peu en temps de paix, toujours à la recherche d'une occasion de donner sa mesure. L'exemple de beaucoup de ses pareils, qui ont adressé des mémoires aux ministres et quelquefois gagné à ce jeu une ambassade ou une mission secrète; l'expérience que lui-même a faite de ce moyen, dans l'affaire du Sénégal; l'arrivée au pouvoir de Montmorin, qui ne paraît savoir à quel saint se vouer : tout encourage Lauzun à tenter la chance, à venir au secours d'un ministre désorienté et à offrir, en même temps, ses lumières et ses services.

C'est l'entrevue de Kherson et l'espèce de tableau dressé par Catherine de ses revendications qui décident Lauzun à rompre le silence. Il adresse à Montmorin une lettre-rapport, sur « la situation de la France au Levant (1) », comptant bien qu'elle sera placée sous les yeux mêmes du roi. « L'Impératrice, nous n'en pouvons pas douter, veut chasser les Turcs d'Europe et finir sa brillante carrière sur le trône de Constantinople. » Voilà le point de départ de toute l'argumentation. Or, les intérêts de la France « diffèrent de ceux de toutes les puissances qui peuvent prendre part à cette immense révolution ». La Prusse et l'Autriche ont trop d'intérêt à se faire payer leur complaisance par la Russie pour qu'on puisse les décider à s'opposer aux entreprises de Catherine II. Il n'y a de médiation possible que de la part de la France, mais, à Berlin comme à Vienne, on refusera de s'associer à cette médiation, et, à Pétersbourg, on la repoussera. Il sera facile à l'Impératrice de se faire attaquer par les Turcs et « l'empire ottoman sera écrasé avant d'avoir pu être secouru. Qu'importe que ce grand coup soit frappé en 87 ou en 88 ! il n'en sera pas moins fatal à la France. Elle perdra le commerce du Levant qui est, pour les provinces méridionales, un objet de 80 millions par année. Elle aura la dou-

____

(1) Arch. nation., t. 1527.

leur de voir l'Angleterre s'en emparer pour prix de tous les secours indirects et clandestins qu'elle aura donnés à la Russie pendant le cours de cette grande expédition ».

Tel est le danger dont la crise orientale menace la France : or, il existe un moyen d'y parer, de venir en aide aux Turcs, « habilement pour eux, avantageusement pour nous », et sans qu'il nous en coûte rien. « Chargeons-nous de garder pour eux et à leurs frais l'Égypte, Candie, Rhodes et Chypre. » Ils y gagneront de pouvoir dégarnir ces possessions et en employer les garnisons à la défense de leurs frontières d'Europe et d'Asie, sans avoir à craindre ni insurrections locales, ni attaque d'une puissance étrangère. Si les Turcs échappent à la destruction, soit que la guerre n'ait pas éclaté, soit qu'ils aient résisté avec avantage, nous leur restituons fidèlement les territoires confiés à notre garde et nous conservons le commerce du Levant comme par le passé. Si l'empire ottoman est détruit, nous restons propriétaires des territoires que nous avons occupés et « ces riches et fertiles acquisitions nous rendront encore les maîtres du commerce du Levant ».

Si le ministre approuvait son plan, Lauzun demandait à être envoyé à Constantinople, afin d'en faire part à Choiseul-Gouffier. Il ne doutait pas que l'ambassadeur n'obtînt facilement l'assentiment de la Porte à un projet si avantageux pour elle. Les mesures d'exécution, le nombre des troupes seraient arrêtés sur place, d'un commun accord. La corvette en station à Constantinople transporterait Lauzun, accompagné de quelques officiers intelligents, partout où il aurait besoin d'aller et le ramènerait en France, sa mission terminée.

Montmorin, ayant lu la *lettre-rapport* de Lauzun, convint avec lui des avantages de la proposition. Il objecta toutefois l'inconvénient de paraître commencer un partage, auquel la France ne pouvait consentir. Il craignait, par une mesure où l'on pouvait voir une sorte d'agression contre la Turquie, de stimuler les convoitises de la Russie, au moment même où cette puissance lui semblait, bien à tort d'ailleurs, revenir à des dispositions plus pacifiques. Finalement, il eut recours à la suprême ressource des hésitants : il attendait un courrier, les circonstances décideraient de sa résolution.

Lauzun ne se tint pas pour battu. Rencontrant Montmorin le 29 août, il l'entreprend de nouveau au sujet de son plan et développe, dans une lettre qu'il lui adresse le lendemain (1), les arguments qu'il n'a pu que lui résumer la veille. Le moment est venu de prendre un parti : les Turcs, prévenant l'attaque de leurs adversaires, ont déclaré la guerre à la Russie. Cette déclaration de guerre doit-elle changer quelque

____

(1) Arch. nation., 30 août 1787, t. 1527.

chose à nos dispositions envers les Turcs? Est-ce parce qu'ils ont rompu, sans notre aveu, des engagements pris sous notre médiation, que nous devons les abandonner à leur sort? Après comme avant, les raisons que nous avons de redouter la destruction de la Turquie restent les mêmes. « Ce n'est point une nation stupide... que nous devons considérer comme notre alliée : c'est le sol sur lequel elle existe qui est véritablement notre allié nécessaire, indispensable. » Quand bien même la Russie nous garantirait, dans le Levant, les mêmes avantages commerciaux que les Turcs, nous ferions un marché de dupe. Notre commerce avec les Russes ne pourrait jamais être que précaire, subordonné aux progrès que les Russes eux-mêmes feraient dans l'industrie et qui leur permettraient de se passer de nous. Le mouvement d'impatience des Turcs n'enlève donc rien de son opportunité au plan de Luzun, mais ne doit qu'en hâter l'exécution. La Russie elle-même peut-elle exiger de nous une abstention complète? Elle prendra facilement son parti du secours que nous porterons à ses adversaires sur des points éloignés du théâtre de la guerre.

Mais il existe une raison plus forte que toutes de réaliser le projet de Lauzun. L'initiative hostile des Turcs est le résultat d'une machination de l'Angleterre, qui a accepté de faire le jeu de la Russie à condition qu'elle-même obtiendrait l'Égypte. « La pos-

session de l'Égypte donne à l'Angleterre la disposition
des plus courtes communications avec l'Inde, lui en
assure le commerce exclusif et la rend bientôt maîtresse de la moitié du monde (1). La progression au
désavantage de la France est incalculable, si, en ces-
sant d'appartenir aux Turcs, l'Égypte appartient à
une autre puissance. Une guerre opiniâtre et ruineuse ne pourra pas l'arracher aux Anglais, si nous
les laissons s'en emparer. Ce moment de détermination et de courage suffit pour nous l'assurer par des
moyens honorables et peu dispendieux. » Soucieux de
tout ce qui peut accroître l'autorité de ses conseils,
Lauzun rappelle que l'acquisition de l'Égypte a été le
« projet favori » de Choiseul (2), le « roman politique
qui occupait le plus souvent ses rêveries » : et il
presse Montmorin de réaliser le rêve de ce grand
ministre. Qu'on l'envoie, sans perdre de temps, porter
ce plan à Choiseul-Gouffier ; que tout se prépare en
France, pendant que Lauzun et l'ambassadeur négo-
cieront à Constantinople, « et il n'y aura point de
puissance qui ose disputer à la France cette conquête
incomparable à toute autre, dissimulée sous le nom
modeste de possessions turques gardées momentanément pour l'empire ottoman ».

(1) « Si les Anglais étaient possesseurs de l'Inde, le commerce
deviendrait tellement ruineux pour toutes les autres puissances de
l'Europe, qu'elles seraient obligées d'y renoncer. » En marge dans l
texte de la lettre de Lauzun.

2) Voyez chap. II, p. 40.

Montmorin fut personnellement assez frappé par l'argumentation de Lauzun, dont il n'était pas éloigné d'adopter la proposition. Mais il fut loin de trouver des dispositions analogues chez ceux de ses collègues qu'il entretint de la question : les autres membres du Conseil du Roi ne cachèrent pas leurs préventions contre un plan qu'ils estimaient aventureux et se montrèrent hostiles à toute résolution hasardeuse. Le 5 septembre, Montmorin vit Lauzun, qui attendait la réponse du ministre pour rejoindre son régiment : il lui fit part et de son impression, et de celle de ses collègues ; il lui laissa entendre que, selon toute vraisemblance, la France abandonnerait les Turcs purement et simplement, sans conditions, et qu'en tous cas, aucune décision ne serait prête avant quinze jours. Lauzun s'ingénia encore à combattre les objections des adversaires de son plan et, selon son habitude, développa dans une lettre du même jour (1) les arguments qu'il avait présentés, le matin même, à Montmorin.

Il n'est plus temps de s'opposer à la chute de l'empire ottoman : mais nous ne pouvons pas nous résigner à ce qu'il entraîne dans sa chute notre considération et notre commerce ; nous ne pouvons tolérer cette révolution qu'à des conditions dictées par nous et avantageuses pour nous. On objecte à Lau-

____

(1) Arch. nation., t. 1527, 5 septembre 1787.

zun que la France ne peut occuper l'Égypte pour le compte des Turcs sans réunir contre elle les Turcs eux-mêmes, les Russes, les Autrichiens et les Anglais. Rien n'est moins certain, voire même moins probable, que l'opposition des trois premiers. Les Turcs hésiteront à se faire une ennemie de la France, qui est encore leur alliée, en essayant de s'opposer à ce qu'ils ne pourront empêcher. Le prince de Nassau, intimement lié avec Potemkine, répond des dispositions de Catherine II : aussi bien l'Impératrice, satisfaite d'avoir ajouté Constantinople à son empire, nous abandonnera-t-elle sans regret un pays séparé de ses nouvelles possessions. Quant à l'empereur, peut-il trouver à redire à ce que la France suive, en somme, son exemple, et fasse en sorte de ne pas rester les mains vides? D'ailleurs, il n'est pas assez sûr de la tranquillité de ses États pour risquer une guerre contre nous. Si cependant Catherine II, inquiète du secours passif que nous apporterions aux Turcs en gardant l'Égypte pour leur compte, insistait fortement pour que nous n'en fissions rien, que devrions-nous faire? Céder à ses instances, mais ne pas renoncer pour cela à notre projet et « nous emparer hostilement de l'Égypte, plutôt que de ne pas nous en assurer la possession ». A ce parti, qui a le grave inconvénient de nous contraindre à abandonner ouvertement la Turquie et de nous amener à faire cause commune avec ses agresseurs, Lauzun préfère le premier, plus conforme à la dignité et à la loyauté du roi. Mais tel est l'intérêt qu'il voit, pour la France, à l'acquisition de l'Égypte, qu'il n'hésite pas à se prononcer en faveur d'une conquête pure et simple, plutôt que de laisser ce pays nous échapper. D'ailleurs, afin de ne rien négliger pour éviter cette extrémité, on pourrait dépêcher à Catherine II le prince de Nassau et le charger d'obtenir de l'Impératrice qu'elle consente à l'occupation de l'Égypte par les troupes françaises pour le compte des Turcs. Sans doute ne serait-il pas impossible à Nassau de faire entendre raison à Potemkine sur ce point et, par l'intermédiaire de Potemkine, à l'Impératrice elle-même. Mais, quoi qu'il advînt, il faudrait occuper l'Égypte, en dépôt, si Catherine II ne s'en offusque pas, pour notre propre compte, dans le cas contraire.

Restait à répondre à l'objection tirée d'une guerre avec l'Angleterre. « J'ose prononcer, déclare Lauzun, qu'il faudrait faire la guerre à l'Angleterre, plutôt que de souffrir qu'elle s'emparât de l'Égypte, à plus forte raison pour la conserver. » Et comme il est au courant du plan commercial que Choiseul et Castries ont essayé de réaliser, il conseille à Montmorin de s'y reporter et de relire les dépêches de notre ambassadeur à Constantinople, pour se convaincre « de la prodigieuse importance de l'Égypte et de la nécessité indispensable de l'arracher, à quelque prix que se soit, à l'avidité des Anglais. » Si les Anglais n'avaient pas autant intrigué en Turquie et en Russie, on pourrait, à la rigueur, nier qu'ils eussent des vues sur l'Égypte. « Mais il n'est plus permis d'en douter : les Anglais ont sur l'Égypte des prétentions cachées, qu'ils appuient par toutes les intrigues imaginables. Quelle autre raison, quel autre intérêt aurait pu les engager à fomenter obscurément la rupture qui vient d'éclater entre la Porte et la Russie? Ils ont cru ce moyen immanquable pour déterminer la Russie à un traité d'alliance, dont la première condition serait très certainement l'abandon de l'Égypte. » Si, pour couper court à cette machination, une guerre est nécessaire, il ne faut pas hésiter à la faire. L'Angleterre n'est d'ailleurs pas aussi à craindre pour la France qu'on se l'imagine. Les conséquences d'une guerre pour son commerce font qu'elle y regarde toujours à deux fois, avant de s'y résoudre. Nous pouvons toujours être prêts avant elle à entrer en campagne. En parlant net et clair, dès les premières menaces de complications, et en agissant résolument, nous aurons toujours chance de l'amener à souscrire à ce que nous voulons d'elle. Raison de plus pour montrer à tous, par nos déclarations et par nos actes, que nous savons où nous voulons en venir et que nous sommes résolus à l'obtenir.

« Vous m'avez fait trembler, monsieur le comte, écrit Lauzun à Montmorin, en me disant hier que, selon toute apparence, nous abandonnerions les Turcs purement et simplement, sans aucune condition... Vous m'avez encore effrayé en me disant que, quelque pressant qu'il fût de prendre un parti, il était probable que rien ne serait décidé avant quinze jours. » Et Lauzun de s'élever, avec autant de force que de raison, contre ces deux tendances : abandonner les Turcs sans compensation est un parti « aussi dangereux que lâche, authentiquement dicté par la crainte » ; l'incertitude est « un désavantage réel », qu'on attribuera à nos troubles intérieurs. « On évite toujours la guerre, en montrant que l'on est en état de la faire et qu'on ne la craint pas ». C'est dans les quarante-huit heures qu'il faut prendre un parti, qu'on ne prendra pas meilleur en quinze jours. Ce parti, Nassau pourrait être chargé d'en porter la notification à Catherine II, pendant que Lauzun irait en donner connaissance à Choiseul-Gouffier; il se faisait fort d'être à Constantinople en trois semaines, après s'être arrêté deux jours à Vienne, si Montmorin le jugeait à propos. Le temps nécessaire à ces deux missions eût été mis à profit, en France, pour tout préparer, en vue de « nous rapprocher de l'archipel et de l'Égypte ».

Quarante-huit heures — terme fixé par Lauzun — quinze jours — délai prévu par Montmorin — s'écoulèrent sans que le Conseil du Roi se décidât à adopter une ligne de conduite. Cependant, la situation s'aggravait. Joseph II mettait les Turcs en demeure de

satisfaire à des exigences, qui n'avaient d'autre raison d'être que de lui fournir un prétexte de rupture.
Tandis que la crise s'étendait en Orient, des complications nouvelles surgissaient en Occident. Prenant prétexte d'un conflit survenu entre le prince d'Orange et
ses sujets, Frédéric II faisait envahir la Hollande par
ses troupes. En présence de la guerre d'Orient comme
des événements de Hollande, le gouvernement français gardait la même attitude passive, qui équivalait
à l'aveu de son impuissance et lui faisait perdre ce
qui lui restait de prestige en Europe. Demeuré à
Paris pour être plus à portée d'agir sur Montmorin,
Lauzun assistait, navré, à l'effacement de la France.
Bien que ses trois précédentes lettres fussent restées
sans résultat, il ne se tenait pas encore pour battu.
Un écho des négociations en cours avec la Russie,
l'Autriche ou l'Angleterre; une nouvelle, exacte ou
controuvée, du théâtre de la guerre : tout lui est prétexte à revenir à la charge et à remettre en avant son
projet.

Apprend-il qu'on prête à l'Angleterre l'intention
de formuler une proposition de désarmement? Il
songe aussitôt à saisir cette occasion pour nous assurer que Londres ne mettra pas obstacle aux expéditions que nous pourrions diriger sur l'Égypte. « Je ne
sais si je me trompe, écrit-il à Montmorin (1), mais

—————

(1) Arch. nation., t. 1527. Lauzun à Montmorin, Paris, 26 septembre 1787.

il me semble que, dans les circonstances présentes,
l'acquisition de l'Égypte devient indispensable à la
dignité, à l'honneur même de la France. Nous serions, à mon opinion, ignominieusement déshonorés
aux yeux de toute l'Europe, si, après ce qui vient de
se passer en Hollande, nous abandonnions les Turcs
pour nous lier avec l'Empereur et l'Impératrice, sans
tirer un parti avantageux et convenable de cette
alliance et de notre coopération au partage de l'empire ottoman. »

Trois jours après (1), Lauzun reprend la plume.
« Le bruit public » lui apporte la confirmation de la
crainte dont il est lui-même harcelé : secrètement
liés avec l'Empereur et la Russie, nous prendrions
prétexte d'une rupture accomplie sans notre aveu pour
abandonner les Turcs à leur sort; un reste de scrupule nous empêcherait de partager la proie que nous
livrons. Cette hypothèse, dont la rumeur publique fait
une réalité, met Lauzun hors de lui : ce reste de
scrupule lui paraît tenir bien plus à la faiblesse qu'à
la délicatesse. « Dussions-nous n'en jamais prendre
possession, conclut-il, il faut nous choisir une part et
nous la faire assigner dans le partage général; il faut
déclarer hautement que nous le voulons. »

Cette part, la Russie eût été disposée à nous la
reconnaître : c'était du moins ce qui résultait d'un

____

(1) Arch. nation., t. 1527, 29 septembre 1787.

bruit venu aux oreilles de Lauzun, d'après lequel
Catherine II nous eût fait « annoncer les dispositions
les plus amicales, son consentement à tout ce qui
pourrait nous convenir (1) » . L'incapacité des ministres de Louis XVI irait-elle jusqu'à ne pas voir le
parti à tirer de cette ouverture, ou leur timidité jusqu'à ne pas oser en profiter? Telle est l'opinion qu'ils
ont donnée à Lauzun de l'une et de l'autre, qu'il
n'hésite pas à les croire capables de tant d'incurie ou
de faiblesse : et il écrit à Montmorin pour secouer
son inertie. Assurés des bonnes dispositions de la
Russie, de qui avons-nous à redouter l'opposition?
Est-ce de l'Empereur? Il a trop d'intérêt à nous donner satisfaction. Est-ce de l'Angleterre? Réduite à la
seule alliance de la Prusse, elle ne s'exposera pas à
une guerre ruineuse pour empêcher une éventualité
qui ne change rien à sa situation, ni à son commerce.
« Le parti le plus sage », celui qui « nous assurerait
des possessions utiles », reste donc à notre disposition. Encore n'est-ce pas le seul qui s'offre à nous.
Jugeons-nous « plus beau, plus noble » de prendre
la défense des Turcs? Nous le pouvons encore, en
nous assurant le concours de l'Angleterre et de l'Espagne et la neutralité de la Prusse : « Dans ce cas,
nous pouvons, dit Lauzun, présenter à l'Angleterre
de grands avantages en s'unissant à nous et, sûrs des

(1) Arch. nation., t. 1527, 7 octobre 1787.

Espagnols, commander sans opposition sur toutes les mers. » Le salut de la Turquie ne serait pas, dans la pensée de Lauzun, la seule récompense de notre intervention : car, en prêtant main-forte à nos alliés, nous acquerrions le droit de mettre à notre secours « des conditions très avantageuses, qu'ils seraient trop heureux d'accepter ». Ainsi, une politique avisée pouvait, dans les deux cas, nous assurer le même avantage matériel, précédemment désigné par Lauzun, c'est-à-dire l'Égypte.

Persistant cependant à n'opter ni pour l'un ni pour l'autre de ces deux partis, le gouvernement français s'en tenait à une politique au jour le jour. Pendant que les Turcs faisaient face à l'attaque simultanée des Autrichiens et des Russes, qu'ils infligeaient un échec aux troupes de Joseph II, mais qu'ils échouaient eux-mêmes dans une offensive contre celles de Catherine ; pendant que Souvaroff résistait victorieusement à Kilburn, que Romanzoff emportait Choczim et que Potemkine mettait le siège devant Otchakoff, Montmorin se laissait entraîner, à la suite de Ségur, dans la négociation d'une alliance avec la Russie : mais son premier soin était d'exclure de cette alliance, encore à l'état d'ébauche, la guerre alors en cours et, par suite, les conséquences qui pouvaient en découler. Des instructions plus vagues encore que Montmorin adresse à Choiseul-Gouffier, si tant est qu'on puisse dégager une idée maîtresse, c'est tout au plus le dessein d'engager les Turcs aux sacrifices nécessaires pour acheter, une fois encore, une paix dont la France serait médiatrice.

Nous sommes loin de la politique rêvée par Lauzun. Celui-ci ne renonce pourtant pas complètement à la défendre et, après un silence de quatre mois, adjure encore Montmorin de la faire sienne (1). Rappelant les efforts qu'il a faits depuis six mois pour y convertir le ministre, il replace sous ses yeux les différents partis entre lesquels le gouvernement s'est obstiné à ne pas choisir. Puis, sans s'attarder à de vaines récriminations, il s'attache à démontrer le caractère précaire de la paix que Montmorin veut encore espérer de ses lentes négociations. Comment compter sur la durée de cette paix? Prétendra-t-on que l'Autriche et la Russie renonceront pour longtemps à compléter leurs conquêtes? La Prusse ne cherchera-t-elle pas dans une entente avec ses voisins une compensation à leurs agrandissements? Les trois cours, une fois d'accord, n'obtiendront-elles pas facilement l'alliance de l'Angleterre? Ces hypothèses réalisées, la France devient une puissance de second ordre. On dit bien que les négociations de Montmorin avec Pétersbourg et Vienne sont plus avancées qu'il n'y paraît; mais une rumeur, particulièrement répandue en Angleterre, attribue à la France un lot qui

____

(1) Arch. nation., t. 1527, 16 février 1788.

n'est pas du goût de Lauzun : la cession des Pays-Bas serait le prix de sa neutralité. « Je ne puis sans frémir, écrit Lauzun, envisager les suites funestes d'un tel partage. N'en doutez pas, monsieur le comte, l'Angleterre, à qui l'alliance de la Hollande est si importante et si nécessaire, ne souffrira pas que vous ayez ainsi un bras levé sur elle. » C'est donc la certitude d'une guerre avec l'Angleterre et, probablement aussi, avec la Prusse, qui fera sans doute cause commune avec nos ennemis. Et Lauzun conclut en renouvelant son invariable conseil : « Puisque nous ne pouvons défendre les Turcs, il faut partager celles de leurs possessions qui nous conviennent le plus, sans nous exposer à une guerre que nous ne pouvons soutenir, renoncer aux Pays-Bas qui, entre les mains de l'Empereur, répondront bien plus de lui que s'ils nous appartenaient, et consolider ce partage en y admettant la Prusse et l'Angleterre. »

Il n'était pas plus question, à Versailles, de chercher une compensation aux Pays-Bas qu'en Égypte. Une politique extérieure à larges vues cadrait de moins en moins avec les tendances comme avec les moyens du gouvernement : les embarras financiers et l'effervescence publique le paralysaient; l'assemblée des notables avait été impuissante à dissiper les uns et à apaiser l'autre, et déjà se manifestait dans le pays l'agitation qui devait aboutir à la convocation des États généraux. Ces difficultés croissantes laissaient-elles à Montmorin d'autre ressource qu'une politique expectante? En tout cas, il ne le crut pas. D'effacement en effacement, il en viendra à se cantonner dans une attitude passive, dans un rôle de témoin, poursuivant avec la Russie une discussion académique sur les conditions d'une alliance dont la guerre actuelle resterait exclue, renonçant d'autre part à procurer à la France la médiation d'une paix qu'il n'espérait plus de ses efforts.

CHAPITRE VII

Les propositions de Lauzun ne sont pas les seules
que Montmorin reçût au cours de cette crise. L'Égypte
continuait en effet à partager avec quelques iles de
l'archipel les faveurs du public français. Mais, tandis
que Candie avait jusqu'alors réuni le plus de suffrages,
c'est vers Rhodes que paraît alors souffler le vent.
Deux mémoires datés de 1787 (1), le premier ano-

_____

(1) « Mémoire sur le commerce du Levant et sur nos intérêts poli-

nyme, le second signé d'un certain Raymond Lebon, vantent au gouvernement les avantages de cette île, comme but d'un établissement commercial « à l'entrée de l'Europe, de l'Asie et à portée de l'Afrique, vis-à-vis l'ancien et fameux port d'Alexandrie et celui de Rosette, d'où l'on communique par un canal avec le Caire (1) ».

La proximité de l'Égypte est, en effet, une des raisons essentielles de la faveur dont jouissent les îles de l'archipel. Le principal mérite de Rhodes consistait, aux yeux de Raymond Lebon, dans les facilités qu'elle offrait pour utiliser la route commerciale de Suez. « La position de l'île de Rhodes présente, dit-il, tous les moyens pour une industrie et un commerce des plus actifs, soit avec la Perse par la voie de la mer Noire, soit avec l'Égypte par le port de Rosette, par son canal jusqu'au Caire, et dans les différentes parties du pays par où nous pouvons l'étendre beaucoup... Les Égyptiens s'empresseraient de fournir notre comptoir avec leurs productions et celles des Indes par la mer Rouge, dont la communication est établie par la voie des caravanes, en partant du Caire, d'où elles arrivent à Alexandrie par le Nil et à Rosette par le canal désigné ci-dessus. » Et

tiques et commerciaux en 1787. » (Arch. nation.) « Mémoire sur le commerce du Levant » par Raymond Lebon. (Arch. Aff. étr., mémoires et documents, France, commerce du Levant, 2006.)

(1) Arch. Aff. étr. Mémoire sur le commerce du Levant.

cet avantage n'est pas non plus passé sous silence, dans le plaidoyer anonyme en faveur de l'occupation de Rhodes : « Par sa situation entre l'Égypte et la mer Noire, par la bonté de son port, Rhodes, lit-on dans ce mémoire, présente à la France tous les avantages. Maîtresse de Rhodes, elle pourrait rétablir par la route de Suez un commerce qui, d'après l'expérience, produit 25 pour 100 et abrège le voyage de quatre à cinq mois. » Invoquer un tel argument, n'était-ce pas rendre un hommage indirect à la valeur de l'Égypte?

C'est qu'en effet la notion de ses ressources, de ses richesses naturelles, la connaissance de son histoire, la réputation de ses monuments avaient été répandues et vulgarisées en France, au point de devenir, en quelque sorte, de notoriété publique. Tant de projets, d'espérances, de discussions dont elle avait été l'objet avaient fini par créer autour de l'Égypte comme une atmosphère d'intérêt et de curiosité. Les voyageurs s'y rendent plus nombreux et surtout plus illustres que dans la première moitié du siècle : tantôt c'est un grand seigneur philanthrope comme le duc de Chaulnes, tantôt un naturaliste, élève de Buffon et compagnon de voyage du baron de Tott, Sonnini de ononcourt; tantôt ce sont des philosophes comme Savary et Volney. Au retour, la publication de leur journal de voyage est un événement littéraire. A quelques mois d'intervalle, le public fait un véritable succès aux *Lettres sur l'Égypte* de Savary et au *Voyage en Égypte et en Syrie* de Volney. Le second surtout de ces deux ouvrages est accueilli avec une faveur qui, de l'auteur inconnu la veille, fait d'emblée un homme célèbre. Et c'est un symptôme caractéristique qu'on ait pu, dans la France de 1788, conquérir la célébrité en entretenant le lecteur, en si bons termes que ce soit, de l'Égypte, d'Alexandrie et du Caire, du Nil, du delta, des Mameluks, d'Aly-bey et de ses successeurs, de l'isthme de Suez et de la jonction de la mer Rouge à la Méditerranée. Car ce classique projet fournit à Volney la matière d'un chapitre (1) plus curieux que juste, où, écartant le moyen d'une communication directe des deux mers, il présente comme étant seul pratique et réalisable celui d'une jonction par l'intermédiaire du Nil.

Colporté par des ouvrages que la vogue avait consacrés, le renom de l'Égypte, de sa fertilité, de son incomparable position, de son rôle dans le commerce du monde (2) pénétrait dans l'esprit des hommes qui s'éveillaient à la vie publique et frappait leur imagination. C'est l'époque où Napoléon jette sur le papier des notes (3) sur l'Égypte ancienne et sur le com-

(1) Chap. ix du *Voyage en Égypte et en Syrie.*

(2) Voyez notamment, dans les *Lettres sur l'Égypte* de Savary, la lettre 4 du tome 3 sur « les révolutions que le commerce d'Égypte a subies depuis la plus haute antiquité jusqu'à nos jours ».

(3) *Napoléon inconnu,* papiers inédits (1786-1793) par Frédéric Masson.

merce de l'Inde et où Talleyrand songe à diriger vers l'Afrique septentrionale l'expansion coloniale de la France.

Devenue l'objet d'une sorte de popularité, au moment même où la situation critique de la Turquie justifiait toutes les appréhensions et autorisait les hypothèses les plus diverses, l'Égypte se trouvait, par là même, désignée aux imaginations inquiètes. En pénétrant dans le public et en s'y propageant, la notion de ses ressources y frayait la voie à l'idée de nous l'approprier. Aussi était-il inévitable que cette idée sortît du domaine des secrets diplomatiques, où elle avait été confinée jusqu'alors, pour se faire jour dans les discussions publiques.

Un an après avoir contribué, par la publication de son *Voyage*, à édifier l'opinion sur la valeur de l'Égypte, Volney, le premier, posa devant elle la question de savoir s'il convenait à la France de s'approprier ce pays. L'approche de la Révolution, qui liait les mains au gouvernement et le réduisait de plus en plus à une attitude passive, activait au contraire le mouvement des idées, stimulait les esprits et augmentait la liberté d'expression. Ainsi s'explique-t-on que le problème posé par la reprise des hostilité en Orient ait peu à peu perdu le caractère confidentiel, qu'il avait conservé dans un si grand nombre de mémoires, pour servir de thème aux bruyantes controverses des publicistes. Les *Consi-*

dérations sur la guerre actuelle des Turcs, que Volney publia en 1788, consacrent ce passage du mystère des chancelleries au grand jour de la librairie. Volney y prenait délibérément le contre-pied de chacun des deux systèmes, considérés avant lui comme étant seuls compatibles avec les intérêts de la France : prendre parti pour la Turquie ou s'entendre avec ses ennemis pour en partager les dépouilles. Le second est inadmissible, « parce que, dit Volney, rompre soudain avec un allié pour devenir son plus cruel ennemi est une conduite lâche et odieuse » ; le premier est absurde, parce que toutes les raisons données pour justifier l'intérêt qu'a la France au maintien de la Turquie sont, aux yeux de Volney, autant d'erreurs et d'inepties. Les arguments par lesquels il soutient ce paradoxe sont un curieux exemple de l'aveuglement où peut conduire, en politique, l'abus de la logique et de la raison pure. La Turquie était une puissance décrépite, fanatique, barbare, inhospitalière aux sujets même de ses propres alliés : pouvait-elle, dans de telles conditions, être nécessaire à la sûreté de la France et à l'équilibre politique de l'Europe? Elle était incapable de tirer parti de ses ressources naturelles, appauvrie, épuisée par une administration cupide et indifférente au bien public; or un empire pouvait-il se dévaster sans se détruire et pouvait-on faire longtemps un commerce riche avec un pays qui se ruinait? Le commerce du Levant était d'ailleurs embarrassé d'entraves, soumis à des inconvénients qui en faisaient un des plus coûteux qui fussent. Ni l'intérêt politique, ni l'intérêt commercial n'exigeaient donc, pour la France, que l'empire ottoman continuât d'exister et, pareillement, elle n'avait rien à perdre, ni politiquement, ni économiquement, à ce que des puissances civilisées, amies des lumières, commerçantes, telles que l'Autriche et la Russie, prissent la place de ses anciens et tristes alliés. Ainsi se trouvait réduit à néant un prétendu axiome qui n'était qu'un effet de la routine et présentait l'intérêt de la France comme contraire à celui de l'humanité.

Mais, à tant faire que d'abandonner la Turquie à son sort, ne convenait-il pas de s'en adjuger un lambeau? Et Volney se trouvait conduit à traiter « de quelques projets présentés au gouvernement ». De ces projets, dont l'objet était tantôt la Morée et Candie, tantôt Candie seule, tantôt Chypre, tantôt enfin l'Égypte, « un seul, par l'éclat et la solidité de ses avantages », lui paraissait « mériter d'être discuté » : c'était le projet concernant l'Égypte. Faisant alors parler les avocats de cette cause, « un seul objet, disait Volney, peut indemniser la France, un seul objet est digne de son ambition, la possession de l'Égypte : sous quelque rapport que l'on envisage ce pays, nul autre ne peut entrer avec lui en parallèle d'avantages ». Ces avantages, lui-même en donnait

un lumineux aperçu et traçait, de ce que pouvait
devenir l'Égypte entre les mains d'un gouvernement
habile, un tableau qu'il déclarait bien fait pour sé-
duire (1). Mais, se défendant contre cette séduction,
il montrait tout aussitôt les inconvénients qui devaient, à son avis, détourner la France d'y céder.
Pour nous approprier l'Égypte, il faudrait soutenir
trois guerres : la première contre les Turcs, la
seconde contre les Anglais, la troisième contre les
indigènes. La dernière serait, à son avis, la plus dangereuse : telle serait la résistance des habitants que
les Français ne se seraient établis en Égypte « que par

(1) « L'Égypte est le sol le plus fécond de la terre, le plus facile à
cultiver, le plus certain dans ses récoltes; l'abondance n'y dépend
pas, comme en Morée et dans l'île de Candie, de pluies sujettes à manquer; l'air n'y est pas malsain comme en Chypre, et la dépopulation
n'y règne pas, comme dans ces trois contrées. L'Égypte, par son étendue, est égale au cinquième de la France et, par la richesse de son
sol, elle peut l'égaler; elle réussit toute les productions de l'Europe et
de l'Asie, le blé, le riz, le coton, le lin, l'indigo, le sucre, le safra-
non, etc., et, avec elle seule, nous pourrions perdre impunément toutes
nos colonies; elle est à la portée de la France, et dix jours conduiront
nos flottes de Toulon à Alexandrie; elle est mal défendue, facile à
conquérir et à conserver. Ce n'est point assez de tous ces avantages
qui lui sont propres, sa possession en donne d'accessoires qui ne sont
pas moins importants. Par l'Égypte, nous toucherons à l'Inde, nous en
dériverons tout le commerce dans la mer Rouge, nous rétablirons l'ancienne circulation par Suez, et nous ferons déserter la route du cap
de Bonne-Espérance. Par les caravanes d'Abyssinie, nous attirerons à
nous toutes les richesses de l'Afrique intérieure, la poudre d'or, les
dents d'éléphant, les gommes, les esclaves... En favorisant le pèleri-
nage de la Mekke, nous jouirons de tout le commerce de la Barbarie
jusqu'au Sénégal, et notre colonie ou la France elle-même deviendra
l'entrepôt de l'Europe et de l'univers. »

la dépopulation ». En supposant même les Mameluks vaincus et le peuple soumis, nous n'aurions encore surmonté que les moindres obstacles : « Le caractère des deux nations, opposé en tout, deviendra réciproquement antipathique ; nos soldats scandaliseront le peuple par leur ivrognerie, le révolteront par leur insolence envers les femmes ;... nos officiers même porteront avec eux ce ton léger, exclusif, méprisant, qui nous rend insupportables aux étrangers. » En somme, Volney conteste à ses compatriotes les capacités requises pour coloniser l'Égypte et la mettre en valeur : soumise à la France, « elle n'aurait fait que changer de Mameluks et nous ne l'aurions conquise que pour la dévaster ». A l'en croire, d'ailleurs, pas un de nos établissements n'aurait réussi, ni en Europe, ni en Amérique, ni aux Antilles, ni aux Indes. Les climats trop chauds seraient funestes à notre race ; nous n'aurions pas ce que l'on a appelé depuis le *génie colonisateur;* nous n'avions que faire de colonies et « c'était dans nos foyers qu'étaient pour nous l'Égypte et les Antilles ». On reconnaît là des objections qui ont été souvent reproduites depuis et opposées à tous nos projets d'entreprises ou de conquêtes coloniales. Volney les aggrave d'un violent réquisitoire et d'une condamnation de principe contre la politique coloniale en général.

La protection de l'empire ottoman étant condamnée et la participation au partage de ses dépouilles exclue,

il ne restait plus qu'un parti, et c'est celui auquel se
ralliait Volney : demeurer « spectateurs impassibles
des succès de nos voisins et de l'agrandissement de
nos rivaux ».

Tel était cet ouvrage, qui eut, à l'époque, un grand
retentissement. Les défauts même, dont le lecteur
d'aujourd'hui peut être choqué, contribuèrent alors à
en faire le succès : on se plut à y retrouver l'influence
de la philosophie du temps, des idées humanitaires,
des doctrines des économistes. Quelques contradic-
teurs surgirent; un ancien consul à Smyrne, M. de
Peysonnel (1), écrivit une réfutation très documentée
du livre de Volney et, défendant contre lui la politique
traditionnelle qui avait été celle de Vergennes, conclut à la nécessité d'empêcher, au besoin par les
armes, la destruction de l'empire ottoman. C'est dire
que lui aussi se prononçait contre le projet de conquérir l'Égypte (2).

---

(1) Examen du livre intitulé : *Considérations sur la guerre actuelle
des Turcs par M. de Volney*, par M. DE PEYSONNEL. 1 vol., Amsterdam,
1788.

(2) M. de Volney, dit Peysonnel, « développa dans cette discussion des idées saines, justes, précises, et qui prouvent qu'il a bien vu
un pays sur lequel il a écrit un livre infiniment estimable, et qui a
reçu de tout le public des applaudissements mérités. Je n'ai pas la
plus petite observation à faire sur tout ce morceau, le seul de l'ouvrage dans lequel mon opinion est parfaitement conforme à la
sienne. » Ceci dit, Peysonnel se donnait le plaisir de mettre Volney
en contradiction avec lui-même et l'engageait à essayer, sur ses amis
les Russes et les Autrichiens, l'effet du sermon que cet apôtre de la
paix adressait aux Français pour les détourner des conquêtes.

Mais l'idée de cette conquête bénéficiait malgré eux du bruit fait autour d'ouvrages qui avaient pour but de la combattre. N'eussent-ils contribué qu'à la vulgariser, à la propager, qu'ils l'eussent déjà servie ; mais ils ont fait plus : ne mettaient-ils pas en effet au-dessus de toute discussion la valeur intrinsèque, l'intérêt politique, l'avenir économique du pays dont ils représentaient la conquête comme inopportune ? et quel témoignage pouvait avoir plus de poids que celui d'hommes qui concluaient de la sorte ? Ainsi concouraient-ils, sans le vouloir, à affermir le crédit du pays dont ils cherchaient à détourner nos armes. La preuve en est que lorsque le gouvernement songera à s'emparer de l'Égypte, le témoignage de Volney sera l'un de ceux que l'on invoquera en faveur de ce parti.

Dès 1788, l'état d'esprit des lecteurs de Volney les prédisposait à retenir et à méditer ce témoignage. L'abstention systématique du gouvernement laissait en effet le champ libre en Orient à des rivaux, dont l'ambition excitait au plus haut point les soupçons des Français de ce temps. La Méditerranée leur apparaissait comme un champ clos où tous les appétits se donnaient carrière. La Russie voulait y posséder sa part et négociait, à cet effet, avec le roi de Naples et « le roi du Maroc » ; l'Empereur considérait toujours Malte et la Sicile comme son patrimoine et convoitait la Corse, où il voulait établir roi le duc de Toscane ;

l'Angleterre fortifiait sa domination à Gibraltar et jetait les yeux sur Candie ; par delà la Méditerranée, elle étendait ses regards sur le commerce de l'Inde, dont elle demandait au Divan de rouvrir les voies par la mer Rouge et par le golfe Persique. Entre ces trois puissances et la Prusse existait un plan concerté pour seconder mutuellement leurs vues (1).

Quand la Méditerranée servait de champ clos à cette mêlée d'appétits, l'Égypte pouvait-elle ne pas être menacée? Aussi les visées commerciales des Anglais n'étaient-elles pas les seules que redoutaient les Français. A mesure que la tension s'accentua entre Pétersbourg et Constantinople, et lorsque la guerre eut éclaté, la Russie encourut en France le soupçon de préparer une diversion en Égypte. Les intrigues de son consul à Alexandrie, le baron de Thonus, n'avaient fait que redoubler d'activité, depuis le moment où Choiseul-Gouffier les signalait à Vergennes. On ne doutait pas qu'il ne poussât les beys à se proclamer indépendants de la Porte. Il resta en correspondance avec Ismaël-bey, quand la déclaration de la guerre l'eut forcé à quitter son poste. Une frégate russe parut devant Damiette, comme pour prêter aux exhortations du consul l'appui de ses canons. Quand, victime des illusions qu'il s'était faites sur l'effet de

<hr>

(1) Arch. Aff. étr., Mémoire de Raymond Lebon sur le commerce du Levant. — Arch. nation. Mémoire anonyme sur le commerce du Levant et nos intérêts politiques et commerciaux en 1787.

ses conseils, il fut venu se mettre entre les mains des beys pour conclure alliance avec eux et qu'il eut été jeté en prison, cette mésaventure devint, pour nos compatriotes, l'occasion de craintes encore plus vives; car le bruit courut alors que la Russie enverrait une escadre le délivrer et opérerait pour son propre compte la diversion à laquelle elle n'avait pu décider les beys. De fait, la prochaine arrivée d'une flotte russe fut plusieurs fois annoncée à Alexandrie et l'on s'attendait assez couramment, vers 1789, à quelque entreprise de l'Impératrice du côté de l'Égypte (1).

A la même époque, un négociant vénitien qui avait mis son influence au service des Anglais, Rosetti, obtenait d'Ismaël-bey, en leur faveur, des lettres de protection pour les navires de leur nation qui se rendraient des Indes à Suez (2), et ce succès de nos rivaux coïncidait avec la faillite des espérances qu'avaient éveillées chez nous les traités de Truguet! Ainsi, l'activité de gouvernements habiles à profiter de l'apathie du nôtre menaçait de nous interdire à jamais la possession d'avantages, dont nous n'avions pas su nous saisir ou nous servir.

Menacée dans les espoirs d'avenir qu'elle nourrissait à l'égard de l'Égygte, la France l'était aussi dans ses intérêts présents et dans ses avantages acquis. La situation de nos comptoirs commerciaux en était

(1) Arch. Aff. étr., correspondance consulaire. Alexandrie, 1788-89.
(2) Arch. Aff. étr., *idem*. Lettre de Magallon du 6 mars 1889.

venue au point d'en faire craindre la disparition. Il nous faut ici remonter de quelques années en arrière pour montrer ce qu'avait été la vie intérieure de l'Égypte depuis l'époque où nous l'avons laissée (1).

Revenant du Caire en 1785, Truguet (2) rendait compte en ces termes de l'état dans lequel il avait trouvé le pays : « Jamais la situation de ce royaume ne fut plus déplorable qu'en ce moment; la guerre, la famine et la peste ont réuni tous leurs fléaux pour le dévaster. » L'Égypte n'avait pas gagné à passer du joug d'un despote unique sous celui de quatre tyrans, qui se partageaient le gouvernement, ou plutôt l'exploitation du pays : Mourad au Caire, Ibrahim à Girgèh, Hassan à Kènèh et Ismaël à Esneh. Ce n'était que guerres entre les deux premiers et les deux seconds, qui avaient partie liée deux à deux, intrigues, rivalités sourdes et quelquefois luttes ouvertes dans un même camp entre les deux beys associés pour exploiter chacun une ou plusieurs provinces. Aux misères résultant de ces désordres chroniques, dévastation des terres, pillage des récoltes, contributions levées sur l'habitant, venaient s'ajouter celles qui découlaient d'une administration incohérente, despotique et cupide. Sous chacun des quatre « beys commandants » qui régnait sur une fraction de l'Égypte, opérait une clientèle plus ou moins nom-

(1) Voyez chap. III, p. 73-74.
(2) Arch. ministère Guerre. Mémoire sur l'Égypte par Truguet.

breuse de « beys subalternes, qui bataillaient, exploitaient et opprimaient pour leur propre compte ».
L'état d'anarchie du pays et l'avidité des gouvernants avaient sinon anéanti, du moins considérablement appauvri le commerce et l'agriculture, sources
uniques de la richesse de l'Égypte. Les établissements français d'Alexandrie et du Caire avaient été
très éprouvés par le ralentissement des affaires et les
continuelles avanies. Leur commerce s'était très mal
trouvé du transfert de l'Échelle du Caire à Alexandrie.
Dépourvues de protection officielle, les maisons qui
subsistaient au Caire, centre des échanges et principal marché de vente et d'approvisionnement, étaient
réduites à trois. Encore fallait-il s'attendre à les voir
bientôt disparaître, si le consulat général n'était
promptement rétabli. C'était la mesure que préconi-
sait Truguet, « en attendant l'influence si désirée du
gouvernement français en Égypte ».

A défaut de cette influence, qui continua de se
faire attendre, celle de la Porte parut un instant sur
le point de ramener l'ordre dans le pays et la prospérité dans les affaires. Tel fut du moins l'espoir de nos
marchands en apprenant que le sultan envoyait le capitan-pacha en Égypte pour châtier l'insubordination
d'Ibrahim et de Mourad (1787). Mais il en advint tout
autrement. Lorsque l'amiral turc arriva à Alexandrie, son premier soin fut d'emprunter aux négociants
français les sommes nécessaires pour accomplir sa

besogne : le consul put en obtenir le remboursement.
Mais Ibrahim et Mourad avaient aussi des dettes importantes envers nos commerçants : quand le capitan-
pacha les eut vaincus, exilés et qu'il eut confisqué
tous leurs biens, leurs créanciers français se trou-
vèrent en perte de 3 millions. En vain, le consul
essaya-t-il de les faire rembourser sur les biens, évalués à 25 millions, que le capitan-pacha avait confis-
qués ; en vain Choiseul-Gouffier soutint-il auprès de la
Porte la même revendication ; en vain, de guerre
lasse, le consul demanda-t-il à la cour de frapper le
commerce du Levant tout entier d'une imposition
extraordinaire, destinée à combler le déficit produit
en Égypte par cet événement.

Le capitan-pacha, la Porte, la cour de Versailles
restèrent sourds aux lamentations des négociants français d'Alexandrie et du Caire. Du coup, l'Échelle
d'Égypte faillit être ruinée et traîna, jusqu'à sa disparition, le boulet de ses créances protestées. Si, tout
au moins, l'expédition dont elle se trouvait avoir
soldé les frais lui avait procuré la sécurité, peut-être
aurait-elle pu, dans le calme et la tranquillité, se
refaire des pertes quelle avait subies. Mais la victoire
du capitan-pacha n'entraîna dans l'administration
intérieure de l'Égypte d'autre changement qu'un
changement de personnes ; les abus dont nos nationaux avaient eu à se plaindre de la part d'Ibrahim et
de Mourad se renouvelèrent, sous le gouvernement

du bey que l'amiral turc éleva à leur place. Ismaël
profita de la guerre qui éclata peu de temps après son
arrivée au pouvoir pour se rendre aussi indépendant
que ses prédécesseurs et pour ne laisser au commerce
étranger ni garantie, ni recours contre son bon plaisir. S'il n'abusa pas trop de sa toute-puissance aux
dépens des résidents français, ceux-ci ne le durent
qu'à l'habileté et à l'influence de Magallon, qui sut se
faire bien venir de lui. Mais, en dessous de lui, toute
la meute des petits potentats, dont était infestée l'administration égyptienne, surenchérit sur ses propres
habitudes et rançonna nos commerçants avec une
avidité croissante.

Cependant Mourad et Ibrahim, réfugiés dans la
Haute-Égypte recouvrèrent peu à peu assez d'influence et de partisans, au Caire et à Constantinople,
pour inquiéter Ismaël. Les craintes qu'il conçut de ce
fait, jointes à celles que lui inspiraient les intentions
de la Russie, eurent pour effet de lui faire rechercher
l'appui de la France. Ayant fait appeler Magallon (1),
il le chargea de solliciter pour lui la protection du
Roi et de demander à Versailles l'envoi d'un ingé-
nieur, d'un officier d'artillerie, d'un chef fondeur et
d'un nombre suffisant d'auxiliaires, pour lui fabriquer mortiers, canons, boulets, ponts de bois et navires. Lui-même écrivit au ministre de la Marine,

(1) Arch. Aff. étr., Turquie, 179. Lettres de Magallon à La Luzerne
et à Choiseul-Gouffier, 6 mars 1789.

M. de la Luzerne, et eût voulu offrir des chevaux en présent à Louis XVI.

Magallon ne manqua pas de signaler le parti que l'on pouvait tirer des dispositions d'Ismaël, « si l'on formait des vues politiques sur ce pays, soit quant à l'objet d'empêcher les Russes d'y prendre pied, soit en nous assurant par ici une communication sûre et facile avec l'Inde ». Mais ces raisons ne suffirent pas à obtenir l'assentiment de la cour à la requête d'Ismaël-bey. Fournir des officiers aux Mameluks, après que le Roi avait rappelé sa mission militaire à Constantinople, parut au ministre de la Marine un manque d'égards pour le sultan. Pour que sa demande fût recevable, Ismaël devait donc la faire passer par l'intermédiaire de la Porte. S'il persistait à nous en saisir directement, Magallon gagnerait du temps en invoquant la nécessité de fixer les traitements des officiers, avant de les envoyer. Telle fut la réponse (1) dont La Luzerne soumit le projet à Montmorin, qui l'approuva, sans toutefois s'en dissimuler les inconvénients : ne risquions-nous pas en effet qu'Ismaël, éconduit par nous, ne s'adressât aux Anglais, qui s'empresseraient de le satisfaire (2) ? Magallon devait

____

(1) Arch. Aff. étr., Turquie, 179, correspondance consulaire. « Je suis convaincu que la délicatesse des sentiments de Sa Majesté pour Sa Hautesse répugnerait à des démarches qui n'ont point l'attache de ce Prince. Il est donc indispensable qu'Ismaël sollicite l'intervention du ministère ottoman. » (Projet de réponse de La Luzerne.)

(2) « Il est à craindre que, si nous nous refusons à sa demande, les

donc éviter de donner à sa réponse l'apparence d'un refus définitif et tenir la négociation ouverte; et de son côté, Choiseul-Gouffier pressentirait la Porte sur l'accueil qu'elle ferait à l'envoi de secours en Égypte, « pour mettre ce pays à couvert des révolutions, si une fois elle était parfaitement sûre de ceux qui y auraient l'autorité ».

Muni d'instructions aussi peu conformes à celles qu'il avait espérées, Magallon s'estima heureux d'éviter à nos nationaux le ressentiment d'Ismaël-bey, « qui avait fait le plus grand fond sur le secours des personnes » sollicitées par lui de Versailles. Lui avouer les raisons par lesquelles nos ministres avaient motivé leur refus, c'eût été nous l'aliéner sans retour. Magallon en attribua la cause à la révolution, et « à la nécessité où le gouvernement s'était trouvé de ne point éloigner les personnes utiles ». A l'arrivée de chaque navire, il eut soin d'aviser Ismaël de la continuation des troubles : de la sorte, il le persuada que c'était « par impossibilité et non par d'autres motifs » que la cour ne se prêtait pas à son désir; et, le tenant ainsi en haleine, il conserva à nos nationaux la protection que leur assuraient ces illusions. Cette heureuse tactique avait si bien réussi à Magallon

Anglais, à qui il s'adressera, ne se montrent beaucoup plus faciles... Les raisons qui ont engagé le Roi à retirer tous ses officiers de Constantinople ne sont pas tout à fait applicables à l'Égypte. » (Montmorin à Choiseul-Gouffier, Turquie 179.)

qu'il allait jusqu'à garantir à la cour la possibilité de reprendre la négociation quand elle le jugerait à propos (1).

Mais celle-ci n'en témoignait nul désir. Telle était la peur que les ministres avaient de se compromettre, que La Luzerne laissa sans réponse une lettre du pacha d'Égypte, du propre représentant de la Porte au Caire. Ce fonctionnaire, désireux d'obtenir l'appui de Choiseul-Gouffier à Constantinople, avait écrit dans cette intention au secrétaire d'État de la Marine au moment même où Ismaël-bey s'adressait à lui pour un autre objet : et Magallon dut encore employer sa diplomatie à corriger l'effet du silence, cette fois inexplicable, d'un ministre de Louis XVI.

Il n'entrait pas dans le caractère des Mameluks de se payer longtemps d'espérances. La faiblesse qui se laissait deviner sous la réserve de notre gouvernement ne pouvait qu'encourager leur cupidité. Ainsi se retournait contre notre commerce une chance qui s'était offerte de porter remède à ses maux.

Il devint bientôt impossible à nos nationaux, abandonnés à eux-mêmes, de se maintenir au Caire. C'est

______

(1) Arch. Aff. étr., correspondance consulaire. Le Caire. Lettre de Magallon à La Luzerne, 16 mars 1790. « Votre Grandeur ne doit pas craindre que je la mette dans la nécessité de sortir du système de prudence que les circonstances actuelles l'ont mise dans le cas d'adopter. Elle pourra, lorsqu'elle croira le moment favorable, négocier avec Ismaël-bey ou avec tout autre personnage qui pourrait le remplacer. Vous pouvez, Monseigneur... être assuré que la porte aux négociations qui pourraient vous être utiles est toujours ouverte. »

alors qu'ils adressèrent à l'Assemblée constituante et
à la chambre de commerce de Marseille deux mémoires (1), où ils rassemblèrent tout ce qui pouvait
appeler l'intérêt sur eux. Sur le point de quitter une
ville dont le séjour leur était devenu intolérable, ils
passèrent en revue toutes les raisons qui y rendaient
leur présence nécessaire : la valeur exceptionnelle du
Caire, comme marché et comme entrepôt ; le nombre
et l'importance des transactions qui s'y opèrent ;
l'abondance des marchandises qui s'y consomment ;
la variété des produits qui y parviennent. Ils invo-
quèrent aussi l'intérêt de nos communications avec
l'Inde. « Si les Français, disent-ils, abandonnent le
Caire, la communication avec les Indes orientales
par l'isthme de Suez est interrompue ; nos vaisseaux
n'apportent plus à Suez les toiles du Bengale. Ce
commerce, qui avait causé tant de soucis à la Compagnie anglaise, qui, mieux dirigé, peut lui porter
un coup mortel, est perdu pour la France. Il faut
donc, pour la prospérité du commerce national, qu'il
y ait des Français au Caire. »

S'il en est ainsi, le gouvernement ne doit-il pas se
préoccuper des moyens de les y maintenir ? Nos compatriotes supplièrent l'Assemblée de conclure avec la
Turquie de nouvelles capitulations et proposèrent
tout un ensemble de mesures coercitives, afin de con-

(1) Arch. hist., chambre commerce de Marseille. Série II. II.,
art. 15.

traindre les beys à s'y conformer. La France représentera au gouvernement turc que les capitulations ne sont plus respectées en Égypte et qu'il doit en exiger l'application. Elle lui demandera de conclure avec elle un nouveau « traité », que signeront tous ceux qui participent au gouvernement de l'Égypte, en s'engageant à en suivre fidèlement les prescriptions. Il sera interdit aux autorités locales, par des articles formels, d'extorquer aux Français aucune somme d'argent, de troubler en quoi que ce soit leur commerce ou leur sécurité, de percevoir plus de 3 pour 100 sur les marchandises reçues ou expédiées par eux, d'exiger d'eux des avances sur le paiement des douanes, de ne pas tenir compte des assignations lancées par eux contre leurs créanciers.

Prétendra-t-on que les beys refuseront de reconnaître la validité d'un traité intervenu entre la France et la Turquie? Mais « les beys du Caire ne sont pas des sauvages qui, vivant dans les bois, n'aient jamais entendu parler du roi des Français. Le commandant actuel du Caire a vu Constantinople; il sait les noms des rois de l'Europe, il a une idée de leur puissance. Il a donné des preuves non équivoques du désir qu'il aurait de se lier avec la France ». D'ailleurs, le cas est prévu où l'exécution du traité rencontrerait en Égypte de la résistance. Au cas où ce traité viendrait à être enfreint, le Roi demanderait réparation au Grand-Seigneur; si, dans les deux mois, il ne l'avait

pas obtenue, il s'en prendrait aux pouvoirs locaux.
Réduire les beys à composition n'est pas chose difficile : « quatre frégates, dont deux bloquassent les
ports d'Alexandrie et de Damiette, et deux croi-
sassent entre ceux de Djeddah et de Suez dans la mer
Rouge, priveraient tout à coup l'Égypte de son commerce et les beys accorderaient bien vite toutes les
satisfactions qu'on demanderait. » On pourrait, au
besoin, se saisir de la flotte qui, chaque année, au
mois de mars, part de Djeddah pour Suez, avec une
cargaison de gomme, de drogues et de café. Sa
prise dédommagerait l'État des frais de la guerre,
dût-elle durer plusieurs années. Ainsi, concluent
nos nationaux, le commerce français serait protégé,
sans qu'il en coûtât rien à la nation; il redeviendrait
florissant. « Le Caire offrirait une communication
facile avec les Indes orientales et le port de Suez
serait fatal au commerce des Anglais. »

Ici, déclarent nos négociants, « les vues s'agran-
dissent ». Faut-il donc renoncer à l'espoir de réaliser
le rêve qui s'est dérobé au maréchal de Castries?
« Que faisons-nous et quel aveuglement est le nôtre?
Si nous voulons abattre la puissance de nos rivaux
dans le Bengale, si nous voulons partager le commerce qu'ils font dans ces riches contrées, c'est
vers Suez et la mer Rouge qu'il faut tourner nos regards... Que les ports de la mer Rouge soient ouverts
aux navires français; que le commerce qu'ils y feront

ne soit soumis à aucune entrave ; qu'ils puissent apporter à Suez les marchandises des Indes ; que leur transport de Suez au Caire soit protégé par le bey commandant : bientôt le Caire deviendra l'entrepôt des Indes orientales, et ce colosse que les Anglais ont élevé dans le Bengale sera renversé. » La négociation du nouveau traité à conclure avec la Porte fournira l'occasion de mener à bien ce projet, à l'exécution duquel nos négociants s'étaient crus si près de toucher. Des articles exprès fixeront toutes les conditions nécessaires à l'établissement d'une communication régulière entre la France et l'Inde par l'Égypte.

L'espoir de nos compatriotes fut encore une fois déçu. Au milieu des difficultés auxquelles il était en butte, le gouvernement royal ne pouvait se prêter ni à une négociation avec la Porte, ni à un coup de force contre les beys, ni même à une tentative en vue d'ouvrir à nos marchands la route commerciale de Suez. Cependant, à peu de temps de là, son attention fut encore appelée sur les facilités qu'offrait cette voie pour correspondre avec l'Inde. Au mois de décembre 1790, un personnage dont il a déjà été question, Froment (1), plaça sous les yeux du comte de Fleurieu, ministre de la Marine, les propositions qu'il avait soumises, huit ans auparavant, au maréchal de Castries (2). Le moment lui paraissait venu d'en

(1) Voyez ch. IV, p. 107.
(2) Arch. Aff. étr., mémoires et documents, Indes orientales,

tenir compte : le ministre en jugea sans doute autrement.

Si la royauté expirante n'avait guère le loisir de penser à la route de Suez, du moins la Révolution avait-elle balayé les obstacles qui avaient empêché le commerce d'en faire usage.

La Constituante réalisa tardivement le vœu des armateurs en abolissant le privilège de la Compagnie des Indes, dans la nuit du 4 au 5 août 1789. Restait encore à abroger la mesure qui interdisait d'effectuer les retours de l'Inde par tout autre port que celui de Lorient. Cette défense soulevait les protestations des provinces méridionales de la France, qui n'avaient pas perdu l'espoir de se voir associées, par la Méditerranée et la mer Rouge, aux profits de ce lointain trafic. Dans un mémoire consacré au commerce du Languedoc, M. Dupré, député de Carcassonne, réclama pour tous les ports la liberté d'importer des marchandises de l'Inde et, dans la séance du 6 juillet 1790, M. de Sinéty, député de Provence, porta

Chine, Cochinchine, 19, 5. Lettre du sieur Froment au comte de Fleurieu, ministre de la Marine, 13 décembre 1790. « ... Je demandai que le gouvernement établît une correspondance suivie avec nos possessions aux grandes Indes et pour cela qu'il envoyât deux bâtiments du Roi sur la mer Rouge pour faire continuellement la navigation de Suez à nos colonies. Les circonstances pourront en faire déterminer un plus grand nombre. Mais il est important qu'il y en ait toujours un au port de Suez, prêt, pour qu'au même instant qu'il recevrait les ordres de Paris, il mît à la voile pour se rendre au lieu qui lui sera indiqué. »

cette revendication à la tribune (1). Il réveilla le désir d'ouvrir à nos commerçants une route plus courte vers les Indes et montra que les armateurs de la Méditerranée sauraient bien s'en charger, pourvu qu'on leur accordât la liberté d'effectuer leurs retours par les ports de cette mer. « Ce projet, conclut-il, n'est point chimérique et il eût eu sans doute déjà son effet, si le régime de la liberté eût favorisé jusqu'à ce jour le commerce des armateurs de la Méditerranée, au lieu de les avoir tenus enchaînés, sous la loi du régime arbitraire, qui s'est opposé à toutes leurs utiles tentatives et entreprises en ce genre (2). »

Déjà l'écho de ces préoccupations commerciales allait se perdre dans le grondement de la Révolution. La question d'Orient elle-même cédait le pas à des soucis plus pressants. En vain Choiseul-Gouffier s'efforçait-il de réveiller l'intérêt de Montmorin pour le prestige et le crédit de la France à Constantinople. Sa correspondance, de 1789 à 1792, n'est qu'une continuelle et inutile protestation contre l'abdication de notre gouvernement et l'effacement de notre politique.

Cet effacement avait été s'accusant en raison directe de l'énergie que les circonstances eussent

_____

(1) Arch. hist. de la chambre de commerce de Marseille. « Mémoire sur le commerce en général et celui du Languedoc... etc. » par M. Dupré, député de Carcassonne. 1790. (H. H., art. 42 et 43.)
(2) *Ibid.*

exigé de notre diplomatie. Après deux années de lutte, la lassitude et l'épuisement des adversaires faisaient naître en faveur de la France quelques chances d'imposer cette médiation, qui avait été, jusqu'alors, l'objectif constant de ses efforts (1). Elle était, cette médiation, la suprême ressource sur laquelle comptât Choiseul-Gouffier, pour déjouer les intrigues de nos rivaux, confondre leurs insinuations malveillantes, effacer les atteintes portées à notre prestige, en un mot rendre à la France son ancienne prépondérance dans le Levant. Il s'en promettait toutes sortes d'avantages et, en premier lieu, l'ouverture à notre commerce des débouchés de la mer Rouge et de la mer Noire. Aussi l'intérêt de cette médiation lui paraissait-il assez primordial pour justifier de notre part l'offre à la Turquie d'une garantie secrète, d'un engagement pris par nous de la secourir au cas où elle serait attaquée (2). Le moyen, à l'en croire, devait être infaillible : les Turcs ne voudraient pas

(1) Pendant toute l'année 1789, Choiseul-Gouffier ne cesse de lutter contre l'influence des ministres de Prusse, d'Angleterre, de Suède et de Hollande, qui agissent de concert sur la Porte pour assurer la préférence à la médiation prussienne. Dans toutes ses dépêches, il revient sur la nécessité d'une politique nette, d'un intervention énergique en faveur de la paix.

(2) « Je ne crois pas me faire illusion en vous présageant un plein succès, si le conseil du Roi voulait m'autoriser à promettre secrètement aux Turcs que, pour prix de la confiance qu'ils vous auront montrée en cette occasion, Sa Majesté confirmera sa garantie par l'engagement de les secourir, dans le cas où ils seraient attaqués. » (Arch. Aff. étr., Turquie, 180, 22 décembre 1789.)

entendre parler d'une autre médiation que la nôtre.

C'est au moment où Choiseul-Gouffier venait de soumettre cette suggestion à Montmorin qu'il reçut l'ordre d'abandonner la partie : il ne devait plus viser à procurer la médiation à la France. La déception lui fut cruelle : « Cet ouvrage élevé d'après vos instructions et par six années de soins, d'efforts et de travaux continuels, écrivait-il à Montmorin (1), me voilà donc condamné à le détruire de mes propres mains! » Mais il ne renonça pas à en appeler de cet arrêt et, tant que les circonstances lui parurent se prêter à une médiation, il pressa le gouvernement de revenir sur sa décision. Toujours aussi, dans sa pensée, l'offre de notre médiation dut avoir pour corollaire celle d'un engagement secret avec la Turquie : il ne sépara jamais l'une de l'autre. Ses instances, à cet égard, se prolongèrent pendant deux années, jusqu'à la fin de 1791 (2). Elles alternent, dans ses dépêches, avec des lamentations trop justifiées sur le préjudice que nous portait notre effacement, et le parti qu'en tiraient nos rivaux, Prussiens et Anglais.

Les plus redoutés de Choiseul-Gouffier étaient les Anglais. Un instant, il craignit que leur gouvernement ne vendît son alliance à la Turquie contre « des

______

(1) Arch. Aff. étr., Turquie, 180, décembre 1789.

(2) Arch. Aff. étr., Turquie, 182. Choiseul-Gouffier, 20 avril, 1er juin et 12 décembre 1791.

avantages de commerce, la navigation de la mer
Noire et peut-être celle de la mer Rouge, qui double-
rait leur puissance dans l'Inde (1) ». Et il adjura
encore Montmorin de rendre ce marché impossible
en prenant les devants.

Mais aucune considération politique ni commerciale ne put faire entendre raison au ministre. Ses
réponses aux appels désespérés de Choiseul-Gouffier
ne sont qu'une suite de refus, enveloppés d'excuses,
de regrets, d'exhortations à la patience et de paroles
de consolation. Pour dégager sa responsabilité, il
invoque une raison sans réplique : la force majeure.
La situation intérieure paralyse le gouvernement : tel
est le thème que développent, l'aveu d'impuissance
que paraphrasent, à mots couverts d'abord, ouvertement ensuite, toutes les lettres de Montmorin (2).

Faute d'avoir pu ou voulu imposer sa participation,
la France fut donc tenue en dehors des négociations
de la paix, qui fut conclue à Sistova avec l'Autriche
(avril 1791), à Iassy avec la Russie (1792).

Une fois encore, la Turquie s'en tirait avec la vie
sauve. Le nouveau sursis accordé à l'*homme malade*
dispensait les Français de se choisir une part dans
sa succession, désormais ajournée, et mettait d'accord, jusqu'à nouvel ordre, partisans de l'Égypte, de

(1) Arch. Aff. étr., Turquie, 182, 20 avril 1791.
(2) Arch. Aff. étr., Turquie, 181, 19 et 20 avril 1790; Turquie,
182, 24 mai 1791.

Rhodes ou de Candie. La Révolution, qui, depuis deux ans déjà, détournait leur attention de l'Orient, allait la concentrer sur une crise intérieure et extérieure sans précédent.

Mais lorsque cette double diversion vint interrompre le cours de ses progrès, l'idée de s'emparer de l'Égypte avait pris corps en France et conquis sa place au soleil. Elle faisait partie de l'héritage que l'ancien régime transmettait à la nouvelle France ; peu goûtée du pouvoir royal, elle se présentait aux hommes de la Révolution comme un legs de l'opposition.

En France, la monarchie s'écroulait. Au moment où elle disparaît de notre horizon, cherchons à nous rendre compte de ce que fut sa politique à l'égard de l'Égypte.

Ce ne fut pas une politique purement négative que celle des Bourbons dans la question d'Égypte. Tant qu'elle en a eu les moyens, la royauté française a constamment, et généralement avec succès, travaillé à consolider la situation et à fortifier l'influence de ses sujets dans la vallée du Nil, à développer leur commerce et à en perpétuer, sinon le monopole, au moins la prépondérance. Mais il vint un moment où les circonstances parurent exiger d'elle un parti plus énergique, plus radical : ce parti que, de toutes parts, on l'exhortait à prendre, elle ne le prit pas. Est-ce à dire qu'elle resta inactive, impassible ? Tout en s'efforçant, dans la mesure de ses moyens, de retarder l'événement qu'on lui conseillait de hâter, elle fit en sorte de ne pas être prise au dépourvu. Avant de se nantir, elle fit son choix. Si elle ne donna pas l'Égypte à la France, elle la lui réserva. Elle prépara le terrain, ne jugeant pas encore le moment venu de s'y aventurer. En même temps, elle détacha des propositions qui lui étaient présentées un projet d'intérêt primordial, un dessein traditionnel dont elle s'efforça de poursuivre séparément l'exécution.

On peut regretter que Louis XVI n'ait pas écouté l'ambition patriotique des Français de son temps, suivi ou imité Joseph II et Catherine la Grande dans leurs conceptions aventureuses sur le démembrement de l'empire ottoman. Mais on ne peut contester que son refus se justifiait par de sérieuses raisons. Dans l'état où se trouvait alors la France et l'Europe, le bouleversement auquel on conviait la cour de Versailles n'eût-il pas surtout profité à l'Angleterre? Contre l'opinion courante en 1789 et contre les apparences, l'empire ottoman a vécu et vit encore; la France, d'autre part, n'a pas tardé à entrer en révolution. Il semble donc bien que Louis XVI et ses ministres aient agi sagement en préférant à une conquête, éphémère selon toute vraisemblance, l'abstention par laquelle ils ont réservé l'avenir, mis obstacle au bouleversement de l'Europe orientale et limité l'Angleterre à ses possessions d'alors.

CHAPITRE VIII

La pacification de l'Orient éloignait le danger qui
avait le plus contribué à faire naître et à entretenir
en France l'idée de conquérir l'Égypte. Peut-être
cette idée n'aurait-elle survécu à la crise orientale
qu'à l'état de souvenir et de tradition, si d'Égypte
d'abord, d'Occident ensuite, n'avaient surgi des périls
qui vinrent en favoriser l'essor. Privée du concours
que lui avaient prêté, jusqu'alors, les armées de la
Russie et de l'Autriche, elle trouva des auxiliaires
non moins actifs dans les chefs des Mameluks et dans
les flottes de l'Angleterre.

Dès 1790, la situation des Français d'Égypte en
était venue au point d'exiger un remède, dont eux-

mêmes n'entrevoyaient la possibilité que dans une intervention, soit de la Porte, soit de la France, pour rappeler les beys au respect des capitulations. Depuis ce moment, non seulement aucune intervention ne vint améliorer leur sort, mais deux circonstances eurent pour effet de le rendre plus précaire : l'une est le contre-coup de la Révolution française; l'autre, la rentrée d'Ibrahim et de Mourad au Caire.

La Révolution française fut, pour toutes les Échelles du Levant, le signal d'une crise intérieure dont elles ne sortirent que profondément atteintes dans leur prospérité et radicalement transformées dans leur organisation administrative. (1) C'est dans les équipages des navires marchands que la Révolution fit ses premières recrues. Mais la liberté fut interprétée par eux comme le droit de se soustraire à l'autorité des capitaines et des consuls. Dès 1789, les correspondances consulaires sont pleines des incidents que leur indicipline suscite, à bord et à terre. Des matelots du commerce, l'esprit d'insubordination se communique à ceux des vaisseaux de guerre en station dans le Levant. En 1789, le brick *le Hasard* risque d'être précipité sur la pointe du sérail, par la faute de son équipage, qui a coupé les amarres. La même année, une sédition éclate, aux Dardanelles, à

____

(1) Cf. Les Échelles de Syrie et de Palestine au dix-huitième siècle, par François-Charles Roux. (*Revue d'histoire diplomatique,* 1907.)

bord de la corvette *la Badine* (1). L'année suivante, la division commandée par le comte de Thez doit, sur l'ordre des matelots, appareiller de l'Argentière pour Toulon (2). En 1791, les négociants d'Alexandrie ayant demandé qu'un vaisseau de guerre fût envoyé pour les protéger, Choiseul-Gouffier n'en trouve pas un dont l'équipage soit digne de confiance (3). Telle est l'impuissance des officiers, des consuls, de l'ambassadeur à réprimer l'indicipline des gens de mer, que Montmorin autorise Choiseul-Gouffier à les menacer d'abandonner à la justice du pays ceux d'entre eux qui, par leur faute, s'attireraient de mauvaises affaires (4).

Propagée par les équipages, la contagion a bientôt fait de gagner les résidents. Dès le début de la Révolution, il apparaît clairement à tous que le régime intérieur des Échelles du Levant est condamné et que son abolition n'est plus qu'une question de jours. Les ordonnances relatives au Levant n'étaient qu'une adaptation des principes de l'ancien régime aux besoins particuliers des Échelles : la partie ne pouvant subsister sans le tout, elles devaient s'effondrer avec lui. L'Assemblée nationale proclame en effet des principes radicalement opposés à ceux sur lesquels repo-

(1) Arch. Aff. étr., Turquie, 179, 25 octobre 1789.
(2) *Ibid.*, 181, 8 août 1790.
(3) *Ibid.*, 182, 12 décembre 1791.
(4) *Ibid.*, 182, 20 septembre 1791.

sait l'organisation des Échelles. Dans sa délibération du 13 juin 1798, la chambre de commerce de Marseille décide de poser aux résidents un certain nombre de questions, au sujet des réformes à introduire. On conçoit combien cette enquête, cet appel aux opinions, aux sentiments personnels de chacun dut favoriser l'éclosion de l'esprit d'indépendance. D'autant plus qu'il n'y avait pour le moment qu'une réforme qui parût certaine et imminente : l'abolition des consuls ! En s'abstenant de les consulter sur la réforme des Échelles, la chambre semblait indiquer l'intention de les supprimer. Aussi les nationaux ne se contentent-ils pas d'adresser à Marseille et à Paris des mémoires, où l'institution consulaire est présentée comme inutile et nuisible : préjugeant de la décision du pouvoir central, ils s'insurgent contre l'autorité de leurs consuls, chaque fois que les y portent leur caprice ou leur intérêt particulier. Tous les griefs personnels, toutes les mesquines rancunes accumulées par eux contre les chefs de la nation, ambassadeurs, consuls ou députés, s'exhalent en plaintes, en dénonciations et se traduisent en actes d'indiscipline.

Discréditant les hommes et les institutions, la Révolution désagrège ainsi, de la base au sommet, la forte constitution des Échelles. Elle importe dans le Levant cet esprit de suspicion et de dénonciation qui était, à la même époque, une des plaies de la France. Ici, la délimitation est des plus simples entre suspects et dénonciateurs : les suspects sont les fonctionnaires qui ont, autrefois, appliqué les règlements aux *hommes libres,* aujourd'hui leurs dénonciateurs ; ce sont les consuls et l'ambassadeur. Chaque nation, chaque Échelle offre l'image la plus fidèle d'une ville de France au même moment, avec ses citoyens insurgés contre leurs chefs et leurs institutions, avec ses clubs, ses tribuns, ses assemblées tumultueuses, ses délateurs et ses proscrits. Au bruit que font les résidents, on ne se douterait pas qu'ils sont une vingtaine, et souvent moins. Ils ont pris jusqu'au langage des révolutionnaires de la métropole, jusqu'à leurs déclamations mêlées de souvenirs classiques. C'en est fait de l'unité, de la cohésion que maintenaient, entre les membres d'une même nation, les prescriptions des règlements et l'autorité des consuls : la désunion se met entre eux ; des dissensions éclatent à tout propos, sur des questions de politique ou d'affaires ; les excès des démagogues portent les récalcitrants à des excès en sens inverse ; des désertions se produisent, parmi les fonctionnaires et parmi les marchands (1).

(1) Un document conservé aux Archives du ministère des Affaires étrangères (Turquie, supplément 22) et daté de 1792 donne la liste des agents et négociants français qui ont déserté depuis le 10 août : A Constantinople, l'ambassadeur, quatre drogmans, le chancelier, un secrétaire d'ambassade et huit négociants ; à Smyrne, le consul est destitué et le chancelier a déserté ; à Salonique, le consul est destitué et le chancelier a déserté ; à Alexandrie, le chancelier et le vice-consul ont déserté ; à Rhodes, le vice-consul s'est démis ; à Candie,

La Révolution complète la désorganisation des Échelles par celle de leur métropole orientale, Constantinople (1). Elle déchaîne contre Choiseul-Gouffier, de la part de ses administrés, une campagne de dénonciations que ses actes, d'abord, ne légitiment pas ; car l'avènement de la monarchie constitutionnelle ne le détourne pas de ses devoirs : il prête serment à la Constitution de 1791, dont il présente le texte au sultan. Mais la courageuse résistance qu'il oppose à l'indiscipline de ses nationaux achève, dès lors, d'exciter leur fureur contre lui. Bientôt, d'ailleurs, sa conduite justifie, à leur insu, la défiance de ses adversaires : il entre en correspondance secrète avec les comtes de Provence et d'Artois. Dénoncé de tous côtés comme ci-devant et contre-révolutionnaire, rendu suspect aux ministres par son dévouement connu pour la Reine, il est rappelé en juin 1792, et remplacé par Sémonville. Mais la Porte refuse de recevoir ce nouvel ambassadeur, qui, devenu suspect entre temps au gouvernement français, est arrêté sur la route de Constantinople par un ordre du ministre des Affaires étrangères. Choiseul en profite pour se maintenir en place. Puis, le 10 août étant survenu, il déclare ne plus pouvoir agir ni comme ambassadeur,

il a déserté ; en Morée, le consul est « soupçonné de désertion » ; à Andrinople, un député a passé sous une protection étrangère ; à Brousse, un négociant a déserté.

(1) Cf. Clément SIMON, La Révolution et le grand Turc. (*Revue de Paris.*)

ni comme chef de la nation et ordonne à tous ses subordonnés de cesser leurs fonctions. L'ambassade
reste sans titulaire, la nation sans chef et sans protecteur. Six mois après, les résidents, dont les intérêts
souffrent cruellement de cette situation, le prient de
reprendre ses fonctions : il défère à leur vœu et
recommence à administrer l'Échelle. Mais, coup sur
coup, parvient à Constantinople la nouvelle de la
réunion de la Convention, de la proclamation de la
république, et de la mise en accusation de Choiseul-
Gouffier, dont la correspondance avec les princes a
été découverte à Verdun. Une seconde délibération
de la nation le destitue et élit à sa place, comme *chef
provisoire,* un drogman de l'ambassade, Antoine
Fonton. Choiseul se décide alors à quitter Constantinople pour passer en Russie, et Fonton, officieu-
sement reconnu par la Porte, prend en mains l'administration de l'Échelle, pendant qu'un secrétaire
d'ambassade, nommé Chalgrin, s'intitule chargé
d'affaires du Roi de France et des princes français.

Tandis que l'anarchie envahit les Échelles, la
Révolution décapite leur administration centrale.
Une loi du 27 septembre 1791 supprime toutes les
chambres de commerce. En vain le ministre Thévenard signale-t-il à l'Assemblée nationale le rôle spécial
de la chambre de commerce de Marseille et réclame-
t-il ou bien une exception en sa faveur, ou bien l'établissement d'une « section composée de négociants

sages et expérimentés qui remplissent le même service (1) ». La loi ayant supprimé la chambre sans pourvoir à l'administration dont elle était chargée, la municipalité de Marseille dut créer un *bureau provisoire de commerce*. Rien n'était plus illégal cependant que le fonctionnement d'un bureau qui n'existait qu'en vertu d'une décision de cette municipalité. Un décret du 6 septembre 1791 avait même attribué au bureau de la santé les recettes de la ci-devant chambre et au district le paiement de ses dépenses. Le département des Bouches-du-Rhône s'avisa un jour d'appliquer ce décret : les comptes du bureau provisoire furent liquidés et le bureau lui-même supprimé. Ainsi disparut le seul corps capable de gérer, avec quelque suite, l'administration des Échelles du Levant.

Tel a été pour l'ensemble des Échelles du Levant, le contre-coup de la Révolution française. La violente crise qu'elle y a déchaînée n'a pas eu seulement pour effet de nuire à l'exploitation du commerce : elle a exercé l'influence la plus fâcheuse sur la sécurité même des résidents. La discipline la plus rigoureuse et la réglementation la plus étroite ne suffisaient déjà pas à mettre les Français à couvert des avanies. On devine ce qu'il dut en être, lorsque la Révolution les eut libérés de ces salutaires entraves. Non seule-

____

(1) Arch. chambre. de commerce de Marseille, 1791.

ment toute faute véritable, mais toute innovation, toute imprudence, toute dérogation aux anciennes coutumes, le fait d'arborer une cocarde, un discours jugé subversif, devient prétexte à avanies, de la part de despotes arrogants et stupides, que cesse de contenir la peur du châtiment. Car, l'affaiblissement du prestige de la France en Orient et bientôt la vacance de l'ambassade à Constantinople privent nos marchands de tout recours contre leurs tyrans. Profondément atteintes dans leur force de résistance, livrées à elles-mêmes, nos *nations* du Levant deviennent autant d'otages entre les mains de gouverneurs quasi indépendants, dont la guerre russo-turque a favorisé les usurpations. Déjà l'un d'eux, Ahmed-Djezzar, pacha a expulsé les Français de deux des principales Échelles de Syrie, Seyde (1) et Acre.

Il suffit de savoir ce qu'étaient alors et les Français d'Égypte, et la milice des Mameluks pour prévoir que l'anarchie d'une part et la persécution de l'autre y sévirent autant, sinon plus, qu'ailleurs.

Il y avait, en 1790, 61 Français en Égypte, tant fonctionnaires que marchands, dont 18 à Alexandrie, 14 à Rosette et 29 au Caire (2). Les menaces qui pesaient sur eux et la sage influence de Magallon ne suffirent pas à maintenir le calme parmi ceux du

____

(1) Ancien nom de Saïda.

(2) État des Français résidant en Égypte, 20 février 1790 ; correspondance consulaire, Alexandrie. (Arch. minist. Aff. étr.)

Caire. Ils achetèrent des armes et se réunirent deux heures tous les soirs pour faire l'exercice ; tout Français était forcé de s'y rendre sous peine d'être signalé comme contre-révolutionnaire. Les beys défendirent les rassemblements. La nation voulut élever un temple à la Raison ; elle dut aussi renoncer à ce projet, qui n'avait pas rencontré l'approbation des musulmans (1).

L'Échelle d'Alexandrie, où le consulat général avait été transféré en 1777, fut perpétuellement troublée par des incidents et déchirée par des dissensions. C'est là qu'éclate, en 1790, une des premières révoltes de matelots contre les capitaines. Le vice-consul Butet, qui remplace le consul général Mure, parti dans l'été de la même année, s'évertue en vain à faire régner la paix entre ses administrés, qui le récompensent de sa peine en le prenant à parti et en portant plainte à Paris contre lui.

Le malheur voulut que le gouvernement de l'Égypte échût aux pires des despotes, au moment même où l'abandon et la division rendaient nos établissements plus désarmés et plus vulnérables. En août 1791, Mourad-bey et Ibrahim-bey rentrent au Caire (2). Les ravages causés par une épidémie de peste, la mort

_____

(1) Faits cités par Thainville dans son rapport du 16 fructidor an IV. (Voir plus loin.)

(2) Ils étaient dans la Haute-Égypte depuis 1787. (Voyez chapitre VII, p. 221.)

d'Ismaël-bey, la faiblesse de son successeur, la défection des troupes auxquelles a été confiée la défense
de la capitale ont favorisé le retour au pouvoir de ces
deux Mameluks, dont nos nationaux ont eu tant à se
plaindre avant 1787. Un exil de quatre ans dans la
Haute-Égypte n'a pas pu améliorer les dispositions de
Mourad et d'Ibrahim envers les Français, à l'influence
desquels ils attribuent l'expédition qui· les a, une
première fois, chassés du pouvoir. Pour protéger
contre eux ses compatriotes, Magallon n'est plus là.
Il a dû, deux mois auparavant, interrompre son
commerce et se rendre à Paris pour réclamer, tant
en son nom qu'au nom des autres marchands du
Caire, une indemnité à raison des pertes subies en
1787. Privés de tout appui, ces derniers sont soumis
à une exploitation en règle : Mourad et Ibrahim
donnent l'exemple, que s'empressent de suivre la
horde de leurs subordonnés : chef des douanes, commandant de la police, officiers de la milice. En dépit
des traités qui en fixent le taux à 3 pour 100, la
douane est majorée au point de s'élever, pour certains articles, à 8 et 10 pour 100. Les beys ont-ils
besoin d'argent? Ils font à la caisse de la nation des
emprunts de 15 à 20 000 piastres, dont elle ne revoit
jamais intérêt ni capital. Ont-ils besoin de marchandises? Ils puisent dans les magasins et ne payent pas.
L'achat à crédit, seul mode d'achat qu'ils pratiquent,
se traduit invariablement pour le marchand par une

perte sèche. Encore élèvent-ils la prétention de fixer, pour les draps et étoffes, un prix général de vente d'après des cours vieux de trente ans.

Pendant près de deux ans, les résidents français du Caire supportèrent ces vexations sans se plaindre. Ils comprenaient que la République avait assez à faire à défendre ses frontières. Mais quand ses armées eurent pris l'avantage, ils tentèrent un nouvel appel (1) à la protection de leur pays. Se souvenant que, trois ans auparavant, la Constituante était restée sourde à leur prière, c'est au ministre de la Marine qu'ils prennent le parti de s'adresser, le 1ᵉʳ février 1793. Par lui, ils espèrent faire entendre leur voix à la Convention. Abandonnés à leur sort par la royauté, ils cherchent à se faire, de cet abandon même, un titre à la sollicitude du gouvernement républicain. Ils font honte à la République victorieuse de l'esclavage où gémissent et de l'avilissement où végètent des citoyens français. « La prolongation de cette situation scandaleuse serait, disent-ils, outrageante pour une République qui donne des lois à l'Europe, et dont le nom est la terreur des tyrans! Ah! qu'on nous ôte le titre de citoyens français, ou qu'on nous en restitue les droits! Qu'il ne soit plus livré au mépris de petits tyrans, ce nom que les plus puissants despotes respectent! »

Mais, habitués à considérer le côté pratique des

____

(1) Arch. Aff. étr., correspondance consulaire. Le Caire, 1ᵉʳ février 1793.

choses, ils ne s'exagèrent pas l'influence du sentiment sur les résolutions des gouvernements, même républicains, et ils entreprennent une fois de plus de démontrer la nécessité de leur venir en aide. « Aucune Échelle, disent-ils, ne mérite autant que la nôtre l'attention de la France. Le Caire, par sa position, l'emporte sur toutes les villes commerçantes. La nature semble l'avoir destiné à être le point de réunion des trois parties de notre continent. C'est ici qu'elles étalent leurs productions. » Et, à la suite de cet exorde, reparaît sous leur plume, avec quelques variantes, toute l'argumentation de leur mémoire de 1790. En première ligne, vient l'obligatoire évocation des richesses de l'Inde, captées au profit de notre commerce, drainées vers le Caire, et de là vers Marseille, grâce à l'admission du pavillon français à Suez et dans la mer Rouge. Abandonner le Caire, c'est renoncer à jamais à cette conquête économique.

C'est sacrifier aussi les positions acquises. « Les Français ne peuvent tenir au Caire qu'autant qu'ils y seront protégés. S'ils quittent le Caire, le commerce de l'Égypte est perdu pour la France. » Telle est la proposition dont leur plaidoyer tend à établir la vérité. Prétendre que le commerce d'Égypte peut aussi bien s'exploiter d'Alexandrie que du Caire est une erreur grossière : au Caire est le débouché de nos marchandises; au Caire sont les consommateurs de nos draps, de nos étoffes; au Caire est le marché des articles qui constituent nos retours. Le jour où ses nationaux se seront retirés du Caire, la France en sera réduite à recourir, pour ses échanges commerciaux avec l'Égypte, à l'intermédiaire d'étrangers, Livournais, Ragusains ou Rayas. Et ce serait, à brève échéance, la diminution et l'anéantissement de ces échanges mêmes : car ni les uns ni les autres de ces intermédiaires locaux ne sont en mesure de soustraire leurs biens à la rapine des beys; or « l'avanie qu'essuie le négociant retombe sur la marchandise qu'il vend, et le renchérissement de la marchandise en diminue la consommation ». Donc, « il est très essentiel que ceux à qui le débouché de nos articles est confié dans le Levant ne soient pas menacés par des avanies. On ne compte point sur l'existence d'un commerce dont les facteurs seraient exposés journellement à être ruinés ». Des économistes n'eussent pas mieux parlé que ces marchands.

Après l'économie politique, la politique. Pour remédier à leurs misères et en prévenir le retour, nos négociants n'aperçoivent pas d'autres moyens que ceux qu'ils ont proposés en 1790 (1) : un recours à la Porte, suivi de mesures coercitives à l'égard des beys. Bien entendu, il ne saurait être question de coercition qu'autant que les beys auraient refusé de souscrire aux engagements pris envers nous par la

(1) Voyez chap. vii, p. 225.

Porte, ou manqué à ces engagements après les avoir
ratifiés : et cette hypothèse est peu vraisemblable.
Mais au cas où elle se réaliserait, il appartiendrait à
la Porte et, à défaut d'elle, à la France de mettre les
beys à la raison. Est-ce donc là une entreprise si difficile? Aux arguments qu'invoquent les résidents
pour démontrer la facilité d'une intervention directe
en Égypte, on voit qu'à l'idée d'un simple blocus
maritime s'est substituée, dans leur esprit, celle d'une
expédition militaire. « A voir, disent-ils, la réponse
que faisaient les anciens ministres, quand nous récla-
mions une protection, on dirait qu'à moins d'envoyer
en Égypte une armée de 30 000 hommes, on n'ob-
tiendra jamais des beys du Caire la moindre satisfaction. On connaît cependant la faiblesse de ces tyrans
pygmées. Six mille citoyens soldats chasseraient les
beys du Caire, et les trésors qu'on leur enlèverait
dédommageraient amplement des frais de l'expédition. Ils ne s'exposeront pas à ce châtiment quand la
République aura des relations directes avec eux;
mais, s'il fallait en venir à cette extrémité, on peut
dire que la conquête de l'Égypte ne coûterait point
de sang. »

Ce n'est, comme ils le disent eux-mêmes, qu'*hypo-
thétiquement* que les marchands du Caire admettent
« la possibilité d'une expédition des Français en
Égypte ». Quant à conserver le pays après en avoir
fait la conquête, l'idée ne leur en vient pas encore, ou

du moins ils ne l'énoncent pas; car ils demandent instamment qu'un consul soit, en tout cas, installé au Caire.

Sur ce dernier point, satisfaction avait été donnée à leur désir, avant même qu'ils l'eussent exprimé. Un décret du 30 janvier 1793 (1) avait rétabli au Caire le siège du consulat général et nommé à ce poste Magallon. Les circonstances dans lesquelles cette décision fut prise jettent un jour curieux sur les motifs qui l'ont dictée au gouvernement.

Arrivé à Paris dans le courant de 1791, Magallon avait immédiatement entrepris d'émouvoir, sur son propre sort et sur celui de ses confrères du Caire, la pitié des pouvoirs publics. Il intéresse d'abord à sa cause le ministre de la Marine, Thévenard. En janvier 1792, il adresse à l'Assemblée nationale une pétition que le successeur de Thévenard, Bertrand de Molleville, appuie par une lettre au président du comité du commerce (2). En même temps que l'in-

______

(1) « Au nom de la République française, le Conseil Exécutif, sur le compte qui lui a été rendu par le ministre de la Marine, ayant jugé à propos de pourvoir d'une manière avantageuse au remplacement du citoyen Mure, consul général de la République française en Égypte, absent de son poste depuis quatre années, et étant informé du civisme, du zèle et de la capacité du citoyen Magallon, l'a nommé et nomme consul général de la République française en Égypte et lui a accordé la jouissance des appointements de 16 000 livres, *à la charge par le citoyen Magallon de fixer sa résidence au Caire.* » (Arch. Aff. étr., correspondance consulaire. Le Caire, 30 janvier 1793).

(2) Arch. Aff. étr., correspondance consulaire. Le Caire, 1792.

demnisation de ses pertes, il réclame aussi l'exécution
de certaines promesses, sur lesquelles il ne s'explique
pas clairement, mais qui paraissent bien consister
dans l'attribution du poste, virtuellement vacant, de
consul général en Égypte. Il y avait alors quatre ans
que Mure, titulaire de ce poste, en était absent par
congé. Quoi qu'il en soit, le séjour de Magallon à Paris
et ses démarches auprès des ministres et des comités
coïncident avec une active campagne menée dans les
bureaux des Relations extérieures et de la Marine en
vue de pourvoir au consulat général de France en
Égypte et d'en rétablir le siège au Caire. L'inspiration
directe, sinon la main même de Magallon se reconnaît dans les témoignagnes écrits qui nous sont par-
venus de cette campagne (1).

Elle débute par un rapport (2) adressé, le 20 janvier 1793, au ministre de la Marine, sur « les moyens
de faire parvenir plus promptement les dépêches dans
l'Inde ». C'est, à la lettre, la proposition déjà soumise
par Magallon lui-même à l'un des titulaires de ce por-
tefeuille, en 1787 : expédition des dépêches par Marseille, Alexandrie, le Caire, où on les confierait à des
Barbaresques qui, pour les transmettre à destination,
profiteraient des bâtiments fréquentant le port de
Suez, jusqu'à ce que le gouvernement ait eu le temps

(1) Arch. Aff. étr., correspondance consulaire. Le Caire.
(2) Ce rapport a disparu et c'est par l'analyse qu'en donne un document ultérieur que la connaissance nous en est parvenue.

d'expédier dans la mer Rouge deux paquebots, destinés à ce service (1).

Ces moyens ayant reçu l'approbation du ministre de la Marine, il allait de soi que l'exécution en était subordonnée au rétablissement du consulat au Caire. Deux rapports furent faits pour démontrer la nécessité de cette mesure. Le premier, non daté, mais probablement contemporain du précédent, fait valoir les ressources économiques du Caire et traite, cette fois du point de vue commercial, la question de la communication avec l'Inde par la mer Rouge. Envisageant enfin l'éventualité d'une guerre avec la Turquie, il se termine par ce suggestif aperçu : « Il est aisé de sentir que, si nous devons avoir la guerre avec elle (la Porte), il importerait à tous égards d'établir au Caire des relations qui, d'abord commerciales, prendraient aisément un autre caractère et nous mettraient à portée de séparer de l'empire ottoman une de ses plus riches provinces, en assurant aux beys, naturellement impatients du joug de la Porte, une protection qu'ils recevraient avec transport et qui exciterait toute leur reconnaissance. »

Le second rapport est du 28 janvier 1793. Beaucoup plus bref, il se borne à expliquer par des motifs

_____

(1) L'utilisation commerciale de la voie de Suez n'avait pas cessé de préoccuper les esprits, même pendant la période révolutionnaire. En 1792, Froment, dont nous avons déjà mentionné le nom (Voyez chap. VII, p. 229), avait publié un livre intitulé : *Du commerce de la mer Rouge et de celui des Indes par cette mer.*

de circonstances et de convenances personnelles le transfert du consulat général à Alexandrie en 1777, à exposer les raisons qui rendent impossible le retour de Mure à son poste et à proposer d'y nommer Magallon, en fixant sa résidence au Caire. On y sent déjà l'imminence du décret qui, trois jours après, s'en approprie les conclusions (1).

L'objet même du premier de ces trois rapports, la large part faite, dans le second, à la communication avec l'Inde ne laissent aucun doute sur le motif prédominant auquel a obéi le gouvernement français. L'Angleterre venait de se joindre à la coalition. Elle avait mis une grande célérité à faire parvenir aux Indes la nouvelle de la déclaration de guerre : il importait d'en mettre autant. Cette nécessité et les exigences de la lutte engagée sur mer ramenaient donc l'attention de nos hommes d'État sur les Indes, par suite sur l'Égypte. Servi par ces circonstances, Magallon en a profité pour faire réaliser un vœu qu'il savait très à cœur à ses compatriotes, le rétablissement du consulat au Caire, et obtenir pour lui-même une compensation méritée : sa nomination à ce poste.

Ces mesures étaient prises depuis plus d'un mois quand parvint à Paris le mémoire des résidents français du Caire. Elles étaient certes bien loin de

(1) La nomination de Magallon comme consul général au Caire fut bientôt complétée par celle de Barallier comme vice-consul à Alexandrie, à la place de Butet.

répondre à ce qu'ils attendaient du gouvernement; mais elles pouvaient lui paraître suffisantes à leur faire prendre patience, jusqu'à ce que les circonstances lui permissent de faire plus et mieux. Si peu qu'il fît, il faut lui en savoir gré : la Terreur au dedans, la coalition au dehors n'étaient pas faites pour faciliter sa tâche.

Les propositions de nos négociants étaient d'ailleurs en contradiction avec la politique que le comité de Salut public venait précisément d'inaugurer à l'égard de la Turquie. La guerre engagée avec l'Europe lui avait fait sentir de quel appoint pouvait être pour la France l'alliance de la Porte. Aussi avait-il résolu de renouer avec elle des relations régulières, de faire revivre l'ancienne amitié, et de lui proposer un traité d'alliance en règle contre l'Autriche et la Russie (1). La mission de faire aboutir ce projet avait été confiée, le 19 janvier 1793, au ci-devant marquis Descorches de Sainte-Croix (2), devenu citoyen Marie Descorches, qui s'était mis en route pour Constantinople trois jours après sa nomination. On conçoit combien, avec de telles intentions, la République devait se montrer soucieuse de ménager le sultan, d'éviter tout ce qui pouvait l'effaroucher. Les dif-

____

(1) Arch. Aff. étr., Turquie, supplément 122. Mémoire pour servir d'instruction au citoyen Marie Descorches, envoyé extraordinaire de la République française près la Porte ottomane. — Voyez aussi le mémoire pour servir d'instruction *particulière* au même envoyé.

(2) Voyez chap. ɪᴠ, p. 102.

ficultés que réservaient au nouvel envoyé les intrigues de nos ennemis, les préventions des Turcs
contre notre Révolution et le régime qui en était issu,
n'étaient déjà que trop grandes pour qu'il fût superflu de les aggraver, en posant à la Turquie une sorte
d'ultimatum relatif à l'Égypte. Il ne s'ensuit pas que
la République renonçât à s'entremettre en faveur de
nos marchands du Caire. Mais elle attendait de l'alliance même qu'elle espérait nouer avec le sultan la
confirmation et l'extension de nos privilèges dans
tout le Levant, le rétablissement de nos résidents
dans leurs droits et prérogatives (1).

(1) « Quant aux différentes branches de commerce qui pourraient
s'établir sur la mer Noire, *dans l'Égypte* et en Perse, ces objets étant
liés aux négociations qui doivent être entamées avec la cour ottomane.
il sera donné au citoyen Marie Descorches des instructions particulières à cet égard, lorsqu'il en sera temps, sur les propositions qu'il
aura faites lui-même au ministre des Affaires étrangères. » (Mémoire
pour servir d'instruction particulière. Arch. Aff. étr., Turquie, 22.)

CHAPITRE IX

Parti de Paris le 5 février et de Toulon le 25, sur la barque l'*Éclair*, Magallon arriva au Caire dans le courant d'avril 1793. Son premier soin devait être de se faire reconnaître par les beys en qualité de consul. Une audience n'allait jamais sans entraîner de fortes dépenses. L'intérêt en parut cependant assez grand à la nation pour la décider à en faire les frais. Magallon se rendit donc, accompagné de deux négociants, aux palais de Mourad et d'Ibrahim, auxquels, selon l'usage, il remit des présents dont la valeur s'éleva à

35 000 livres. Cette entrée en matière lui assura un excellent accueil : les beys rivalisèrent à son égard de bonne grâce et le firent revêtir d'une pelisse d'hermine.

Le moindre acompte sur leurs créances eût beaucoup mieux fait l'affaire de nos négociants : mais pas une piastre ne sortit des poches de Mourad ni d'Ibrahim. Par contre, le découvert de la nation s'accrut de nouvelles avances, de nouvelles ventes à crédit, imposées sous menace de violence; l'arbitraire continua de régir, comme par le passé, le statut des Français. Aussi persistent-ils à n'espérer la fin de leurs misères que de l'intimidation ou de la force. A peine ont-ils vu Descorches nommé à Constantinople, qu'ils lui ont envoyé copie de leur mémoire au ministre de la Marine. « Les remèdes palliatifs, lui écrivent-ils peu de temps après (1), sont désormais indifférents à notre situation et peuvent même l'empirer » ; et, rappelant les moyens qu'ils ont proposés, ils concluent : « Nous demandons toujours qu'on les emploie et nous recommandons nos réclamations à votre patriotisme. » Mais, impuissant à faire reconnaître par la Porte son caractère officiel, réduit, pour négocier, à se prêter avec les ministres turcs à des entrevues secrètes, Descorches était hors d'état d'entraîner la Turquie à user de rigueur envers les beys.

(1) Lettre des résidents à Descorches, 25 octobre 1793. (Arch. Aff. étr., correspondance consulaire. Le Caire.)

Rien non plus à espérer pour nos négociants du gouvernement de Paris. Après le recours à la Porte et l'emploi de la force, voici qu'un troisième moyen lui est suggéré : une négociation directe avec les beys, précédée d'une distribution à ces potentats, à leur harem et à leur maison de présents en argent, armes et bijoux. L'idée est même émise de donner à cette distribution un caractère périodique et régulier, une dépense annuelle de 20 à 30 000 livres devant suffire à préserver les résidents des avanies et même à nous « assurer une influence exclusive dans l'Égypte (1) ». Mais le gouvernement avait encore sur le cœur les 35 000 livres de présents, offerts par Magallon en don de joyeux avènement, et l'expérience venait de lui démontrer ce que valait ce procédé. En fin de compte, sa bonne volonté restait purement platonique. Voici ce qu'écrivait à Magallon le 17 messidor an II (5 juillet 1794), le citoyen Bouctot, commissaire aux Relations extérieures (2) : « Je ne puis, citoyen, qu'abandonner à ta prudence et à ta fermeté le choix des moyens les plus propres à garantir tes concitoyens des demandes injustes qui pourraient leur être faites et à veiller sur le remboursement des sommes qui ont été avancées. » Et, pour mener à bien cette lourde tâche, le seul appoint

____

(1) Rapport non signé. (Arch. Aff. étr., correspondance consulaire. Le Caire, 1793.)

(2) Arch. Aff. étr., correspondance consulaire. Le Caire, 1793.

fourni à Magallon consiste dans les triomphes de la République et la vague assurance qu'elle saura, après la crise, distinguer entre ceux qui se sont montrés ses amis et ceux qui ont exploité ses difficultés. On attend de lui qu'il fasse « respecter nos droits et nos traités », conserve « les débouchés de notre industrie et de notre commerce », et, en guise de secours, on lui annonce « l'envoi régulier de plusieurs imprimés » destinés à le renseigner sur « les progrès de la Révolution, les lois de la République et le triomphe de nos armes ».

A la date où se place cette lettre, les exigences des beys avaient commencé à s'accroître démesurément. En avril 1794, Ibrahim extorque à nos marchands une somme de 14 000 pataques et Mourad une fourniture de draps. A partir de ce moment, leur impudence ne connaît plus de bornes. La caisse et les magasins de la nation sont littéralement mis au pillage ; c'est la factorerie française qui doit renouveler la garde-robe des beys et de leur suite et subvenir à leurs largesses, à l'occasion du Ramadan ; c'est à ses dépens que se monte la caravane annuelle de la Mecque. En juillet 1794, les ressources et la patience des résidents sont tellement à bout, leur impuissance est si manifestement démontrée que Magallon en est réduit à consulter l'assemblée de la nation sur l'opportunité de fermer les établissements et de se retirer à Alexandrie, et l'assemblée délibère de laisser à chacun la faculté d'agir à sa guise. Cinq des négociants prennent alors le parti de liquider et de quitter le Caire. Ils avaient déjà gagné Rosette, quand Mourad les fait arrêter, reconduire au Caire et saisit leurs bagages et leurs livres. C'est à grand'peine que Magallon obtient leur élargissement et la restitution de leurs effets. L'unanimité de la nation décide alors de chercher un refuge à Alexandrie et de signifier sa résolution aux beys : mais ces derniers déclarent s'opposer à son départ et les Français restent au Caire, prisonniers de Mourad et d'Ibrahim. Cette situation se prolonge trois mois. Ce n'est qu'en décembre 1794 que, sur les pressantes instances de Magallon, les beys finissent par faire droit à sa demande et consentent au départ des marchands. Encore en coûte-t-il à la nation onze cent trente neuf talaris de pots-de-vin.

Du commencement à la fin de ces incidents, consul et commerçants n'avaient cessé de donner l'alarme à Paris, à Marseille et à Constantinople. Sans s'obstiner à réclamer une protection matérielle qu'il savait impossible, Magallon n'avait cependant laissé ignorer au gouvernement aucun des dangers courus par ses compatriotes (1). Lorsque les beys s'étaient opposés

(1) Arch. Aff. étr., correspondance consulaire. Le Caire. « Ce n'est point encore la lettre où je dois, citoyen, vous faire connaître combien nos négociants sont à plaindre et par conséquent le besoin qu'ils ont que le gouvernement vienne à leur secours... Lorsque vous connaîtrez jusqu'où les injustices à leur égard ont été portées, vous en

au départ de la nation, il avait prié Descorches d'en
appeler au sultan de cet attentat contre la liberté des
Français et demandé au gouvernement de stimuler
le zèle de son envoyé à Constantinople (1). Parvenues
à Marseille, les nouvelles du Caire y avaient répandu
l'émotion parmi les négociants qui exploitaient le commerce d'Égypte. Craignant d'être ruinés par la disparition d'établissements qui n'étaient que les comptoirs
de leurs maisons, ils avaient adressé, le 29 brumaire
an III (19 novembre 1794), un rapport au comité de
commerce et d'approvisionnement et à la commission
des Relations extérieures de la Convention nationale (2). « Il importe, disaient-ils, à la République
française de venir au plus tôt au secours des citoyens
opprimés en Égypte en leur accordant une protection
digne de sa gloire et de sa puissance. » Ils se faisaient
un devoir de mettre sous les yeux de la Convention
« la situation désespérée de leurs frères expatriés
et d'invoquer pour eux la puissance nationale ».

Dans les conditions où se trouvaient alors l'Europe
et la France, le sort d'une poignée de Français opprimés par les beys du Caire ne pouvait pas tenir une

serez sûrement pénétré de douleur. » (6 floréal an II, 25 avril 1794.)
« Vous ne pouvez, citoyen, vous empêcher de frémir au tableau de
tous les risques dans lesquels nos négociants se sont mis envers les
chefs de ce gouvernement. Les sommes qu'ils ont avancées sont
effrayantes. » (15 prairial an II, 3 juin 1794.)
(1) Megallon à Descorches, 27 vendémiaire an III (18 octobre 1794).
Arch. Aff. étr., correspondance consulaire. Le Caire.
(2) Arch. Aff. étr., correspondance consulaire. Le Caire.

grande place dans les préoccupations du gouvernement. Il n'en est que plus frappant de constater que
leurs doléances ont trouvé, dans les comités, un écho,
si faible soit-il.

Une lettre du 24 pluviôse an III (12 février 1795),
signée Cambacérès, Carnot, Merlin de Douai, Dubois-
Crancé, prescrit en effet à l'envoyé de la République
à Constantinople d'inviter la Porte à « déployer toute
son activité politique et religieuse » pour porter
secours aux Français du Caire (1).

D'eux-mêmes ou par ordre du comité de Salut
public, les commissaires aux Relations extérieures ont
à leur tour examiné les moyens de soustraire, directement ou indirectement, nos nationaux à l'arbitraire
de Mourad et d'Ibrahim. « Parmi les moyens que la
République peut employer directement, écrivent-ils à
Magallon (2), *se présente d'abord la force*. Il est aisé de
sentir qu'on ne peut y avoir recours en ce moment. »
C'est la première fois, depuis le début des persécutions exercées contre la nation du Caire, que ces mots,
la force, paraissent sous la plume des membres du
gouvernement. L'idée ne s'en présente encore à leur
esprit que pour être, il est vrai, aussitôt éliminée;
mais l'élimination n'en est toutefois que conditionnelle, temporaire, et c'est *en ce moment* qu'un recours

(1) Arch. Aff. étr., Turquie, 190.
(2) Le 25 pluviôse an III (13 février 1795). (Arch. Aff. étr., correspondance consulaire. Le Caire.)

à la force est déclaré impossible. Rendre, à défaut du mal, le bien pour le mal et combler de présents les oppresseurs de nos compatriotes est un moyen que les commissaires repoussent comme dangereux et illusoire. Reste donc, pour unique ressource, *« d'opérer dans l'esprit des beys une espèce de conversion »*, autrement dit de les ramener à des dispositions plus favorables; et c'est à quoi Magallon est invité à s'employer. Indirectement, la République recourra à l'intermédiaire de la Porte, qui sera sollicitée : 1° de faire déclarer aux beys par le pacha du Caire, son amitié avec la République; 2° de neutraliser l'influence du consul impérial sur l'esprit de Mourad et d'Ibrahim; ressources dont il n'y avait guère plus à attendre que de « l'espèce de conversion » prescrite à Magallon

Pratiquement, la recherche des moyens propres à venir en aide aux Français du Caire aboutissait donc, ou peu s'en faut, à la constatation d'une impuissance, dont il faut chercher la cause, non seulement dans la guerre et dans la Révolution, mais aussi dans la politique suivie à l'égard de la Turquie. Le gouvernement venait de renouveler à un nouvel envoyé, Verninac, les mêmes instructions qu'à Descorches (1); la conclusion d'une alliance avec le sultan restait toujours l'objectif de sa politique orientale. De là, une

____

(1) Ces instructions sont datées du 12 brumaire an III (2 novembre 1794). (Arch. Aff. étr., Turquie, 189.)

crainte extrême de compromettre le succès de cette négociation, non seulement en poursuivant directement la satisfaction de ses griefs contre les beys, mais en voulant obliger le sultan à la prendre en mains.

Sans attendre d'instructions de Paris, Descorches s'était pourtant mis en campagne à l'appel de Magallon, et avait obtenu du grand vizir qu'il adressât au pacha et aux beys du Caire des lettres leur enjoignant de laisser partir les Français (1). Mourad et Ibrahim s'étaient déjà rendus aux instances de Magallon quand leur parvinrent ces injonctions de la Porte; elles les garantirent contre la tentation de se dédire et c'est sans nouvelle opposition de leur part que Magallon put faire sortir du Caire sa petite colonie et la conduire à Alexandrie, où elle arriva à la fin d'avril 1795 (2).

Cet exode accompli, restait à obtenir de Mourad et d'Ibrahim la rentrée des sommes empruntées, le paiement des marchandises extorquées; restait surtout à exiger d'eux des garanties d'avenir suffisantes pour permettre à nos marchands de réintégrer le Caire. Car ni les fugitifs, ni le gouvernement qui avait approuvé leur résolution, ne considéraient

(1) 25 ventôse an III 15 mars 1795.) (Arch. Aff. étr., correspondance consulaire. Le Caire.)

(2) 10 floréal an III 29 avril 1795). (Arch. Aff. étr., correspondance consulaire. Alexandrie.) Quelques commerçants restèrent au Caire où Magallon conserva sa maison montée et laissa sa femme, pour faire croire les beys à son prochain retour.

comme définitif l'abandon de cette capitale. Deux ans après y avoir rétabli le siège du consulat général, la République ne pouvait se résigner à n'y plus voir subsister un comptoir. Abstraction faite de l'intérêt commercial, l'intérêt politique demeurait le même qu'en 1793. La guerre qui durait avec l'Angleterre entretenait toujours le désir d'atteindre l'Inde par Suez et là mer Rouge. Sous ce rapport, Magallon n'avait pu donner qu'un commencement d'exécution aux instructions qu'il avait reçues du gouvernement. En mai 1793, il avait confié à deux Barbaresques un lot de dépêches pour les Indes ; par la suite, ses perpétuels soucis ne lui avaient plus laissé le loisir de songer à cette correspondance. Successivement, deux mémoires étaient venus stimuler le zèle du gouvernement pour ce projet : le premier anonyme (1), le second de Barallier, vice-consul à Alexandrie, et daté de nivôse an III (décembre 1794) (2). En même temps, ranimés par la guerre, les soupçons qu'avait toujours suscités la politique anglaise recommençaient à hanter le gouvernement : « Il est certain, pensait-il,

______

(1) « Indépendamment de nos intérêts commerciaux, l'Égypte peut nous être de la plus grande utilité pour faire passer dans l'Inde les dépêches du gouvernement et même ceux de nos agents et de nos administrateurs que le Conseil exécutif voudrait envoyer par cette route, qui est la plus courte et la plus sûre... On pourrait même faire passer par cette voie un corps de troupe, de trois à quatre mille hommes. » Arch. (Aff. étr., correspondance consulaire. Le Caire, 1793).

(2) Arch. Aff. étr., correspondance consulaire. Le Caire.

que l'Angleterre travaillera à joindre à Gibraltar et à la Corse, qu'elle a sans doute la vaine prétention de conserver, de nouveaux échelons pour atteindre à Constantinople, à la mer Rouge et au delà, au golfe Persique (1); » et il la voyait déjà s'établissant à Rhodes ou à Candie, accaparant le commerce de la Méditerranée et le liant par l'Égypte à celui des Indes. Il importait donc de ramener au plus tôt consul et commerçants au Caire et de leur en rendre le séjour possible.

C'est ce que comprit le nouvel envoyé de la République à Constantinople, Verninac. La négociation de la reconnaissance officielle de la République par la Porte absorba d'abord tout son temps. Mais, aussitôt cette affaire terminée, il entreprit de ménager à nos résidents la possibilité de rentrer au Caire et d'y rouvrir leurs établissements. La seule annonce de ses efforts ranima la confiance et l'espoir dans le petit groupe des Français réfugiés à Alexandrie (2). A quelque temps de là, le comité de Salut public avait suggéré à Verninac d'envoyer en mission spéciale en Égypte quelqu'un de son entourage (3). A cette époque se trouvait précisément en Orient un person-

(1) Instructions données à Verninac. (Arch. Aff. étr., Turquie, 189.)

(2) Lettre de Magallon à la commission des Relations extérieures, 20 prairial an III (8 juin 1795). (Arch. Aff. étr., correspondance consulaire. Alexandrie.)

(3) Lettre du 24 pluviôse an III (12 février 1795). (Arch. Aff. étr., Turquie, 190.)

nage aux fonctions mal définies, que le comité avait, un an auparavant, envoyé à Constantinople pour y surveiller Descorches. Ce commissaire se nommait Dubois-Thainville. Descorches s'était débarrassé de lui en lui confiant une mission à Smyrne. Verninac saisit avec empressement l'occasion de prolonger son éloignement et d'utiliser ses capacités, qui n'étaient pas nulles, en le chargeant d'aller étudier sur place les moyens de faire donner satisfaction aux Français du Caire et de les ramener à leur poste. Les instructions (1) qu'il lui signa, en juillet 1795, ne dissimulent pas à Thainville la difficulté de sa mission : « Ce n'est pas, disent-elles, qu'on ne puisse assez aisément rétablir au Caire le consul et les négociants fugitifs : il est vraisemblable que les beys n'y opposeront aucun obstacle. Mais il s'agit de faire restituer les sommes qui ont été empruntées de vive force; il importe surtout de fonder sur des bases solides la tranquillité, la considération de ces citoyens et la sûreté de leurs propriétés. » Ce résultat ne pouvait être atteint qu'en opérant, dans les dispositions de Mourad et d'Ibrahim, ce que le gouvernement avait appelé « une espèce de conversion ». Pour y réussir, Thainville était invité à faire valoir d'abord « les succès héroïques, les conquêtes et la gloire de la République ». Il devait ensuite représenter aux beys que

____

(1) Arch. Aff. étr., Turquie, 190. Thermidor an III.

la France républicaine était la seule amie sincère des musulmans, chercher à battre en brèche l'influence du consul d'Autriche, user avec mesure de l'intimidation, faire sentir le danger qu'il y avait à outrager la République, laisser entendre que sa mission était une suprême tentative de Verninac, avant d'en référer à Paris.

Thainville partit de Constantinople le 28 juillet 1794 et relâcha à Smyrne. N'ayant trouvé à s'embarquer pour l'Égypte que longtemps après, il n'arriva à Alexandrie que le 29 octobre.

Mais avant qu'il y parvint, Magallon avait déjà tiré de l'oubli et remis en avant l'idée de conquérir l'Égypte. Elle paraît pour la première fois sous sa plume dans une longue lettre (1) qu'il adresse à Verninac, le 29 prairial an III (17 juin 1795). « Ne pense pas, citoyen, écrit-il, que des firmans, pour forts qu'ils soient, puissent faire changer la position des Français en Égypte ; au contraire, ils ne feraient que l'aggraver. Il faut, citoyen, où que tu puisses porter le Divan à nous venger d'une façon éclatante, ou que tu sois autorisé à annoncer à ce même Divan que, si les offenses faites à la nation ne sont pas vengées, la République est assez forte pour mettre à la raison quelques individus qui n'ont en partage que de l'arrogance et point de force réelle. » Après cette protes-

(1) Arch. Aff. étr., correspondance consulaire. Alexandrie.

tation anticipée contre les demi-mesures, il condamne également la proposition d'abandonner le Caire et de s'en tenir à Alexandrie : « Si la République dit-il, veut s'occuper du commerce et en tirer tout le parti possible, il lui faut l'Égypte, mais tout entière. Bien loin de nous restreindre au seul port d'Alexandrie, il faut encore Rosette, Damiette, et le Caire, et Suez et, lorsqu'il en sera temps, avoir pour ainsi dire des établissements jusqu'aux cataractes du Nil. »

Sans doute ne s'agit-il encore ici, si l'on peut dire, que d'une *possession commerciale* (1) ; mais l'intérêt qu'il y voit, intérêt économique, politique, scientifique même, entraîne bientôt Magallon à considérer l'hypothèse d'une prise de possession matérielle, d'une conquête proprement dite. Si l'Égypte ne peut retomber sous l'autorité effective du Grand Seigneur et offrir aux Français les mêmes conditions d'existence que les autres Échelles du Levant, alors il faut « que nous soyons les maîtres ici ». La pensée de Magallon s'exprime finalement sans détours dans les lignes qui suivent : « Je te prie, citoyen, de ne pas négliger les moyens de *donner l'Égypte à la France;* ce serait un des beaux cadeaux que tu pusses lui faire.

---

(1) Il en est de même dans la phrase suivante : « Je te le reitère, citoyen, de tous les établissements que la République a en vue, il n'y en a pas un seul qui puisse être aussi étendu et aussi utile que l'Égypte. »

Le peuple français trouverait dans cette acquisition des ressources immenses. » Toutefois, sa proposition paraît encore à Magallon lui-même si risquée, si audacieuse, qu'il s'en excuse auprès de Verninac et revient bien vite à des considérations moins ambitieuses. Une fois encore, cependant, son sujet l'entraîne à de vastes conceptions politiques, et c'est quand il découvre à Verninac la perspective de l'Inde entrevue de Suez : « Je te le répète, citoyen ; maîtres de la mer Rouge, nous ne tarderions pas à donner la loi aux Anglais et à les chasser de l'Inde, si une pareille opération entrait dans les vues de notre gouvernement. Par Suez, dans la mousson favorable, on pourrait transporter, avec peu de navires, une quantité de troupes dans l'Inde. Nos soldats pourraient tout au plus, et en leur supposant le plus long voyage, ne rester que soixante jours en mer, au lieu que, par le cap de Bonne-Espérance, il n'est pas rare qu'ils mettent six mois à se rendre. Par Suez, on ne perdrait pas un homme sur cent, et par l'autre voie on serait trop heureux si on n'en perdait que dix pour cent. »

Magallon avait envoyé copie de cette lettre à la commission des Relations extérieures, à Paris. Plus de trois mois s'étant écoulés sans qu'il fût informé de l'impression produite par sa communication, il prit le parti d'entretenir directement cette commission d'un projet pour lequel il se passionnait, à mesure qu'il l'approfondissait davantage. Les deux idées d'une conquête de l'Égypte et d'une expédition aux Indes apparaissent, dégagées de toute précaution oratoire, dans la lettre qu'il adresse, le 9 vendémiaire an IV (1ᵉʳ octobre 1795) (1), au commissaire des Relations extérieures, Colchen. « On m'a assuré, citoyen, que, sous le gouvernement qui vient d'être aboli, on a eu plusieurs fois l'idée de s'emparer de l'Égypte, ayant en partie connaissance des avantages que l'on pourrait tirer de cet excellent pays pour le commerce qui peut être étendu et porté à des sommes incalculables. »

Ce sont les avantages de ce projet, tant de fois en effet proposé à la monarchie, qu'il place à son tour sous les yeux de son correspondant. « Depuis Derne jusqu'à Maroc, on connaît l'Égypte et l'on y vient en caravane. Tunis, Alger et Tripoli y sont en très grand commerce, toutes les îles de l'archipel, toute la Turquie et la Syrie trouvent de l'avantage à trafiquer avec l'Égypte, bien que ce ne soit pas sans risques ; l'Inde est à deux pas ; dans deux jours et demi à trois, le chameau le plus pesamment chargé va à Suez et, dans la mousson favorable, on est de Suez dans les endroits les plus éloignés de l'Inde dans quarante à cinquante jours... Tout le commerce du café de l'Yémen et tout le commerce de l'Inde pourraient

(1) Arch. Aff. étr., correspondance consulaire. Alexandrie.

se faire par Suez : on en retirerait, dans l'entrée et
dans la sortie, des ressources immenses. » Après le
point de vue commercial, le point de vue agricole et
proprement colonial : « Vous connaîtrez aisément,
citoyen, les avantages qu'il y aurait pour nous de rendre
la liberté à trois millions d'hommes très laborieux et
placés dans un pays où la terre, que l'on ne cultive
que très légèrement, rend l'impossible : dans un pays
où le Nil, monté à une certaine hauteur, assure la plus
abondante récolte, sans qus les objets que l'on sème
aient le moindre risque à courir jusqu'à ce qu'on les ait
récoltés... » Puis, après une rapide revue des productions de l'Égypte (1), céréales, riz, lin, coton, safran,
canne à sucre, indigo, Magallon, en vient à esquisser
un plan de politique économique et financière : « Si
l'on s'attachait à vouloir profiter de tous les avantages
que ce pays offre, on en ferait, en premier lieu, son
grenier à blé, ce qui serait pour la France une très
grande ressource, pour les années de mauvaise
récolte. En occupant ce peupe à la culture des terres,
en lui laissant, comme il est juste, ce fruit de son travail, en ne l'assujettissant qu'à des impôts modérés,
il serait bientôt riche et en état de faire une consommation des plus considérables d'objets de nos manufactures. L'aisance augmenterait la population, et la
population augmentée donnerait lieu à la culture

(1) « Un peuple comme le nôtre, dit Magallon, aurait ici toutes
productions de l'Europe et toutes celles de l'Amérique » .

d'une infinité de terrain, qu'on néglige de cultiver par le manque de bras. Le peuple égyptien ne manque pas de conception : si on lui donnait de l'aisance, et qu'on le tirât de l'avilissement où la tyrannie l'a plongé, on en tirerait le plus grand parti. »

L'acharnement croissant de la lutte avec l'Angleterre, les espérances éveillées par les insurrections de Tippo-Sahib et des Mahrattes donnaient une valeur particulière à l'argument tiré des facilités d'accès aux Indes. Aussi les conséquences politiques et commerciales de ces facilités sont-elles déduites par Magallon avec une remarquable précision. Commercialement parlant, il dépendra de la France, maîtresse de l'Égypte, de dériver vers Suez soit tout le trafic de l'Inde, soit seulement le cabotage de l'Yémen, de Djeddah et les articles de provenance indienne destinés à la consommation de la Turquie et de la Barbarie. Politiquement, la maîtrise de la mer Rouge nous permettrait de « tenir continuellement les Anglais dans la plus grande peine », par la crainte d'une expédition, dont Magallon se hasarde à tracer le plan. Nos troupes quitteraient Toulon le 20 juin, de manière à arriver à Alexandrie le 10 juillet; en moins de dix jours elles seraient au Caire et, trois jours plus tard, soit le 25 juillet, à Suez. A peine, à cette époque, les Anglais auraient-ils eu connaissance de la destination de cette expédition, qui ne mettrait

pas plus de quarante-cinq jours à parvenir aux Indes.
« Dix mille Francais arrivés nouvellement d'Europe
les chasseraient entièrement, dans une seule campagne », du Bengale, « où ils ont leur grand établissement militaire ».

On s'explique, en présence de telles espérances, le
jugement qu'en guise de conclusion, Magallon ne
craint pas de porter sur son projet : « *La possession de
l'Égypte serait pour la France ce que l'on pourrait acquérir de plus essentiel* et qui lui donnnerait des avantages
dont il est bien difficile de prévoir toutes les suites. »
Ce projet, il compte bien que le gouvernement l'étudiera et croira pouvoir l'adopter. Si cependant il en
était autrement, la France devrait au moins faire en
sorte d'acquérir en Égypte « une prépondérance
décidée sur toutes les autres nations ». Probablement
l'acquerrait-elle en renversant le gouvernement des
Mameluks, en y substituant celui de la Porte et en
divisant l'Égypte en pachaliks. A défaut de cette
mesure, Magallon indique, comme ultime minimum,
la remise à Mourad et à Ibrahim de « lettres fulmi-
nantes » du grand vizir et du capitan-pacha.

Deux jours après avoir adressé cette lettre à Colchen,
Magallon en adresse une autre (1) aux « représentants
du peuple, membres du comité de Salut public ». Il
n'ignore pas que le commissaire aux Relations exté-

(1) Le 11 vendémiaire an IV, 3 octobre 1795. (Arch. Aff. étr.,
correspondance consulaire. Alexandrie.)

rieures n'est guère que le rapporteur des délibérations et l'exécuteur des décisions de ce comité. Aussi, dans la crainte que Colchen ne leur communique pas sa lettre, prend-il la précaution de la signaler lui-même aux véritables chefs du gouvernement. « Je donne, leur écrit-il, au commissaire des Relations extérieures absolument toutes mes idées sur ce pays et sur les ressources immenses qu'il procurerait à la France, si nous en avions la possession ou que nous y fussions au moins prépondérants, ce qui serait si le Grand Seigneur y reprenait l'autorité absolue qu'il devrait y avoir. Je ne doute pas que les idées qui pourront lui paraître mériter votre attention ne vous soient communiquées. »

A la date où ces deux lettres de Magallon, celle du 9 et celle du 11 vendémiaire, durent parvenir à Paris, le Directoire exécutif avait pris la place du comité de Salut public et le ministre des Affaires étrangères Delacroix celle du commissaire aux Relations extérieures Colchen. C'est soit d'un des Directeurs, soit du ministre que sont les annotations portées sur la lettre du 11 vendémiaire. En marge du passage cité de ce rapport, on lit la note suivante, adressée au chef de la 2ᵉ division du ministère : « Citoyen Boulouvard. Je désire connaître ce que le citoyen Magallon a écrit à cet égard. » Piquée sur la même pièce se trouve une fiche ainsi conçue : « Cette dépêche mérite une sérieuse attention.

« 1° Il faut provisoirement aviser le citoyen Verninac pour qu'il fasse à la Porte les démarches nécessaires à l'effet d'obtenir les réparations et dédommagements convenables ;

« 2° Je désirerais que vous réunissiez toutes les notions sur l'Égypte qui sont en votre pouvoir et qui pourraient nous mettre en état de juger du mérite de la proposition indiquée à la fin de cette lettre. Si vous n'avez pas de coopérateur qui puisse se livrer à ce travail, je pourrais en charger le citoyen Florent, qui s'y livrerait avec zèle de concert avec vous. »

Ainsi, après lecture de la lettre de Magallon au comité de Salut public (11 vendémiaire), l'un des Directeurs ou le ministre, de qui émanent ces annotations, demande communication de la lettre du même agent au commissaire Colchen (9 vendémiaire), et, ayant lu cette dépêche, il ordonne une sorte d'enquête sur la proposition qu'elle contient. C'est le premier pas fait vers l'adoption de ce projet et le premier indice matériel, tangible, de l'intérêt qu'il excite de la part du gouvernement. On peut juger par ce qui précède de la part qui revient à Magallon dans ce résultat. Accueillie enfin dans les régions officielles, introduite dans l'engrenage administratif, l'idée d'occuper l'Égypte avait franchi une étape décisive. Le gouvernement, en effet, ne perdit pas de vue l'enquête qu'il avait prescrite. En marge d'une dépêche de Magallon en date du 27 frimaire an V (27 décembre 1795) (1), où il demandait un congé, on lit cette annotation, sans doute de la même main qui a tracé les précédentes : « Citoyen Dupéron. Hâter le travail sur l'Égypte ; accorder le congé d'une année, la démission de cet agent serait funeste. »

A l'intérieur l'accalmie, à l'extérieur la victoire favorisaient d'ailleurs, chez les particuliers comme chez les gouvernants, l'essor des idées d'expansion politique et commerciale. A la faveur de l'apaisement et de l'éclaircie reparaissaient des projets que la tourmente et l'invasion avaient momentanément rejetés dans l'ombre. Deux mémoires, l'un anonyme du 27 prairial an III (5 juin 1795) (2), l'autre du général de Montalembert (3), en 1796, rappellent l'attention du gouvernement sur Candie. Le plan traditionnel d'accès aux Indes par Suez ne pouvait faire exception à cette sorte de renaissance. « Je vais vous remettre sous les yeux cette grande question », écrit le capitaine Réal, au ministre de Lacroix, le 25 décembre 1795 (4), en lui proposant « l'ouverture du commerce avec l'Inde par le Suez ». La plupart des Échelles du Levant, notamment celles d'Égypte et de Syrie, ayant, comme on sait, subi de la manière la plus fâcheuse le contre-coup de la Révolution,

(1) Arch. Aff. étr., correspondance consulaire. Alexandrie.
(2) Arch. Aff. étr., Turquie, 191.
(3) Cité par LA JONQUIÈRE, *Expédition d'Égypte*, p. 148.
(4) Arch. Aff. étr., mémoires et documents, Turquie. 14A 15.

avaient besoin d'une complète réorganisation. Dans les nouveaux traités que le gouvernement passerait avec la Porte ottomane, sur la base des anciennes capitulations, pourrait être insérée une clause reconnaissant à nos marchands le droit de se servir de la route de Suez. Tous les commerçants français se trouvant alors à Alexandrie, le capitaine Réal proposa de les installer de nouveau au Caire et de ranimer leur courage en ouvrant à leur commerce ce nouvel horizon. Un commissaire, envoyé en Égypte, (ce serait lui) procéderait avec eux à l'étude des moyens d'assurer le fonctionnement régulier des communications avec la France et l'Inde. Ce mémoire porte en marge la note suivante, sans doute du ministre : « Citoyen Boulouvard. Examiner cette proposition intéressante et m'en faire un rapport. » Puis, plus bas et d'une autre écriture, on lit ces lignes, qui sont probablement l'appréciation du chef de la 2ᵉ division : « Ce mémoire honore le zèle et le patriotisme du citoyen Réal. Ce projet est depuis longtemps une des idées favorites du chef qui est à la tête du Levant et de la Barbarie. La navigation de la mer Rouge porterait un coup mortel aux Anglais. Mais la République peut-elle aujourd'hui s'en occuper? Ce projet n'est-il pas prématuré? N'est-il pas auparavant nécessaire de renouveler nos conventions avec la Porte ottomane? Ne nous faudrait-il pas construire des navires propres à traverser aisément les bas-fonds dont la mer Rouge est obstruée? Tout cela paraît nécessiter la paix. On soumet ces réflexions aux lumières du ministre. D'ailleurs, on a sur cet objet d'intérêt public des matériaux... » Il ne semble pas que ces matériaux aient été exhumés, ni que le rapport demandé par Delacroix à Boulouvard ait vu le jour.

Il était naturel d'ailleurs que le gouvernement attendît, pour prendre une décision relativement aux projets de Magallon et de Réal, l'issue de la mission confiée à Dubois-Thainville.

Arrivé à Alexandrie le 29 octobre (1), Thainville y réunit les négociants du Caire et leur demanda si, dans l'hypothèse où sa mission réussirait, ils rentreraient dans leurs établissements : les régisseurs de trois maisons répondirent oui, et ceux de deux autres non. Passant outre à ce désaccord, Thainville consulta, sur les chances qu'il avait de réussir, le consul général Magallon et un vieux négociant, Mesnard. Tous deux furent d'accord pour constater l'insuffisance de ses moyens, notamment de ses arguments sonnants, et cependant la nécessité pour lui de tenter la chance. « Votre mission, lui dirent-il, est annoncée depuis longtemps; si vous ne paraissez pas, notre position deviendra pire et nous sommes résolus à

____

(1) Mémoire adressé par Thainville à Verninac, le 16 fructidor an IV (5 septembre 1796). (Arch. nation. et Arch. ambassade de France à Constantinople.)

quitter l'Égypte avec vous. » Il fut donc décidé de former un fonds supplémentaire de 20 000 piastres ; les trois régisseurs qui avaient opiné dans le sens du retour au Caire y entrèrent pour 14 000 piastres, Magallon pour 3 000 et Thainville pour autant. Un des négociants, Baudeuf, fut choisi pour être dépositaire de ces fonds et accompagner le commissaire. Ces précautions prises, Thainville partit pour Rosette, où il procéda à l'installation de Magallon neveu en qualité de vice-consul, et de là gagna le Caire.

Le 6 pluviôse (26 janvier 1796), il se rendit « en uniforme national », escorté de Magallon, des négociants et suivi par une foule immense à la citadelle où le pacha l'attendait pour l'audience solennelle. Magallon en sortit revêtu d'une nouvelle pelisse, les Français de cafetans et Thainville, qui ne nous dit pas s'il eut une part de ces largesses, ne s'en montre pas moins très satisfait des honneurs dont il fut l'objet. Puis, la même cérémonie se renouvela chez Ibrahim et chez Mourad, dans sa maison de Gizeh : tous deux accueillirent leur hôte avec tous les raffinements de la politesse orientale. Ils lui prodiguèrent les protestations d'amitié et de bonne volonté envers la nation française : ils avaient toujours été ses amis ; on les avait calommiés, en prétendant que leurs violences l'avaient forcée à quitter le Caire ; ses intérêts et les leurs étaient communs ; le commerce dépérissait depuis le départ des marchands français. Fidèle à

ses instructions, Thainville entreprit aussitôt de donner à Ibrahim et à Mourad une idée de la force, de
la grandeur et des triomphes de la République; et il
esquissa, en termes vibrants d'une patriotique émotion, le tableau des bienfaits de la Révolution, des
victoires et des conquêtes de la France. L'impression
produite sur les beys par ses discours fut, pour sa
fierté de patriote et son amour-propre d'orateur, l'occasion de douces satisfactions : chez Ibrahim, notamment, des exclamations marquèrent plus d'une fois,
pendant que Thainville parlait, l'étonnement et l'ad-
miration du bey et de ses Mameluks. Sans doute,
certaines remarques laissèrent deviner, chez ces
despotes orientaux, quelques préventions sur l'œuvre
de la Révolution et quelque difficulté à en saisir
toute la beauté : « On assure, dit Ibrahim d'un ton
un peu méchant, que, depuis que vous n'avez plus
de roi, tout le monde chez vous a le droit de commander. » Mais Thainville eut bientôt fait de démontrer l'absurdité de cette imposture. Ainsi, grâce à
l'habileté du commissaire et à la bonne grâce de ses
interlocuteurs, aucune note discordante ne vint
troubler cette première rencontre de la Révolution
française et du despotisme égyptien.

Après cette entrée en matière, Thainville se mit en
devoir de travailler au véritable objet de sa mission,
c'est-à-dire au remboursement des dettes et aux garanties d'avenir. Il se ménagea le concours du conseil-

ler le plus écouté d'Ibrahim, Ali Aga, qui se chargea de présenter à son maître les demandes du commissaire français. Peu de jours après, Ali Aga rapporta la réponse du bey : il fixait la fin d'avril comme terme de remboursement; son premier écrivain se présenta même chez les marchands pour arrêter les comptes. Le 11 ventôse (1er mars 1796), Thainville eut une nouvelle entrevue avec Ibrahim et posa nettement la question : liquidation des dettes et exécution rigoureuse des traités. « N'ai-je pas dans tous les temps accordé sûreté et protection aux Français? » répliqua tranquillement Ibrahim. Il promit cependant tout ce que voulut Thainville et expédia même en sa présence un ordre au Douanier, pour que les Français fussent payés sur les douanes.

Mourad fit quelque difficulté à recevoir une seconde fois Thainville et désira que Magallon assistât à l'audience. « Est-ce que l'on pourrait penser que je veux être l'ennemi des Français? » répondit-il avec indignation aux revendications du commissaire. « Je veux qu'ils soient payés incessamment. » Et tout aussitôt il déclara ne pouvoir s'acquitter qu'après le Ramadan et le départ de la caravane pour la Mecque. Puis interprétant à faux une parole de Magallon, il entra dans une violente colère : « Ah! je vois bien qu'on me menace, mais qu'on sache que je ne crains rien! » Thainville et Magallon s'estimèrent heureux d'obtenir de ce débiteur irascible la promesse d'un arrangement, qui fut soumis le lendemain aux négociants et accepté par eux. Dans une troisième entrevue, aussi orageuse que la précédente, Thainville obtint encore de Mourad qu'il donnât au Douanier l'ordre de ne percevoir sur les marchandises françaises que les droits prévus par les capitulations.

Les choses en étaient là lorsqu'on apprit que les Français avaient été compris dans une extorsion générale sur les habitants de Rosette et d'Alexandrie. Aussitôt, Thainville se mit en campagne et réclama des ordres immédiats exemptant ses concitoyens de cette contribution illégale. Il les obtint et put préserver de tout désagrément la nation d'Alexandrie; mais, quand l'ordre arriva à Rosette, le gouverneur, après deux heures de siège, avait fait enfoncer les portes du khan des Français et exigé d'eux cinq cents pataques. C'était une nouvelle insulte et la démonstration de ce qu'on pouvait attendre des promesses des beys. Thainville demanda satisfaction et put faire rembourser la somme extorquée : « Une telle violence, dit-il lui-même, eût mérité une réparation plus éclatante. » Mais il sentait si bien la faiblesse de ses moyens, qu'il renonça à pousser les choses à bout.

Cependant, l'époque à laquelle Ibrahim avait promis de s'acquitter était arrivée. Mais, quand Thainville lui rappela son engagement, le bey demanda un nouveau délai de deux mois et le commissaire, malgré

tous ses efforts, dut se prêter à ce nouvel arrangement. En lui donnant congé le 5 floréal, Ibrahim
renouvela encore une fois les plus belles promesses.
Quant à Mourad, il prit prétexte de son séjour dans
une maison de campagne pour ne pas recevoir
Thainville, disant vouloir lui épargner la fatigue du
trajet.

Après quatre mois de séjour, Thainville quitta le
Caire, n'ayant obtenu, en tout et pour tout, que des
promesses, sur la valeur desquelles lui-même ne s'il-
lusionnait pas. Il se rendit en Syrie, où il était chargé
d'une mission analogue à celle qu'il avait accomplie
en Égypte, et fit ensuite voile pour Smyrne, d'où il
adressa à Verninac, le 16 fructidor an IV (2 septembre 1796), un rapport d'ensemble sur sa mission.
Une copie de ce rapport fut transmise à Paris, où il
fut examiné avec une attention qu'attestent encore
les questions formulées en commentaire (1).

En tant qu'*huissier*, Thainville avait échoué dans
sa mission ; sans doute rapportait-il des promesses so-
lennelles : mais il était bien improbable que les débi-
teurs accordassent à leurs créanciers, une fois l'huissier
parti, ce qu'ils lui avaient refusé à lui-même. L'échec
de cette sorte de sommation courtoise conduisait naturellement à examiner l'éventualité de la *saisie* et il

---

(1) A la suite de l'exemplaire de ce mémoire contenu aux Archives
nationales se trouve une série de dix questions indiquées comme exi-
geant une solution.

semble que l'idée en soit venue à l'esprit de Thainville. Non seulement son rapport s'étend sur l'importance du commerce d'Égypte, sur la richesse du
pays, mais il relève les symptômes de décadence et
de dissolution observés dans tout l'empire ottoman,
les tares et l'impuissance du gouvernement égyptien, les efforts du commerce anglais pour s'ouvrir la
route de Suez. « Le citoyen Thainville a parcouru la
Bosnie, la Roumélie, l'Albanie, la Caramanie, l'Ana-
tolie, l'Égypte, une partie de la Syrie, plusieurs îles
de l'archipel. Il n'a vu partout que révoltes, pillages,
désastres. Le gouvernement de la Porte est avili. Sans
une révolution morale dans le Divan, la dissolution
de ce vaste empire lui semble inévitable... L'Égypte
est dévorée par l'anarchie. Le moment d'une révolution ne semble pas éloigné. La puissance des deux
beys, divisés entre eux, s'affaiblit... Si jamais le commerce de l'Inde s'ouvre par la voie de Suez, le Caire
deviendra la plus importante place du monde. Les
Anglais profitent déjà de cette voie. Le citoyen
Thainville, pendant son séjour au Caire, a vu arriver
trois paquebots anglais à Suez. »

C'était rappeler l'intérêt et la facilité d'une conquête vers laquelle Magallon avait déjà orienté le
gouvernement.

CHAPITRE X

Thainville parti, l'événement confirma l'inutilité de ses efforts : les beys ne tinrent aucun compte de promesses qu'ils lui avaient faites et ce fut en vain que Magallon les leur rappela. « Je ne vous ai pas dissimulé que la tentative faite pour convertir les beys n'avait absolument rien produit, écrivait au ministre le vice-consul à Alexandrie. Le citoyen Thainville parti, le consul général n'a pas été plus heureux dans la poursuite dont il était chargé ; il n'a pas pu réussir de faire payer aux beys un sol à compte des sommes extorquées (1). »

Sans doute est-ce pour protester contre ce manque de parole que le Directoire, dans le courant de l'an V, transfère encore une fois du Caire à Alexandrie la résidence du consul général. Ce n'est pas que, dans ce port, les marchands soient complètement à l'abri des vexations. En mars 1797 (ventôse an V), le chef de la douane fait saisir et placer sous séquestre toute une cargaison de draps : telle fut sa manière de souhaiter la bienvenue à Magallon, qui ne demeura d'ailleurs pas longtemps à Alexandrie.

Il avait en effet, dès le mois de décembre 1795, sollicité un congé, nécessité par l'état de sa santé et de ses affaires, également compromises. Ce congé lui fut accordé le 16 août 1796 (29 thermidor an IV). Le chef de la 2ᵉ division, Boulouvard, l'en informa par une lettre qui constitue un nouvel indice des dispositions du gouvernement (2).

« Je ne saurais vous peindre, écrit Boulouvard, la juste indignation que j'ai éprouvée en voyant des Français, des citoyens d'une nation partout triomphante, devenir les victimes des plus vils et des plus

____

(1) Arch. aff. étr., correspondance consulaire. Alexandrie, 22 octobre 1796 (1ᵉʳ brumaire an V).

(2) Arch. aff. étr., correspondance consulaire. Alexandrie, 19 thermidor an IV (16 août 1796).

grossiers despotes. Combien de fois je me suis affligé
de ce que les circonstances ne permettaient pas au gouvernement français de venger leurs injures et de châtier les insolents beys... J'ai différé de répondre à vos
lettres, parce que je me suis toujours flatté que le concours des événements pourrait faire naître des circonstances favorables pour punir Mourad-bey et Ibrahim-
bey, soit par nous-mêmes, soit par la Porte, toute
faible qu'elle est en Égypte. Ces circonstances n'ont
point encore changé et il faut remettre à d'autres
temps tout projet sur l'Égypte. Car cette contrée fixe
mon attention d'une manière particulière. Je sais le
degré d'utilité dont elle peut être pour la République.
Je ne m'expliquerai pas à cet égard d'une manière
plus positive. Il doit vous suffire de savoir que mes
vues reposent sur les bases contenues dans votre
lettre n° 18 et celle du 27 prairial an III écrite au
citoyen Verninac, et dans laquelle je n'ai trouvé que
des idées sages et grandes. Je conférerai avec vous
sur tous ces objets lorsque vous serez en France, car
je ne doute pas qu'après avoir donné vos soins à vos
affaires domestiques à Marseille, vous ne vous fassiez
un plaisir de vous rendre à Paris, pour y donner au
gouvernement tous les éclaircissements qui peuvent
lui être utiles pour nos affaires en Égypte. Sous ce
rapport, le congé d'une année que vous m'avez demandé et que je m'empresse d'autant plus volontiers
de vous accorder que je suis informé que votre santé

est altérée, ne sera pas inutile au service de la République. »

Cette lettre (1) ne se borne donc pas à autoriser Magallon à s'absenter de son poste : elle le mande à Paris pour s'y mettre à la disposition du gouvernement, qui fait appel à ses lumières ; elle donne une approbation de principe aux idées qu'il a précédemment développées sur l'Égypte, et dont des considérations d'opportunité font seules ajourner la réalisation. Après l'ordre donné, à la fin de 1795, de mettre à l'étude le projet de Magallon et de préparer un « travail sur l'Égypte », l'invitation adressée à l'auteur même du projet de se rendre à Paris et d'en causer avec son chef hiérarchique constitue un nouveau pas vers l'adhésion du gouvernement à ces idées. Il en est tellement ainsi que Talleyrand, lorsqu'il voudra rejeter sur d'autres que lui la responsabilité de l'expédition d'Égypte, tirera argument de l'invitation adressée à Magallon pour prouver que cette expédition avait été préparée avant son entrée au ministère : « C'est, dira-t-il (2), un fait certain et très facile à

____

(1) Cette lettre écrite par Boulouvard, ne peut avoir été signée par lui que par autorisation du ministre Delacroix et à ses lieu et place. Car le droit d'accorder des congés aux agents n'a jamais été que dans les attributions du ministre. La lettre en question a donc toute la portée d'une dépêche officielle.

(2) On reprocha à Talleyrand, en 1799, d'avoir décidé le Directoire ordonner l'expédition d'Égypte. Il s'en défendit, bien à tort on le verra, dans des « éclaircissements donnés à ses concitoyens » (15 messidor an VII, 4 juillet 1799).

vérifier que le citoyen Magallon, consul général de la
République en Égypte, d'après un grand nombre de
mémoires qu'il avait envoyés, tous relatifs à une
entreprise sur l'Égypte, reçut, avant mon entrée au
ministère, un congé pour revenir en France. Ce
n'était, ce ne pouvait être que pour donner des renseignements à l'appui de ces mémoires. »

Par suite d'un retard (1) subi par l'arrivée de la lettre
du 16 août 1796, Magallon ne partit pour la France
qu'en messidor an V (juin-juillet 1797). Dans l'intervalle, le ministre Delacroix avait signé, le 25 floréal
an V (14 mai 1797), une nouvelle lettre, qui fut reçue
par Magallon neveu, à qui son oncle avait laissé, en
quittant Alexandrie, la gérance du consulat général.

« Je vois, disait cette lettre, qu'il n'y a que l'appareil de la force qui puisse ramener les beys au
respect et au maintien de nos traités et capitulations.
Je vous répète que je sens vivement les injures éprou-
vées depuis longtemps par nos nationaux. Le gouvernement saura, un jour, les faire réparer. Il ne souffrira pas qu'un peuple qui a su se faire respecter par
toutes les nations de l'Europe soit impunément
outragé dans quelques-uns de ses membres par les
despotes les plus subalternes. »

---

(1) Il y eut en effet un malentendu, provoqué par un retard dans
la correspondance. Magallon sollicite de nouveau, le 24 ventôse an V,
le congé qui lui a été accordé le 29 thermidor an IV et que le
ministre lui confirme le 26 fructidor an V.

Ainsi, édifié sur le résultat négatif de la mission de Dubois-Thainville, dont le rapport n'a pu lui parvenir que vers novembre 1796, confirmé dans son opinion par les nouvelles que lui apportait la correspondance d'Alexandrie, le ministre lui-même était venu, dès le printemps de 1797, à ne plus voir d'autre remède à la situation que l'emploi de la force et à prendre son parti d'y recourir, quand les circonstances le lui permettraient.

Les choses en étaient là lorsque, le 16 juillet 1797, Talleyrand succéda à Delacroix au ministère des Relations extérieures. Le nouveau ministre avait, au temps où il n'était encore que l'abbé de Périgord, approché le duc de Choiseul et porté ses hommages à l'exilé de Chanteloup. Il avait été l'intime ami de Choiseul-Gouffier et de Lauzun : nul doute qu'il n'ait été au courant des projets de ses amis sur la navigation de la mer Rouge et la conquête de l'Égypte, comme des vues du ministre de Louis XV sur ce pays. Des voyages qu'il avait faits, pendant la Révolution, en Angleterre et aux États-Unis, il avait rapporté des impressions et des idées personnelles sur la politique coloniale et l'intérêt qu'avait la France à s'orienter vers cette voie. Admis à l'Institut en 1796, il y avait lu, dans la séance publique du 15 messidor an V (3 juillet 1797), un *Essai sur les avantages à retirer de colonies nouvelles dans les circonstances présentes.*

« Les pays propres à recevoir nos colonies sont

avait-il dit, en assez grand nombre; plusieurs rem-
pliraient parfaitement nos vues... Quelques établissements le long de la côte d'Afrique, ou plutôt dans
des îles qui l'avoisinent, seraient faciles et convenables. » Et, se souvenant sans doute de quelque
confidence autrefois reçue par lui de Choiseul, il
avait ajouté ces mots, qui sont restés le principal
témoignage des velléités du ministre de Louis XV
relativement à l'Égypte (1) :

« M. le duc de Choiseul, un des hommes de notre
siècle qui a eu le plus d'avenir dans l'esprit, qui,
déjà en 1769, prévoyait la séparation de l'Amérique
de l'Angleterre et craignait le partage de la Pologne,
cherchait dès cette époque à préparer par des négociations la cession de l'Égypte à la France, pour se
trouver prêt à remplacer par les mêmes productions
et par un commerce plus étendu les colonies américaines, le jour où elles nous échapperaient. »

Peu de temps avant l'arrivée au pouvoir d'un ministre que ses idées et ses traditions inclinaient vers
l'acquisition de l'Égypte, Bonaparte avait commencé
à diriger vers l'Orient la politique du Directoire. Des
rives de l'Adriatique, jusqu'où ses conquêtes l'avaient
amené, la pensée de Bonaparte s'était envolée vers
les rivages voisins de l'Albanie, de l'Épire et de la
Grèce, vers cet empire ottoman décrépit, chancelant,

____

(1) Voyez chap. II, p. 40.

dans le partage duquel il apercevait les éléments d'une colossale opération politique. Abstraction faite de ces considérations, l'enchaînement même des événements conduisait la France à englober, dans son champ d'action politique, le bassin oriental de la Méditerranée. La paix avait été conclue avec la Prusse en 1795; les préliminaires en avaient été posés avec l'Autriche, à Leoben, le 18 avril 1797. Seule, l'Angleterre demeurait en armes et poursuivait la lutte. L'état de notre marine nous interdisant de tenter un duel maritime proprement dit, il ne restait à la France d'autres ressources que de vaincre ses ennemis chez eux, « dans Londres », ou de les atteindre indirectement dans leur commerce, dans leurs prétentions à l'empire de la mer. Dût-elle recourir un jour au premier de ces deux moyens, ce n'était pas une raison pour s'abstenir d'employer le second et négliger les occasions de s'établir solidement sur les mers où ses conquêtes la mettaient en mesure de faire régner son influence. L'éclatant succès de la campagne d'Italie faisait naître une de ces occasions : des positions de premier ordre, les îles Ioniennes, Malte, étaient à portée de nos mains. Elles présentaient d'autant plus d'intérêt pour nous qu'il importait de neutraliser l'accroissement de puissance maritime conféré à l'Autriche par l'abandon de la République de Venise.

Telles sont les raisons qui ont déterminé Bonaparte à proposer, le Directoire à approuver l'occupation de Corfou, Zante, Céphalonie et Cerigo. Sans aller jusqu'à vouloir tirer immédiatement parti de ces positions pour pousser plus avant nos entreprises, Bonaparte a cependant, dès lors, très nettement entrevu et indiqué au Directoire telles éventualités où nous pourrions les prendre pour bases d'opérations. La dissolution de l'empire ottoman et la conquête de l'Égypte ont été les premières de ces éventualités qui se soient présentées à son esprit, et elles ont exercé de prime abord assez d'influence sur son jugement pour lui faire attribuer aux îles Ioniennes une valeur supérieure à celles de toutes ses conquêtes italiennes.

« Les îles de Corfou, de Zante et de Céphalonie, écrit-il le 16 août 1797 (1) au Directoire, sont plus intéressantes pour nous que toute l'Italie ensemble.

« Je crois que, si nous étions obligés d'opter, il vaudrait mieux restituer l'Italie à l'empereur et garder les quatre îles, qui sont une source de richesse et de prospérité pour notre commerce. L'empire des Turcs s'écroule tous les jours : la possession de ces îles nous mettra à même de le soutenir, autant que cela sera possible, ou d'en prendre notre part.

---

(1) Une grande partie des citations que nous serons amenées à faire dans la suite de ce chapitre seront, comme celle-ci, empruntées à l'excellent ouvrage du commandant DE LA JONQUIÈRE, *l'Expédition d'Égypte*, t. Ier, Paris, Ch. Lavauzelle.

« *Les temps ne sont pas éloignés où nous sentirons que, pour détruire véritablement l'Angleterre, il faut nous er'narer de l'Égypte.* Le vaste empire ottoman, qui pér. tous les jours, nous met dans l'obligation de penser de bonne heure à prendre des moyens de conserver notre commerce du Levant... »

C'est la première fois qu'apparaît sous la plume de Bonaparte l'idée de s'emparer de l'Égypte : elle lui a été inspirée par le contact de l'Orient, en même temps que d'autres idées, qui ont, comme celle-là, hanté l'imagination des Français de l'ancien régime : la dissolution de la Turquie, le commerce du Levant. Il ne semble pas encore s'être fait, dans l'esprit de Bonaparte, de classement, de triage entre ces diverses idées, qu'il met toutes à peu près sur le même niveau. C'est sans plan arrêté que, poussé par une sorte d'instinct, il se hâte de prendre contact avec le monde nouveau qui vient de lui être révélé, noue des relations avec le pacha d'Albanie, brûle d'éveiller en Grèce « le fanatisme de la liberté » et d'y faire connaître « le grand peuple (1) ».

(1) Lettre de Bonaparte à Talleyrand, en date du 16 août 1797, le même jour que sa lettre au Directoire « ... Notre occupation des îles de Corfou, Zante et Céphalonie exige que nous nous mettions en correspondance avec les différents pachas de l'Albanie. Ce peuple est très porté pour les Français. Ces îles sont pour nous de la plus grande importance. C'est en vain que nous voudrions soutenir l'empire de Turquie; nous verrons sa chute de nos jours; l'occupation de ces quatre belles îles sera pour nous un moyen de le soutenir ou de nous faire notre part. Le fanatisme de la liberté, qui déjà commence à

C'est de la même manière, pour ainsi dire en bloc et sans établir de rang entre elles, que Talleyrand accueille les idées de Bonaparte et les fait approuver par le Directoire. Il faut cependant noter l'empressement du ministre à entrer dans les vues du général en chef de l'armée d'Italie et la mention spéciale faite, dans sa réponse, de l'utilité dont peut nous être un jour l'Égypte.

« ... Le Directoire, écrit Talleyrand le 23 août (1), approuve parfaitement l'occupation de Zante, Corfou et Céphalonie. Vous aurez vu, par une de mes précédentes dépêches, que le Directoire et vous vous êtes rencontrés à cet égard, et qu'il avait également nommé Cerigo comme bonne à occuper. Rien, au reste, n'est plus important que de vous mettre sur un bon pied avec l'Albanie, la Grèce, la Macédoine et autres provinces de l'empire turc d'Europe et même toutes celles que baigne la Méditerranée, *comme noiamment l'Égypte, qui peut nous devenir un jour d'une grande utilité.* Le Directoire, en apprenant les liaisons que vous avez établies avec le pacha Ibrahim et la nation albanaise, désire que vous fassiez connaître le peuple français au reste des provinces turques d'une manière qui, tôt ou tard, puisse

aborder en Grèce, y sera plus puissant que le fanatisme religieux. Le grand peuple y trouvera plus d'amis que le Russe. Corfou et Zante nous rendent maîtres de l'Adriatique et du Levant... »

(1) La Jonquière, *op. cit.*

tourner à leur profit et au nôtre, et au désavantage de nos communs ennemis. »

Peu à peu cependant, le projet d'occuper l'Égypte se détache sur l'ensemble des idées qui ont germé dans l'esprit de Bonaparte, se précise et prend pour ainsi dire un relief particulier. Cette évolution se révèle déjà par la proposition d'acquérir Malte. Le 13 septembre, Bonaparte signale en effet à Talley-rand l'intérêt de la France à se saisir de l'île, dont l'occupation sera le premier acte de l'expédition de 1798.

La nature de cet intérêt est suffisamment indiquée par les développements dont Bonaparte fait suivre sa proposition et qui ont pour objet les conditions mêmes d'une expédition en Égypte.

« ...Je pense que désormais la grande maxime de la République doit être de ne jamais abandonner Corfou, Zante, etc. Nous devons, au contraire, nous y établir solidement; nous y trouverons d'immenses ressources pour le commerce et elles seront d'un grand intérêt pour nous dans les mouvements futurs de l'Europe.

« Pourquoi ne nous emparerions-nous pas de l'île de Malte? L'amiral Brueys pourrait très bien mouiller là et s'en emparer. Quatre cents chevaliers et, au plus, un régiment de 500 hommes sont la seule défense de la ville de La Valette. Les habitants, qui montent à plus de 100 000, sont très portés pour nous et fort dégoûtés de leurs chevaliers, qui ne peuvent plus vivre et meurent de faim ; je leur ai fait exprès confisquer tous leurs biens en Italie. Avec l'île de Saint-Pierre, que nous a cédée le roi de Sardaigne, Malte, Corfou, etc., nous serons maîtres de toute la Méditerranée.

« *S'il arrivait qu'à notre paix avec l'Angleterre nous fussions obligés de céder le cap de Bonne-Espérance, il faudrait nous emparer de l'Égypte.* Ce pays n'a jamais appartenu à une nation européenne. Les Vénitiens seuls y ont eu une certaine prépondérance, il y a bien des siècles, mais une prépondérance précaire. L'on pourrait partir d'ici avec 25 000 hommes, escortés par 8 ou 10 bâtiments de ligne ou frégates vénitiennes, et s'en emparer. L'Égypte n'appartient pas au Grand Seigneur.

« Je désirerais, citoyen ministre, que vous prissiez à Paris quelques renseignements pour *me faire connaître quelle réaction aurait sur la Porte notre expédition en Égypte.*

« Avec des armées comme les nôtres, pour qui toutes les religions sont égales, mahométans, coptes, arabes, idolâtres... etc., tout cela nous est fort indifférent ; nous respecterions les uns comme les autres (1). »

Cette lettre est datée de Passeriano, petite ville de Vénétie, à quelques kilomètres de l'Adriatique, dont

____

(1) La Jonquière, *op. cit.*

l'étroit couloir sépare seul Bonaparte de ce monde oriental, qui parle alors à son imagination. Pendant son séjour dans cette ville, il reçoit, en septembre 1797, la visite de Desaix. Le projet d'une entreprise en Égypte est au nombre des sujets dont Bonaparte entretient son hôte, qui trace ainsi les grandes lignes de leur conversation :

« Idées sur l'Égypte, sur ses ressources ; projet sur elle ; développement ; paix avec l'Autriche, l'Angleterre ; départ de Venise de 10 000 hommes et 8 000 Polonais pour l'Égypte, *s'en emparer*, *avantage*, *détail*, avec 5 divisions, 200 cavaliers ; assemblage de tous les moyens d'être bien instruit ; voyages Savari, Volney (1). »

Les notes de Desaix rappellent ensuite longuement les relations établies avec certains pachas, entre autres celui de Scutari d'Albanie, les correspondances avec les Maniotes, etc. « Les idées de Bonaparte sur l'Égypte se présentent donc, en 1797, d'une façon assez différente de celle qui fut réalisée en 1798. L'intervention dans ce pays apparaît, au même titre que les intelligences avec les populations helléniques, comme l'un des actes de la grande opération entrevue par Bonaparte, le partage de l'empire ottoman (2). » Mais par le fait seul qu'il consiste en une expédition, l'*acte* qui doit se dérouler en Égypte acquiert une

____

(1) LA JONQUIÈRE, *op. cit.*
(2) *Ibid.*, t. Ier, p. 32, note 1.

importance que ne sauraient avoir de simples intelligences nouées avec les populations riveraines de l'Adriatique. L'importance même de cet acte y ramène plus souvent l'attention de Bonaparte, pour en étudier les modalités, les conditions, et l'impose également aux réflexions de Talleyrand.

Ce ministre accueille avec une faveur marquée un projet qui répond si bien à ses inclinations personnelles. Le 23 septembre, il écrit à Bonaparte :

« Il est de notre intérêt de prévenir tout accroissement maritime de l'Autriche (1) et le Directoire désire que vous preniez les mesures nécessaires pour empêcher que Malte ne tombe entre ses mains. *Quant à l'Égypte, vos idées à cet égard sont grandes, et l'utilité doit en être sentie. Je vous écrirai sur ce sujet au large. Aujourd'hui, je me borne à vous dire que, si l'on en faisait la conquête, ce devrait être, pour la Porte,* pour déjouer les intrigues russes et anglaises qui se renouvellent si souvent dans ce malheureux pays. Un si grand service rendu aux Turcs les engagerait aisément à nous y laisser toute la prépondérance et tous les avantages commerciaux dont nous avons besoin. L'Égypte, comme colonie, remplacerait bientôt les produits des Antilles et, comme chemin, nous donnerait

(1) La Jonquière, *op. cit.* Le commencement de la dépêche a trait aux instructions du Directoire en vue des négociations en cours avec l'Autriche et Naples, aux visées de l'Autriche à devenir puissance maritime et à s'emparer de Malte, en attendant de pouvoir faire main basse sur la Bosnie et l'Albanie.

le commerce de l'Inde; car tout, en matière de commerce, réside dans le temps, et le temps nous donnerait cinq voyages contre trois par la route ordinaire. »

Talleyrand ne subordonne pas, comme Bonaparte, l'entreprise projetée en Égypte à une opération plus vaste, embrassant l'ensemble de l'empire ottoman. Comment, sans cela, eût-il pu concevoir cette entreprise sous la forme d'une conquête pour le compte de la Porte? Il y voit donc, d'ores et déjà, un intérêt propre, une utilité directe, qui la lui font considérer comme un projet indépendant, distinct et se suffisant à lui-même. Sans doute est-il instruit, à cette époque, de la situation faite à nos établissements du Caire et d'Alexandrie, du dommage causé à notre commerce, des vexations exercées contre nos résidents, des appels adressés par eux et par leurs consuls à la protection du gouvernement. C'est assez pour donner, à ses yeux, une valeur propre à un projet dont le principe lui est, dès longtemps, familier.

Le jour même où Talleyrand écrit cette lettre à Bonaparte, le vice-amiral Rosily, directeur du dépôt des cartes et plans de la marine, adresse au citoyen Monge, commissaire des sciences et arts en Italie, un recueil de documents et de mémoires sur l'Égypte et sur les relations commerciales avec les Indes. Ce recueil, qui forme un volume de 228 pages conservé aux archives du ministère de la Guerre, contient entre autres : des correspondances relatives au voyage

de Rosily à Suez, en 1787, avec la *Vénus ;* le mémoire
de Truguet sur l'état de l'Égypte en 1784 ; une correspondance de Froment avec les directeurs de la
Compagnie des Indes ; le mémoire de Choiseul-Gouffier aux administrateurs de cette même Compagnie ;
un mémoire du maréchal de Castries sur le commerce
de l'Inde ; des lettres écrites par Magallon en 1787.

Voilà donc une partie de ce qu'on peut appeler le
dossier de la question mise sous les yeux de Monge,
qui n'est ici que l'intermédiaire de Bonaparte. C'est
sur le désir exprimé par Monge, agissant probablement à l'instigation de Bonaparte, que Rosily réunit
ces documents et les lui adresse (1). La seule initiative de cette sorte d'enquête rétrospective prouve
qu'ils ont tout au moins soupçonné l'existence de la
longue tradition à laquelle se rattachait le projet de
conquérir l'Égypte. L'enquête de Rosily renoue cette
tradition, relie le présent au passé ; elle fait en
quelque sorte comparaître devant Bonaparte certains
précurseurs ignorés de ses propres idées et fait
d'eux ses collaborateurs et ses conseillers.

Poursuivies aux archives de la Marine, les recherches

____

(1) Ces documents sont en effet précédés d'une lettre de Rosily à
Monge : « En vous faisant passer, d'après l'aveu du ministre de la
Marine, plusieurs pièces que le dépôt possède, je crois pouvoir parvenir à mieux vous éclairer que par un détail général que je pourrais
vous donner et des idées dont la certitude ne serait pas bien pro-
noncée... L'envie de remplir vos désirs promptement m'a fait écrire
un peu à la hâte. »

de Rosily font bientôt découvrir des documents dont l'inspiration présente plus d'analogie avec l'objet même du plan de Bonaparte : ce sont le rapport de Tott sur sa mission secrète, les observations de Saint-Didier, le mémoire du consul Mure. Ils forment un second recueil qui dut être ultérieurement communiqué au général en chef (1).

Il n'est encore question, à ce moment, du projet concernant l'Égypte qu'entre Bonaparte et Talleyrand. Le Directoire n'en a pas été saisi. Par contre, il a fait sienne la proposition d'occuper Malte et montre même une grande hâte d'y voir donner suite. Le 27 septembre, il autorise Bonaparte à prescrire à l'amiral Brueys toutes les mesures convenables pour s'assurer de cette île ; le 3 octobre, il le presse de s'en emparer ; le 21, il lui suggère de l'acheter. Mais trois jours avant a été signée la paix de Campo-Formio (17 octobre), qui va être le point de départ d'une diversion aux vues de Bonaparte et du Directoire sur l'Orient.

Bonaparte lui-même, en transmettant au Directoire le texte du traité, désigne la lutte contre l'Angleterre aux efforts du gouvernement. Immédiatement aussi, le Directoire se rend à son avis : le jour même où il

(1) Ce recueil porte en première page la note suivante : « Second cahier de mémoires sur l'Égypte faisant suite au premier cahier sur le même objet, qui avait été adressé du dépôt des cartes et plans de la marine au citoyen Monge et qu'il a remis au général en chef Bonaparte. » Arch. de la Guerre.

reçoit le traité des mains de Berthier et de Monge, il signe l'arrêté ordonnant la constitution de l'armée d'Angleterre et en nomme Bonaparte commandant en chef. Aussitôt est entreprise la constitution de cette armée, à l'aide de corps prélevés sur l'armée d'Italie.

Bonaparte ne renonce pourtant pas, de prime abord, à ses intentions sur Malte. Il envoie à Corfou son aide de camp, Eugène de Beauharnais, porter des instructions à Brueys. Afin de préparer le terrain à Malte même, il y dépêche un secrétaire d'ambassade, Poussielgue, sous prétexte d'inspecter les Échelles du Levant (novembre 1797). Mais bientôt une mission diplomatique appelle Bonaparte à Rastadt (25 novembre), puis l'organisation de son nouveau commandement exige sa présence à Paris (5 décembre). Dès lors, il se résigne à l'ajournement de l'opération projetée contre Malte et veut même suspendre le départ de Poussielgue, que son contre-ordre n'atteint pas à temps.

Depuis décembre 1797 jusqu'au milieu de février 1798, la préparation de la descente en Angleterre absorbe seule l'attention du Directoire et de Bonaparte (1). L'un et l'autre s'y consacrent avec une activité fiévreuse, une infatigable ardeur. Bonaparte surtout fournit un colossal effort ; il arrête un plan

______

(1) Nous renvoyons à l'ouvrage du commandant de la Jonquière pour le détail des diverses phases de cette préparation et nous nous bornons ici à résumer l'historique qu'en fait cet auteur.

d'opérations préliminaires, dirige les mouvements des troupes destinées à former son armée, en constitue les cadres, dicte les dispositions relatives à la concentration d'une armée navale, visite lui-même les ports du nord de la France et des Pays-Bas.

Pourtant, même au cours de ses préparatifs fiévreux, Bonaparte ne perd pas complètement de vue l'Égypte. Bourrienne rapporte en effet, dans ses mémoires, une confidence que lui aurait faite le général en chef de l'armée d'Angleterre, le 29 janvier 1798, une huitaine de jours avant de partir pour son inspection des côtes : « Je ne veux pas rester ici, lui aurait-il dit, il n'y a rien à faire. Ils ne veulent entendre à rien. Je crois que, si je reste, je suis coulé dans peu. Tout s'use ici, je n'ai déjà plus de gloire ; cette petite Europe n'en fournit pas assez. Il faut aller en Orient : toutes les grandes gloires viennent de là. Cependant, je veux auparavant faire une tournée sur les côtes, pour m'assurer par moi-même de ce que l'on peut entreprendre. Je vous emmènerai vous, Lannes et Sulkowski. Si la réussite d'une descente en Angleterre me paraît douteuse, comme je le crains, l'armée d'Angleterre deviendra l'armée d'Orient et je vais en Égypte. »

Doit-on conclure de ce témoignage que Bonaparte, lorsqu'il a entrepris son voyage sur les côtes (1), avait déjà virtuellement renoncé au projet de descente en

____

(1) Du 8 au 16 février 1798.

Angleterre et résolu l'expédition d'Égypte? Ce serait faire trop de fond sur un témoignage d'une valeur contestable, contredit par des faits dont l'authenticité est au contraire irrécusable. Car les mémoires de Bourrienne ont été rédigés sur des simples notes de lui, par une tierce personne, Villemarest; et les nombreuses erreurs chronologiques qu'on y relève, dans la période qui nous occupe, permettent de considérer comme sujette à caution la date à laquelle il place la confidence de Bonaparte. L'état d'esprit que cette confidence supposerait de la part de Bonaparte est d'ailleurs en contradiction avec l'activité qu'il déploie dans sa visite des côtes, avec les ordres qu'il donne pour mettre en œuvre les ressources existantes dans les ports qu'il a reconnus, avec la mission dont il charge un de ses généraux préférés, Caffarelli, avec la précision des rapports que lui adresse cet officier. Il paraît donc impossible d'admettre que le voyage de Bonaparte sur les côtes ait été, soit une feinte, soit une formalité accomplie par acquit de conscience et que l'expédition d'Égypte, ait été, d'ores et déjà, décidée dans l'esprit du général en chef. Ou bien Bourrienne a pour ainsi dire *antidaté* une conversation qui doit s'être placée à une date ultérieure; ou bien il a forcé le sens des paroles de Bonaparte, en attribuant la portée d'une résolution, même conditionnelle, à ce qui n'était que le rappel d'un projet antérieur sur l'Égypte.

Quand Bonaparte rentre à Paris, le 21 février, ce

projet vient d'être, pour la première fois, porté devant le Directoire. Sept jours avant, Talleyrand a remis à ce conseil un mémoire exposant les avantages et la facilité d'une expédition en Égypte et concluant à l'exécution de cette entreprise.

La préparation de la descente en Angleterre n'a pas en effet distrait Talleyrand, comme Bonaparte, du projet ébauché entre eux, avant Campo-Formio. S'il n'a pas dépendu de lui de soustraire ce projet à la diversion qui l'a fait ajourner, on peut cependant présumer que c'est à contre-cœur qu'il s'est résigné à cet ajournement. Non seulement une expédition en Égypte concorde avec ses idées personnelles, répond aux exigences d'une situation locale qui est parfaitement connue de lui, mais une descente en Angleterre est en complète opposition avec ses vues. Hostile à ce duel à mort, voulu par le Directoire et l'opinion publique, il se préoccupe de porter sur un terrain différent la lutte contre l'Angleterre. « Une expédition en Égypte lui apparaît comme un moyen de le faire sans contrecarrer ouvertement les desseins du Directoire (1). »

Son zèle en faveur de ce projet a pu être entretenu par diverses initiatives, mémoires, rapports ou publications, qui se sont produites depuis le traité de Campo-Formio. La diversion créée par la préparation de la descente en Angleterre n'est pas en effet si radi-

______

(1) La Jonquière, *op. cit.*, t. Iᵉʳ.

cale que les affaires d'Orient, d'Égypte et des Indes ne continuent à inspirer les suggestions de quelques indé-pendants. Dans le courant de 1798, un ancien consul de France à Alexandrie, Barallier, adresse à Talley-rand des *Notes sur l'Égypte,* où il propose d'offrir des présents aux beys pour ouvrir la voie à des négocia-tions avec eux, d'établir une correspondance avec les îles de France et de Bourbon par Suez et la mer Rouge et d'utiliser ces colonies comme bases d'opération pour expulser les Anglais des Indes (1).

La même année, l'historien Anquetil tire de l'ou-vrage présenté à Louis XVI, par M. de Saint-Priest, au retour de son ambassade, un mémoire intitulé : *Observations sur les intérêts politiques et commerciaux de la France et de la Turquie relativement l'une à l'autre* (2). Dans une des parties de ce volumineux mémoire, sont étudiés « les moyens à prendre pour revenir aux anciennes routes » suivies dans l'antiquité pour se rendre d'Europe aux Indes. « Supposé, dit-il, qu'on préférât la troisième (celle de la mer Rouge), il en coûterait peu au Grand Seigneur pour l'assurer. Il ne serait peut-être question que de

(1) « Notes sur l'Égypte remises par le citoyen Barallier, consul de la République française d'Alexandrie. » 1798. (Arch. aff. étr., cor-respondance consulaire, Alexandrie.) Barallier avait dû rester titulaire du poste d'Alexandrie, mais en tout cas n'y résidait plus depuis 1795. Une partie de son mémoire offre beaucoup d'analogie avec un rapport non signé de 1793, qui est peut-être de lui. (Voir chap. ix, p. 268.)

(2) Arch. Aff. étr., mémoires et documents, Turquie, 14ᴬ . 15.

quelques corps de troupes légères qui battraient le petit désert de Suez au Caire, qu'on dit n'avoir qu'environ trente lieues de long. Serait-il impossible d'y bâtir quelques ports que le commerce alimenterait et abreuverait? Et deux caravelles armées sur la mer Rouge suffiraient pour écarter les pirates qui y fourmillent. » Passant ensuite aux propositions de Saint-Priest visant l'occupation de l'Égypte, Anquetil ne dissimule pas l'opposition que cette entreprise rencontrera de la part des Anglais et sans doute aussi des Russes. « Mais plus ce plan, conclut-il, présente de difficultés, plus il doit être suivi avec ardeur, puisque son succès ferait passer entre les mains des Français, avec un grand profit pour les Turcs, la partie la plus précieuse du commerce de l'Inde, ou que du moins elle rendrait les autres nations leurs tributaires à cet égard. » Historien en renom, membre de l'Institut, frère d'un orientaliste qui s'était fait connaître par de savants travaux sur l'Inde, Anquetil était alors attaché aux archives du ministère des Relations extérieures et il est à présumer que son étude a été placée sous les yeux de Talleyrand.

Au mois de février 1798, un certain Thermin soumit à Talleyrand des *combinaisons pour le cas où l'affaiblissement de l'empire ottoman entraînerait sa destruction en Europe* (1). L'auteur conseillait à la

(1) Arch. Aff. étr. Mémoires et documents. Turquie, 14ᴬ.15.

République de s'emparer de Varna, de Constantinople et d'îles de l'archipel. Quant à l'Égypte, « il
faudrait, dit-il, établir des comptoirs armés à
Alexandrie, à Rosette et au Caire, avec de fortes garnisons qui puissent protéger le commerce, rompre
les communications des Anglais avec l'Inde par terre,
et faire respecter le nom français parmi des peuples
qui continueraient d'être régis par leurs lois, mais
avec une forme de gouvernement plus sensée et
moins absolue que celle des beys et des Mameluks...
L'Angleterre serait ainsi chassée de l'Égypte, comme
des autres Échelles du Levant et de la Méditerranée,
et ce ne sera pas un petit inconvénient pour elle
d'avoir sans cesse à doubler le cap de Bonne-Espérance pour chercher les marchandises des Indes,
tandis qu'elles arriveraient par un chemin plus court,
perfectionné, par la terre, aux nations continentales. »

En janvier de la même année, le capitaine du
génie Lazowski (1), au retour d'une mission en Turquie, signale au ministre de la Guerre l'affaiblissement de la puissance ottomane, la décadence de l'armée, l'abandon de l'agriculture et du commerce, la

______

(1) LA JONQUIÈRE, *op. cit.*, t. Ier, p. 148. — Né en 1759 à Lunéville
où son père était à la cour de Stanislas, Lazowski entra à l'école des
ponts et chaussées, fut admis dans le génie militaire en l'an III,
envoyé au service de la Turquie où il resta jusqu'en l'an V, chargé de
reconnaître la frontière turco-russe et mourut général de division en
1812. Le rapport dont nous citons un extrait est du 15 nivôse an VI
(4 janvier 1798).

ruine des finances. Au cas où le gouvernement renoncerait, ainsi qu'il l'y engage, à l'alliance de la Turquie et s'associerait à un partage, il désigne comme part à la France l'archipel et l'Égypte. « Pour faire, dit-il, cette conquête importante ou, je dirai mieux, pour tirer l'industrieux Égyptien de la servitude dans laquelle il gémit depuis longtemps, il suffira de chasser de cette contrée fertile dix ou douze mille Mameluks, dit-on, sans artillerie, sans connaissances militaires et toujours divisés entre eux... » Lazowski signale aussi les avantages qu'assureront à la France « l'exploitation du pays le plus fertile du monde et ensuite la navigation de la mer Rouge, cette route si abrégée des mers de l'Inde ». A la suite de ce travail, Lazowski fut autorisé à prolonger son séjour à Paris et invité à continuer l'étude d'un projet qui était autant du ressort des Affaires étrangères que de celui de la Guerre.

C'est encore de l'an VI de la République, 1798 du vieux calendrier, qu'est daté un ouvrage que Talleyrand a pu lire. Le titre en est très explicite, selon la mode du temps : *Considérations sur la possibilité, l'intérêt et les moyens qu'aurait la France de rouvrir l'ancienne route du commerce de l'Inde, accompagnées de recherches sur l'isthme de Suez et sur la jonction de la mer Rouge à la Méditerranée.* L'auteur, le citoyen Delpuech-Comeiras, était un ecclésiastique qui avait acquis une certaine notoriété comme historien, géo-

graphe et juriste. Écrivant après l'occupation des îles
Ioniennes, dont l'acquisition lui paraissait être l'acte
le plus politique de la dernière guerre, il y voyait le
principe d'une révolution qui devait ouvrir aux Français « les anciennes portes de l'Orient, placées sur la
mer Rouge et le golfe Persique ». Rien ne lui semblait plus coupable que l'indifférence avec laquelle
les nations européennes avaient laissé l'Angleterre
accaparer le riche commerce de l'Inde. Aucune ne
pouvait aussi légitimement que la France en faire
un crime à son gouvernement et reprocher cette
faute à l'ancien régime. Pour secouer le joug des
Anglais, le moyen le plus efficace consistait à les
dépouiller de ce monopole, « en faisant prendre au
commerce des Indes une nouvelle direction et en le
faisant couler par les anciens canaux que lui avaient
ouverts les Phéniciens, les Grecs et les Romains, et
ensuite les Vénitiens, les Génois, les Pisans, les Flo-
rentins et les villes hanséatiques. » L'exploitation de
ce commerce serait confiée à une Compagnie par
actions, mais sans privilège exclusif, dont le comptoir
serait à Alexandrie ou au Caire, et à laquelle pourraient s'intéresser tous les négociants de France.
Auparavant, on pourrait « commettre un homme
entendu et expérimenté pour faire le tour des Échelles
du Levant, examiner plus à fond les côtes de la mer
Rouge, du côté de l'isthme de Suez, » étudier la
nature du commerce, les conditions des marchés

orientaux, la concurrence étrangère, les difficultés susceptibles d'être rencontrées, enfin préparer la voie aux opérations de la Compagnie. Ce commissaire devrait être muni d'une permission du Grand Seigneur et accompagné, si possible, d'un officier de la Sublime Porte. Ensuite on installerait des facteurs. Un agent serait établi à Djeddah, avec deux ou trois médecins. Des magasins seraient organisés à Suez et dans quelque port commode sur le golfe Arabique ; il conviendrait aussi d'avoir un comptoir à l'extrémité orientale de la Méditerranée, le plus près possible de Suez. C'est dans ce dernier port que seraient construits les navires destinés à la navigation entre l'Égypte et l'Inde. L'ambassadeur de France à Constantinople s'emploierait à gagner la Porte à ce plan, auquel il serait également nécessaire d'intéresser le chérif de la Mecque.

Le succès de cette entreprise aurait pour conséquence une véritable renaissance économique de l'Égypte, dont les ressources naturelles, momentanément taries par un despotisme barbare, fournit à Delpuech-Comeiras le sujet d'un brillant développement. « L'Égypte, dit-il, est de tous les pays celui qui a présenté le spectacle le plus imposant et le plus varié. Des campagnes fertiles, des villes florissantes, une nation guerrière et éclairée, de tous côtés des monuments qui rappelaient de grandes actions, des marbres, des bronzes qui retraçaient la beauté, les

héros ou les dieux, des temples, des palais garants de
ce qu'elle a été et témoins de ce qu'elle a perdu, en
un mot une contrée où l'art et la nature semblaient
avoir essayé tout ce que leurs efforts réunis pouvaient
produire. Voilà l'idée que, pendant des siècles entiers,
l'histoire nous offre de l'Égypte. Si l'on voulait n'envisager maintenant sa situation actuelle que sous les
rapports qui constituent la puissance d'un État, la
politique pourrait peut-être ne voir qu'avec une sorte
de mépris cette grande métropole du monde, le
berceau de toutes les sciences et de tous les arts,
n'être plus aujourd'hui qu'une province de l'empire
le plus vaste et le moins puissant. Mais l'administra-
teur philosophe l'envisagera sous un rapport plus
digne de son attention et, s'il retrouve dans le climat
les productions et la population de l'Égypte, les
anciens moyens qui l'ont rendue célèbre, ces avantages que les siècles n'ont pu détruire et qui ont
résisté aux plus grandes révolutions lui paraîtront
préférables à cette soif de gloire qui, dans le reste de
l'univers, ne conduit qu'à s'enivrer de brigandages. »

Rouvrir au commerce de l'Inde la voie de la mer
Rouge n'est, dans l'esprit de Delpuech-Comeiras,
qu'un des articles d'un programme plus vaste, qui
comporte le relèvement de tout le commerce du
Levant, la libre navigation de la mer Noire et l'ouverture des autres routes, maritimes ou terrestres,
qu'empruntaient jadis les marchandises des Indes

pour parvenir en Orient et en Europe. « La France, dans son état actuel de politique intérieure et extérieure, a besoin, pensait Comeiras, de se faire un nouveau système politique et commercial. » Celui qu'il lui conseillait d'adopter consistait « à nous occuper par préférence des affaires de la Méditerranée; à y acquérir une prépondérance par une marine formidable, par une chaîne d'établissements; à donner à notre commerce du Levant tous les accroissements dont il est susceptible, en le liant avec celui des Indes par les États du Grand Seigneur et par les anciennes routes qui, du Malabar, aboutissaient à Constantinople et à Alexandrie. » Comeiras voyait dans ce plan « l'idée mère » d'une politique qui devait décider de la fortune de la République et lui assurer une supériorité incontestée sur mer.

L'exécution de ce programme exigeait la mise en œuvre de moyens multiples, que Comeiras indiquait à grands traits. « Augmenter la prépondérance de notre marine sur la Méditerranée, y former une chaîne d'établissements, organiser les nouveaux départements de la mer Ionienne, cultiver soigneusement nos relations avec les côtes de Barbarie, raviver le commerce du Levant, unir étroitement nos intérêts avec la Porte par des traités d'amitié et de commerce, obtenir la liberté de naviguer sur la mer Noire, ouvrir les yeux du Divan sur les dangers qui le menacent de la part de la Russie et de l'Autriche, et même de l'Angleterre, établir des comptoirs en Égypte, s'assurer des ports à l'extrémité orientale de la Méditerranée et sur la mer Rouge, dans lesquels on fabriquerait les bâtiments nécessaires pour correspondre avec les îles de Madagascar, de France et de Bourbon, pour aller sur la côte du Malabar, sur celle de Coromandel, sur les bords du Gange, charger ces marchandises précieuses dont l'Europe ne peut plus se passer, apprendre de nouveau aux Égyptiens l'art de la navigation, à creuser les canaux, à rétablir les digues, à rendre à l'agriculture le tiers de leurs terres ensevelies sous les sables, respecter les préjugés, les opinions, les coutumes, les usages des peuples quels qu'ils soient : tel est l'aperçu général des moyens que la France doit mettre en œuvre pour faire revivre les temps où l'Europe ne recevait les marchandises et les denrées de l'Orient que par les ports d'Égypte et de Syrie. »

Comeiras avait-il eu vent des projets ébauchés par Bonaparte avant Campo-Formio? Toujours est-il qu'il ne craint pas de supposer que ses idées sont, d'ores et déjà, partagées par Bonaparte. « Peut-être, dit-il, ce noble et grand dessein est-il déjà conçu par ce général pour qui la gloire est le premier besoin, qui a porté la philosophie dans les champs de bataille et la consacre au bonheur des hommes? »

N'auraient-elles pas éveillé l'attention de Talleyrand, ni celle de Bonaparte, que ces obscures initiatives n'en présenteraient pas moins quelque intérêt, car elles dénotent un état d'esprit et traduisent des aspirations communes à un certain nombre de Français. Les projets naguère ébauchés entre Talleyrand et Bonaparte n'ont pas eu le caractère isolé, exceptionnel, qu'on est tenté de leur attribuer : ils ont hanté, dans l'année même qui devait en voir la réalisation, la pensée de plusieurs de leurs contemporains. La campagne d'Italie, l'occupation des îles Ioniennes, la paix de Campo-Formio, la continuation de la guerre avec l'Angleterre devaient avoir pour conséquence de diriger les imaginations vagabondes vers les régions lointaines où les avaient précédées celles de Talleyrand et de Bonaparte. Elles s'y retrouvent en présence des mêmes problèmes qu'autrefois : question d'Orient, commerce du Levant, communication avec l'Inde.

L'Égypte partage avec l'Inde le privilège d'occuper les esprits réfractaires à l'obsession du corps à corps avec l'Angleterre. Déjà, le 23 juillet 1797, Talleyrand a communiqué au Directoire trois mémoires concluant à une entreprise combinée avec les princes indiens contre la domination anglaise (1). En 1798, le Directoire lui renvoie un mémoire de Tréhouart sur la *nécessité de chasser les Anglais des Indes orientales* (2). « Si le gouvernement se décidait, dit l'au-

(1) La Jonquière, *op. cit.*, t. Ier, p. 169.
(2) Arch. Aff. étr., mémoires et documents. Asie, vol. 4.

teur, à porter un pareil coup aux Anglais, il le porterait d'autant plus sûrement, qu'il profiterait, pour masquer son expédition, du mouvement, qu'il projette contre eux en Europe. Caché derrière la descente en Angleterre, il peut discrètement expédier huit vaisseaux de guerre et six à huit mille hommes de troupes, qui suffiraient pour faire la conquête de l'Inde sur les Anglais. » La même idée se trouve développée, la même année, dans un *Mémoire abrégé sur l'Inde, eu égard aux circonstances actuelles* (1). L'auteur, Gourlade, s'exprime ainsi :

« ... Sans oser pénétrer les hauts desseins du Directoire à .l'égard de la descente en Angleterre, dont il s'occupe présentement, opération sublime pour le succès glorieux de laquelle je fais des vœux bien sincères, je le supplie de me permettre, en finissant, l'idée suivante...

« Si, en préparant cette opération d'une conséquence si majeure, le Directoire rencontrait, ce qu'à Dieu ne plaise, des obstacles qui lui paraîtraient trop difficiles à vaincre, ne pourrait-il pas subitement tourner ses préparatifs contre l'Inde anglaise et, en paraissant les continuer par une descente en Angleterre, dont il entretiendrait toujours le public, porter dans l'Inde la plus grande partie de toutes les forces qu'il dispose aujourd'hui contre l'Angleterre même?

____

(1) Arch. Aff. étr., mémoires et documents. Asie, vol. 4.

« Les Anglais, abusés par ce changement de destination, qui ne seraient préparés d'aucune manière à être attaqués dans l'Inde avec tant de forces... y seraient aussi avec rapidité vaincus de toutes parts et détruits entièrement. »

Sans doute ces mémoires ne concernent pas l'Égypte : mais ils prônent l'idée d'une diversion à la descente en Angleterre et concluent à l'exécution d'une entreprise qui a été souvent présentée comme l'accessoire, le corollaire d'une expédition en Égypte; par là, ils tendent à ramener l'esprit du lecteur vers l'Égypte, d'où l'Inde peut être plus facilement atteinte et la domination anglaise ébranlée, pour ainsi dire, par voie de conséquence.

En même temps que cette double série de projets sur l'Égypte et sur l'Inde, la correspondance consulaire d'Alexandrie n'a cessé de faire sentir la nécessité d'une expédition contre les Beys. Pendant toute l'année 1798, il n'est pas une lettre de ce consulat qui ne rende compte de quelque avanie contre les Français et ne fasse appel à l'intervention du gouvernement.

Mais l'influence susceptible d'avoir eu le plus de part à l'initiative de Talleyrand est, à coup sûr, celle de Magallon, arrivé à Paris à la fin de 1797. L'ardeur de ce consul à prêcher la conquête de l'Égypte nous est garante de son empressement à profiter de l'invitation que lui avait adressée, en 1796, le prédécesseur de Talleyrand et à offrir ses services. A défaut de trace matérielle d'entretiens entre le ministre et lui, on possède du moins le témoignage de Talleyrand lui-même sur la participation que Magallon a prise à l'élaboration du projet : Talleyrand en effet a avoué plus tard (1) à Sandoz, ministre de Prusse, « qu'il était, *avec Magallon, consul en Égypte,* l'auteur de cette grande entreprise » .

Le 9 février 1798, Magallon adresse à Talleyrand un *mémoire sur l'Égypte* (2), qui développe et complète les notions contenues dans ses propositions antérieures. « Nouvellement arrivé d'Égypte où j'ai résidé trente ans en qualité de négociant, et cinq ans en qualité de consul de la République, je m'empresse, dit-il, de rendre compte au gouvernement des observations que j'ai pu y faire, ainsi que de la position actuelle des Français qui y résident. Ils méritent que l'on s'occupe d'eux et que l'on venge les pillages et les insultes de tous genres qu'ils éprouvent. » Il esquisse ensuite à grands traits le gouvernement de l'Égypte, puis insiste sur les griefs des Français contre les chefs de ce gouvernement. « Ne pouvant douter que le désir de se venger ne porte notre gouvernement à sévir contre les tyrans de l'Égypte, en les chassant d'un aussi beau pays et en s'en emparant, je pense, poursuit Magallon, qu'il convient de lui en

____

(1) Le 19 avril 1798. Voyez LA JONQUIÈRE, *op. cit.*, t. Iᵉʳ, p. 191.

(2) Ce mémoire, daté du 21 pluviôse an XI (9 février 1798), a été publié par la *Revue d'Égypte* de septembre 1896.

faire connaître l'importance. » C'est ensuite l'habituel tableau des ressources de l'Égypte, aboutissant à la conclusion suivante : « On peut aisément calculer le parti qu'une grande nation pourrait tirer d'un pareil pays, susceptible d'un commerce immense et dont les productions deviendraient infiniment plus considérables et la population bien plus nombreuse, si le cultivateur y jouissait du fruit de son travail. » Qu'on ne croie pas possible de continuer à exploiter le commerce d'Égypte dans les conditions actuelles. Or, l'événement ayant prouvé que les moyens de conciliation sont inutiles avec les beys, il faut « ou renoncer aux avantages que nous offre l'Égypte, ou nous y établir par la force ». Dira-t-on que nous paierons notre établissement en Égypte par la perte de notre commerce avec les autres Échelles du Levant? Mais ce commerce est déjà plus qu'aux trois quarts perdu. Objectera-t-on les égards dus au Grand Seigneur? Mais ce souverain met si peu de soin à faire respecter nos droits dans son empire que nous ne comptons plus nos griefs contre lui. « L'Égypte offre à la République une compensation assurée des torts que les beys ont faits aux Français et de tout ce qu'elle perd dans le commerce général du Levant. Elle acquerrait un pays des plus fertiles et des mieux situés pour étendre son commerce, un État peuplé d'hommes à qui la liberté donnera de l'énergie; elle acquerrait toutes les terres d'un pays superbe où il n'y a aucun possesseur légitime, et dont la vente au plus bon taux lui produirait des sommes immenses. Les impositions annuelles, quoique modérées, produiraient de quoi entretenir les troupes qu'il sera nécessaire d'y laisser. »

Quant aux conditions de la conquête, Magallon estime à 20 ou 25 000 hommes l'importance des troupes à engager, à 4 ou 5 vaisseaux de ligne et 6 frégates le nombre des bâtiments nécessaires à convoyer les transports de Toulon à Alexandrie, à 7 où 8 000 cavaliers les forces que les beys peuvent nous opposer. L'expédition devrait être prête à partir de Toulon ou de Corfou le 15 juin pour être à Alexandrie le 5 juillet. Alexandrie enlevée, nos forces se concentreraient à Rosette, d'où elles gagneraient le Caire en cinq ou six jours. Aux environs du Caire, il pourra y avoir une bataille, dont l'issue ne saurait être douteuse. Les beys tâcheront de s'enfuir dans la Haute-Égypte, où nous devrons les poursuivre. Ce plan, remarque Magallon, convient à la fois « à la conquête absolue », dont il se déclare partisan, et à une conquête pour le compte de la Porte, dont il fait ressortir les inconvénients.

Toute la fin du mémoire de Magallon est consacrée à une expédition contre l'Inde britannique. « Les Anglais, dit-il, ont toujours senti le mal que nous pourrions un jour leur faire par l'Égypte. » Magallon rappelle leurs tentatives pour accaparer la route de la mer Rouge, les efforts de notre diplomatie dans le même sens, la sourde opposition qu'elle a rencontrée de la part de l'Angleterre. Celle-ci n'a, d'après lui, aux Indes, que 15 à 20 000 hommes, pour garder un territoire immense : les en chasser n'exigerait pas grand effort militaire. Quinze mille Français y suffiraient, en nouant des intelligences avec Tippo-Sahib. Tenu secret, ce projet pourrait être mis à exécution avant que les Anglais eussent pu faire parvenir des renforts aux Indes.

Mais s'il nous est facile de passer d'Égypte en Inde, il n'est pas moins facile aux Anglais de passer de l'Inde en Égypte. C'est l'observation dont Magallon tire son argument final. « Les Anglais, dit-il, ne peuvent manquer d'avoir des vues sur l'Égypte, ne fût-ce que pour empêcher qu'elle ne tombe au pouvoir des Français. Lorsqu'ils verront le moment favorable pour s'en emparer, ils enverront une escadre sous prétexte d'en défendre l'approche à notre nation. L'Inde leur fournit les moyens d'envoyer à Suez 15 000 cipayes soutenus de 5 à 6 000 hommes de troupes européennes, qui seraient plus que suffisants pour s'emparer de l'Égypte et pour rendre après la conquête sur eux très difficile. »

C'est exactement cinq jours après avoir reçu ce mémoire que Talleyrand adresse le sien au Directoire (1). Les deux documents présentent des analogies

____

(1) Le mémoire de Talleyrand, en date du 18 pluviôse an VI,

si frappantes que le second n'est, à proprement parler, que la paraphrase du premier. Non seulement l'inspiration générale, le plan, l'argumentation, mais des phrases entières ont passé du mémoire de Magallon à celui de Talleyrand. Il est donc évident que Talleyrand a pris pour base de son projet le travail de Magallon. Il reconnaît d'ailleurs lui-même, dans le cours de son mémoire, avoir recouru aux lumières de Magallon et fait même cet aveu dans des termes qui prouvent en quelle estime il tenait son collaborateur : « J'ai là-dessus, dit-il, consulté l'homme qui a le plus longtemps résidé en Égypte et que la Providence semble avoir voulu conserver pour l'avantage de la République (1). »

La contribution personnelle de Talleyrand au mémoire du 14 février se borne à quelques retouches, à quelques additions, dont certaines sont habilement combinées pour faire impression sur le Directoire.

« L'Égypte fut une province de la République romaine, il faut qu'elle le devienne de la République française. La conquête des Romains fut l'époque de la décadence de ce beau pays, la conquête des Français sera

______

(14 février 1798), a été publié par le commandant la Jonquière (*Op. cit.*, t. Ier, p. 154 à 168.

(1) A la fin du même document, Talleyrand dit encore : « Je pourrais ajouter à ce rapport une multitude d'autres détails que m'offrent la correspondance d'Égypte et le citoyen Magallon, consul général au Caire, qui a résidé trente-six ans dans cette contrée et actuellement à Paris. »

celle de sa prospérité. Les Romains ravirent l'Égypte à des rois illustres dans les arts, les sciences, etc. ; les Français l'enlèveront aux plus affreux tyrans qui aient jamais existé. L'ancien gouvernement de France s'était longtemps nourri du projet de cette conquête, mais il était trop faible pour s'y livrer. Son exécution était réservée au Directoire exécutif, comme le complément de tout ce que la Révolution française a présenté au monde étonné de beau, de grand et d'utile. »

L'un des points sur lesquels Talleyrand entre dans plus de détails que Magallon est, naturellement, l'attitude probable de la Porte et des puissances européennes. La liste de nos griefs contre le sultan s'allonge sous sa plume et s'enrichit de quelques faits supplémentaires. Ainsi complétée, elle est assez suggestive : vexations des beys d'Égypte contre les Français ; persécutions de Djezzar contre les résidents d'Acre et de Seide ; enlèvement d'une de nos frégates par les Anglais dans le port turc de Miconi ; violation des capitulations dans tout l'empire ottoman ; incendie et pillage des biens de nos nationaux à Smyrne ; assassinat, à Smyrne, d'un officier de la frégate *la Brune,* par un Turc. Tels sont les faits dont Talleyrand s'autorise pour repousser l'idée de ménagements à garder envers la Turquie. Il ne croit pas d'ailleurs qu'elle se risque à nous déclarer la guerre et considérerait en tout cas cette détermination comme la pire des fautes qu'elle pût commettre, laissant entendre qu'il pourrait bien lui en coûter la Morée, la Macédoine et l'Albanie. Il ne va pas cependant jusqu'à vouloir rompre de propos délibéré avec elle et conclut à l'envoi d'un « négociateur qui ait toute la dextérité et la fermeté convenables ».

Nous sommes loin des ménagements que le gouvernement français observait envers le sultan, à l'époque où furent rédigées les instructions de Descorches et de Verninac. C'est qu'en effet les dispositions envers la Turquie ont bien changé. L'alliance de cette puissance n'est plus l'objectif de notre politique orientale. Parti de Paris, en juillet 1796, avec des instructions conformes à celles de ses prédécesseurs, le nouvel ambassadeur de France à Constantinople, le général Aubert du Bayet, a été arrêté, en décembre de la même année, dans la négociation d'un traité d'alliance par de nouveaux ordres du Directoire (1). Les causes de ce revirement sont la mort de Catherine II, qui nous ouvre la perspective d'une entente avec la Russie, et la conclusion de la paix avec l'Autriche. Ainsi a disparu un des obstacles que rencontrait le projet d'une expédition en Égypte.

Si une guerre avec la Porte n'est pas pour nous effrayer, la guerre en cours avec l'Angleterre est, au

____

(1) CLÉMENT-SIMON, *le Premier ambassadeur de la République française à Constantinople. Le général Aubert du Bayet.* Paris, imprimerie de la Renaissance, 1904.

dire de Talleyrand, extrêmement favorable à l'exécution de son dessein : car, menacée d'une descente sur son territoire, elle ne dégarnira pas ses côtes pour s'opposer à une invasion de l'Égypte. Quant à la Russie, la Prusse et l'Autriche, nous n'avons aucune opposition à craindre d'elles.

En ce qui concerne les moyens d'exécution, Talleyrand s'est borné à reprendre les indications de Magallon, en les forçant quelquefois dans un sens un peu trop optimiste. Il faut noter aussi qu'il assigne les îles Ioniennes comme point de départ à l'expédition, de préférence à Toulon.

C'est seulement sept jours après la remise de ce rapport au Directoire que Bonaparte revient de son voyage sur les côtes. Son absence de Paris au moment choisi par Talleyrand pour présenter son projet au gouvernement pourrait déjà laisser présumer que l'initiative du ministre n'est pas le résultat d'une entente secrète entre eux et que le mémoire du 14 février n'est pas dû à leur collaboration : mais elle ne suffirait pas à établir ce fait. La preuve matérielle, irrécusable, en est apportée par l'exemplaire même de ce mémoire conservé aux archives de la guerre. Après la campagne d'Égypte, Bonaparte s'est fait remettre sous les yeux ce document et a noté en marge, de sa main, les observations qui lui ont été inspirées, après coup, par les indications de Talleyrand sur les forces militaires des beys et la marche des opérations. *Cela est faux*, note-t-il en marge d'un passage où le ministre décrit à sa façon les moyens de défense des Mameluks. *Plan bon pour une caravane de marchandises*, écrit-il en face d'un autre paragraphe ; *Aux Petites-Maisons*, en regard d'un alinéa où Talleyrand propose de placer l'armée sous l'autorité d'une commission de trois personnes « sages, prudentes et fermes » ; *Quelle folie !* quand le ministre émet l'opinion que les chefs de l'expédition n'auront pas besoin d'être pourvus de grands talents militaires. Tel est le ton de quelques-unes de ces annotations Il en résulte clairement que Bonaparte est resté tout à fait étranger à la rédaction du mémoire dont il apprécie aussi sévèrement certains fragments. « Si l'on voulait y voir, en effet, le résultat d'une entente entre Talleyrand et Bonaparte, n'est-il pas évident que le commandement du corps expéditionnaire eût été le premier point sur lequel le ministre eût recueilli l'opinion du général ? Il n'eût pas formulé des propositions que l'on voit jugées dignes « des Petites-Maisons (1) ».

De son inspection des ports, Bonaparte rapporte l'impression que la descente en Angleterre nécessitera des préparatifs trop longs pour être achevés en temps opportun. Ses doutes sur la viabilité de la grande entreprise ramènent d'ores et déjà sa pensée vers

____

(1) LA JONQUIÈRE, *op. cit.*, t. Ier, p. 168.

l'Orient. Il s'en ouvre à Marmont : « Les préparatifs indispensables pour réussir sont au-dessus de nos forces ; il faut en revenir à nos projets sur l'Orient ; c'est là qu'il y a de grands résultats à obtenir. » Bientôt parviennent à Bonaparte des nouvelles qui confirment son impression et précipitent l'évolution commencée. L'escadre de Brueys, qui devait coopérer à l'action contre l'Angleterre, est hors d'état de rallier directement Brest et doit s'arrêter à Toulon. Kléber, qui vient d'inspecter les côtes de Normandie, est peu satisfait de ce qu'il a vu et conclut à la nécessité de mesures préliminaires encore nombreuses.

Dès lors Bonaparte, tout en persévérant dans la mission qui lui a été confiée, laisse à son tour apercevoir au Directoire la possibilité d'un changement de front. Le 23 février, il adresse à ce Conseil un rapport où, après avoir rendu compte de l'état de nos armements et des mesures à prendre pour les compléter, il conclut ainsi : « S'il n'est pas possible de se procurer exactement l'argent demandé par le présent mémoire, ou si, vu l'organisation actuelle de notre marine, l'on ne pense pas qu'il soit possible d'obtenir cette promptitude dans l'exécution que les circonstances exigent, il faut alors réellement renoncer à toute expédition d'Angleterre, se contenter de s'en tenir aux apparences et fixer toute son attention comme tous ses moyens sur le Rhin, afin d'essayer d'enlever le Hanovre et Hambourg à l'Angleterre.

L'on sent bien que pour parvenir à l'un et l'autre de ces buts, il ne faudrait pas avoir une armée nombreuse éloignée de l'Allemagne.

« *Ou bien faire une expédition dans le Levant qui menaçât le commerce des Indes.*

« Et si aucune de ces trois opérations n'est faisable, je ne vois plus d'autre moyen que de conclure la paix avec l'Angleterre. Je me persuade qu'ils accepteraient aujourd'hui les propositions auxquelles Malmesbury n'avait pas voulu adhérer... »

Les trois partis indiqués par Bonaparte ne sont présentés par lui que comme des pis-aller, à défaut de la descente en Angleterre, dont l'abandon reste subordonné à l'impossibilité de se procurer les ressources et de prendre les mesures nécessaires. C'est ainsi que son rapport est interprété par le Directoire, qui le discute les 24 et 25 février. Ne voulant pas renoncer à l'expédition contre l'Angleterre avant d'en avoir reconnu l'absolue impossibilité, ce Conseil adopte, en fin de compte, une série de résolutions inscrites, en marge du rapport de Bonaparte, par le directeur Merlin de Douai : nomination d'une commission chargée de préparer et d'exécuter toutes les mesures qui lui seront prescrites par le général en chef ; armement et rassemblement au Havre et à Dunkerque de toutes les chaloupes et bateaux canonniers existant depuis Bayonne jusqu'à Ostende ; embargo sur les meilleurs corsaires de l'Océan ; ordre au ministre des Finances de tenir 4 millions à la disposition de la commission ; ordre au ministre de la Marine de pourvoir aux commandements vacants ; ordre à Delacroix, ministre à la Haye, de réclamer à la République batave les navires demandés par Bonaparte. Toutes ces dispositions sont apparemment dirigées vers la préparation de la descente en Angleterre.

Jusqu'au 3 mars, rien ne vient en contremander ni même en relentir l'exécution. A cette date, d'importantes modifications sont apportées aux précédents arrêtés du Directoire : c'est l'avis donné à Delacroix que les navires hollandais n'ont pas besoin d'être rendus à destination à la fin du mois ; c'est le contre-ordre adressé au ministre de la Marine, relativement à l'embargo sur les corsaires et à la mise en état de 25 vaisseaux de ligne pour le 5 germinal ; c'est l'ordre au ministre des Finances de ne verser à la commission que 300 000 francs par décade, au lieu de 800 000.

La suspension des préparatifs de la descente en Angleterre prouve qu'un revirement s'est produit, à cette date, dans l'opinion du Directoire. Desaix, revenant d'inspecter les côtes de Bretagne, a rapporté de sa mission une impression moins favorable encore que Kléber de la sienne. La conférence qu'il a eue, le 27 février, avec Bonaparte, a dissipé les dernières espérances du général en chef, car c'est de Brest que devait partir l'effort de notre marine de guerre. Le 2 mars, le ministre intérimaire de la Marine, Lambrechts, a remis, sur l'état des armements dans ce port, un rapport très peu encourageant. Dans ces conditions, il ne reste qu'à revenir aux trois alternatives précédemment indiquées par Bonaparte. Les 1er et 2 mars ont lieu, au Directoire, deux séances sur l'objet desquels les procès-verbaux observent un prudent silence. C'est sans doute au cours de ces séances que furent définitivement résolus l'abandon du projet de descente en Angleterre et le principe d'une expédition en Égypte. Le 5 mars, en effet, Bonaparte soumet au Directoire une note indiquant les effectifs du corps expéditionnaire, le matériel nécessaire, les armements maritimes, et prévoyant certaines dispositions préliminaires. Mais ce document inaugure déjà la série des mesures d'exécution. Le projet, sorti de la période d'élaboration, est entré dans la phase de réalisation.

Établir à qui appartient l'initiative de l'expédition d'Égypte est un problème qui s'est posé, tour à tour, devant les contemporains et devant l'histoire. Problème il est demeuré pour les contemporains, qui ne s'attardèrent d'ailleurs pas à en chercher la solution. Repris par l'histoire, il a été résolu par elle, qui voit en Talleyrand le véritable promoteur d'un projet auquel Bonaparte a apporté l'appoint d'une influence décisive.

Il ne s'agit pas ici de contester ces conclusions.

Mais, dans la plupart des entreprises, il faut distinguer l'initiative et la conception. Si l'initiative de l'expédition d'Égypte doit bien être répartie, par fractions inégales, entre Talleyrand, Bonaparte et le Directoire, la conception ne peut, en aucune façon, leur en être attribuée. Cette conception n'est pas sortie tout armée du cerveau d'un homme, ni des délibérations d'un Conseil : elle est le fruit d'une lente germination, dont nous n'avons suivi que la phase finale. Talleyrand, Bonaparte se sont bornés à prêter l'autorité de leur voix, le secours de leur influence, à l'idée que nous avons vu se manifester, se préciser et se transmettre pendant les trente années qui en ont précédé la réalisation.

Avant de leur devoir sa réalisation, cette idée les a eus pour témoins de ses manifestations et de ses progrès. Leur pensée a été directement influencée par les événements et par les hommes que ces pages ont fait défiler sous nos yeux. Talleyrand a écouté Choiseul évoquer le souvenir de ses anxiétés, au cours de la première guerre turco-russe, et révéler aux courtisans de sa disgrâce ses velléités d'annexion de l'Égypte. Il a vécu ces années pendant lesquelles l'Égypte fut le point de mire de tant d'ambitions et où le désintéressement de Vergennes se trouva mis à une si rude épreuve. Ami de jeunesse de Choiseul-Gouffier et de Lauzun, il a recueilli les échos de la campagne diplomatique menée par le premier à Constantinople et des assauts livrés par le second, à Versailles, à la pusillanimité de Montmorin. Plus tard, devenu membre de l'Assemblée nationale, il a entendu retentir l'appel des négociants français du Caire à l'assistance du gouvernement. Ministre du Directoire, il a prêté l'oreille à leurs doléances et à leurs suggestions; il a connu la mission de Dubois-Thainville, l'échec des moyens de conciliation, les velléités de représailles de Delacroix, les propositions réitérées de Magallon; il a été informé de l'enquête ordonnée par son prédécesseur et de l'invitation adressée à Magallon de se rendre à Paris; il a largement mis à contribution l'expérience de cet obscur et pourtant infatigable artisan de l'expédition d'Égypte et reçu de lui un mémoire dont il s'est si copieusement inspiré que son propre rapport au Directoire n'en est guère que la paraphrase.

Bonaparte n'a pas été en contact aussi direct que Talleyrand avec les pionniers de l'idée qu'il a faite sienne et réalisée; il n'a pas assisté d'aussi près et, si l'on peut dire, de la coulisse, aux événements qui ont contribué à la faire éclore. Mais il n'en a pas moins subi, dans une moindre mesure, l'influence des uns et des autres. La crise à laquelle l'Orient fut en proie de 1786 à 1792 coïncide avec l'éveil de son intelligence aux choses de la politique et de son âme à l'ambition. Elle a fait sur son esprit une impression assez profonde pour que, plusieurs années après, il songe à faire carrière à Constantinople et à offrir son épée au sultan. La vallée du Nil a, de bonne heure, attiré son attention et parlé à son imagination : témoin les notes qu'il jette sur le papier en 1786. L'Égypte des Mameluks et la Turquie de son temps lui sont apparues à travers l'ouvrage rapporté par Volney de son voyage et les considérations du jeune écrivain sur la guerre des Turcs. Quand, neuf ans après, arrivé au seuil de l'Orient, il en a subi la fascination et a désigné l'Égypte pour théâtre d'une opération future, il a, tout aussitôt, vu surgir du passé toute une lignée de précurseurs, et un contact direct n'a pas tardé à s'établir entre sa pensée et la leur. A son appel ou à celui de Monge, qui a peut-être servi d'intermédiaire entre Bonaparte et ses devanciers, sont sorties de l'ombre les figures de Castries, de Truguet, de Choiseul-Gouffier, de Froment, de Magallon. Il a noué commerce avec eux, entendu leurs plaidoyers, reçu leurs dépositions, grâce aux documents que, par l'entremise de Monge, Rosily lui a fait parvenir en Italie ; ultérieurement, il a, de la même manière, recueilli les témoignages de Tott, de Mure, de Saint-Didier, dont les correspondances composent le second recueil formé pour Bonaparte par le dépôt des cartes et plans de la marine.

A l'origine du projet en faveur duquel Talleyrand et Bonaparte unirent leurs efforts, on trouve donc l'influence d'événements qui avaient dirigé vers l'Égypte l'attention de leurs contemporains ou de leurs aînés, et le témoignage oral ou écrit de propositions, d'initiatives, d'entreprises dont ce pays avait antérieurement été l'objet ou le théâtre. Propositions écartées, initiatives avortées, entreprises manquées ont ainsi pris sur la fortune, qui leur avait été cruelle, une tardive mais éclatante revanche, en contribuant à déposer, dans l'esprit de Talleyrand et de Bonaparte, le germe que les circonstances, aidées par le talent de l'un et le génie de l'autre, ont si subitement fait lever. Ce n'est donc pas forcer le sens des mots que de voir les origines mêmes de l'expédition d'Égypte, non seulement dans les manifestations par l'intermédiaire desquelles le principe de cette mémorable entreprise s'est transmis à ceux qui l'ont mis en œuvre, mais dans toutes celles, grandes ou petites, chimériques ou sensées, par lesquelles s'est affirmé, antérieurement à 1798, le rôle de l'Égypte dans la politique française. Chacune de ces manifestations nous apparaît ainsi comme une cause, plus ou moins directe, plus ou moins effective, de la conquête de l'Égypte par les Français.

Conséquence d'une collectivité d'efforts, d'une multitude de volontés, l'expédition d'Égypte est aussi la résultante d'intérêts nombreux, la synthèse d'idées multiples. Démembrement de l'empire ottoman, équilibre des forces dans la Méditerranée, intérêts économiques de la France dans le Levant, exploitation du commerce de l'Inde, attaque contre la puissance coloniale et l'hégémonie maritime de l'Angleterre : tous ces éléments se trouvent, séparés ou confondus, dans les propositions et les initiatives que nous avons passées en revue. Le dernier de ces éléments, objet essentiel et cause déterminante de l'entreprise de 1798, est même entré pour une moins grande part que les autres dans les projets dus aux précurseurs de Talleyrand et de Bonaparte. Ainsi l'expédition d'Égypte, épisode du combat singulier de la France et de l'Angleterre, offre cette particularité d'avoir été précédée et préparée par des manifestations dont la majorité se rattache à d'autres contingences et répond à d'autres préoccupations. Cette particularité n'est pourtant pas une anomalie, car ce n'est pas la seule fois qu'on ait vu une idée devoir sa réalisation à une cause différente de celles qui avaient le plus contribué à la faire naître et se développer. Ce serait d'ailleurs singulièrement restreindre la portée de l'expédition d'Égypte que d'y voir seulement un mouvement tournant contre un adversaire que sa position soustrayait au corps à corps. Tous les mobiles qui ont inspiré les propositions antérieures se retrouvent, à des degrés divers, dans l'initiative de Talleyrand et de Bonaparte, et en font une des entreprises les plus complexes dont notre histoire nationale fasse mention.

L'expédition d'Égypte n'est donc pas une simple

réminiscence de projets périmés, l'application à une fin nouvelle d'un moyen déjà proposé en vue d'autres fins. C'est la suite logique et la synthèse de tous les projets précédents; c'est la réalisation tardive d'un vœu complexe et mainte fois exprimé.

Ce vœu n'aurait sans doute pas été exaucé sans l'intervention, à une heure donnée, de circonstances particulières, de conditions déterminées, dont l'entrée en jeu a été décisive. Mais ces circonstances particulières, ces conditions déterminées auraient-elles suffi à faire naître, décider et exécuter le projet de conquérir l'Égypte, si ce projet n'était pas, d'ores et déjà, parvenu à maturité?

Il est permis d'en douter. L'expédition d'Égypte n'aurait probablement pas été entreprise en 1798, si la France n'avait pas été en guerre avec l'Angleterre et que le plan de descente sur les côtes anglaises n'eût pas été abandonné. Mais l'idée de détourner vers l'Égypte l'effort maritime et militaire de la France ne serait peut-être venue ni à l'esprit de Talleyrand, ni à celui de Bonaparte, si cette idée n'avait, pour ainsi dire, préexisté dans leur esprit. Elle n'aurait peut-être pas été accueillie par les directeurs, si elle n'avait ranimé dans leur mémoire les échos de voix naguère entendues. Ainsi, pour que l'expédition d'Égypte pût avoir lieu, peut-être était-il nécessaire que la proposition en eût été souvent émise, que l'Égypte jouât dans la politique française le rôle qui était le sien, que des intérêts multiples lui eussent assigné ce rôle.

Nécessaires ou non à l'initiative dont est résultée l'expédition d'Égypte, les origines qui lui constituent comme une lignée ancestrale donnent à cette entreprise son véritable caractère et sa signification propre. Sans ces antécédents, sans ces origines, elle ne serait, dans l'histoire de France, qu'un accident. A qui en a suivi la genèse, elle apparaît comme le terme logique d'une évolution régulière. Il en est de l'expédition d'Égypte comme du percement de l'isthme de Suez : ni l'une, ni l'autre n'est le fruit d'une inspiration soudaine, d'une conception isolée. Talleyrand, Bonaparte, non plus que Lesseps, n'ont été les inventeurs des projets grandioses qu'ils ont suggérés ou exécutés. Il est des entreprises trop colossales pour que conception, initiative et exécution puissent être à la portée d'une seule intelligence et d'une seule activité humaine. En est-il même, parmi les entreprises de moindre envergure, qui soient l'œuvre d'une volonté unique, le résultat d'un éclair spontané de l'esprit ? L'évolution historique d'aucun peuple ne comporte de véritables accidents. Les événements qui, à première vue, paraissent présenter ce caractère accidentel le perdent, le plus souvent, à l'analyse qui les ramène à l'état de phénomènes naturels. Ainsi l'histoire oblige à croire, « dans l'ordre spirituel comme dans l'ordre cosmique, à cette force de la tradition, à ce lien d'aide mutuelle entre les générations, qui fait qu'un désir ancien de l'humanité, longtemps inefficace, aboutit enfin et se réalise après qu'il a mûri dans beaucoup de cœurs (1) »

(1) E.-M. DE VOGÜÉ, Discours prononcé à l'inauguration de la statue de M. de Lesseps, à Port-Saïd, en 1899.

FIN

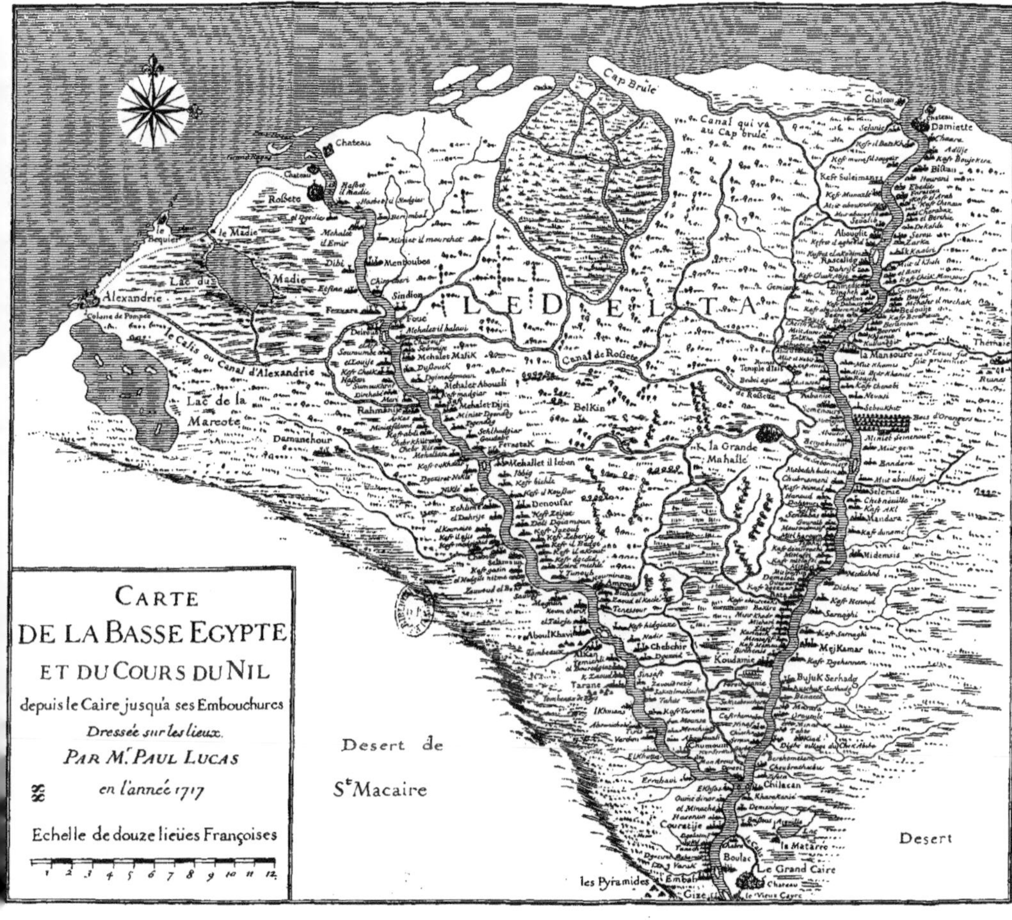

CARTE
DE LA BASSE EGYPTE
ET DU COURS DU NIL
depuis le Caire jusqu'à ses Embouchures
Dressée sur les lieux.
PAR Mr. PAUL LUCAS
en l'année 1717
Echelle de douze lieües Françoises
1 2 3 4 5 6 7 8 9 10 11 12
LE DELTA
Desert de St Macaire
Desert
Cap Brulé
Canal qui va au Cap brulé
Canal de Rosette
Alexandrie
Colone de Pompée
le Calis ou Canal d'Alexandrie
Lac de la Mareote
Lac du Madie
Damanehour
Rahmanie
Rosete
le Madie
le Bequier
Chateau
Fouè
Deïrout
Sindion
Belkin
la Grande Mahalle
la Mansoure ou St Louis fut fait prisonnier
Damiette
Biffais
Kefr Suleimans
Aboughe
Rascalide
Dahrye
Gemian
Koudanie
Bujuk Serhade
Mej Kamar
Chebchir
Aboul Khavi
Tarane
Tombeaux
Errahavi
Demanhour
Chilacan
la Matarée
Boulac
Le Grand Caire
le Vieux Cayre
Gize
Embabe
les Pyramides
Chateau

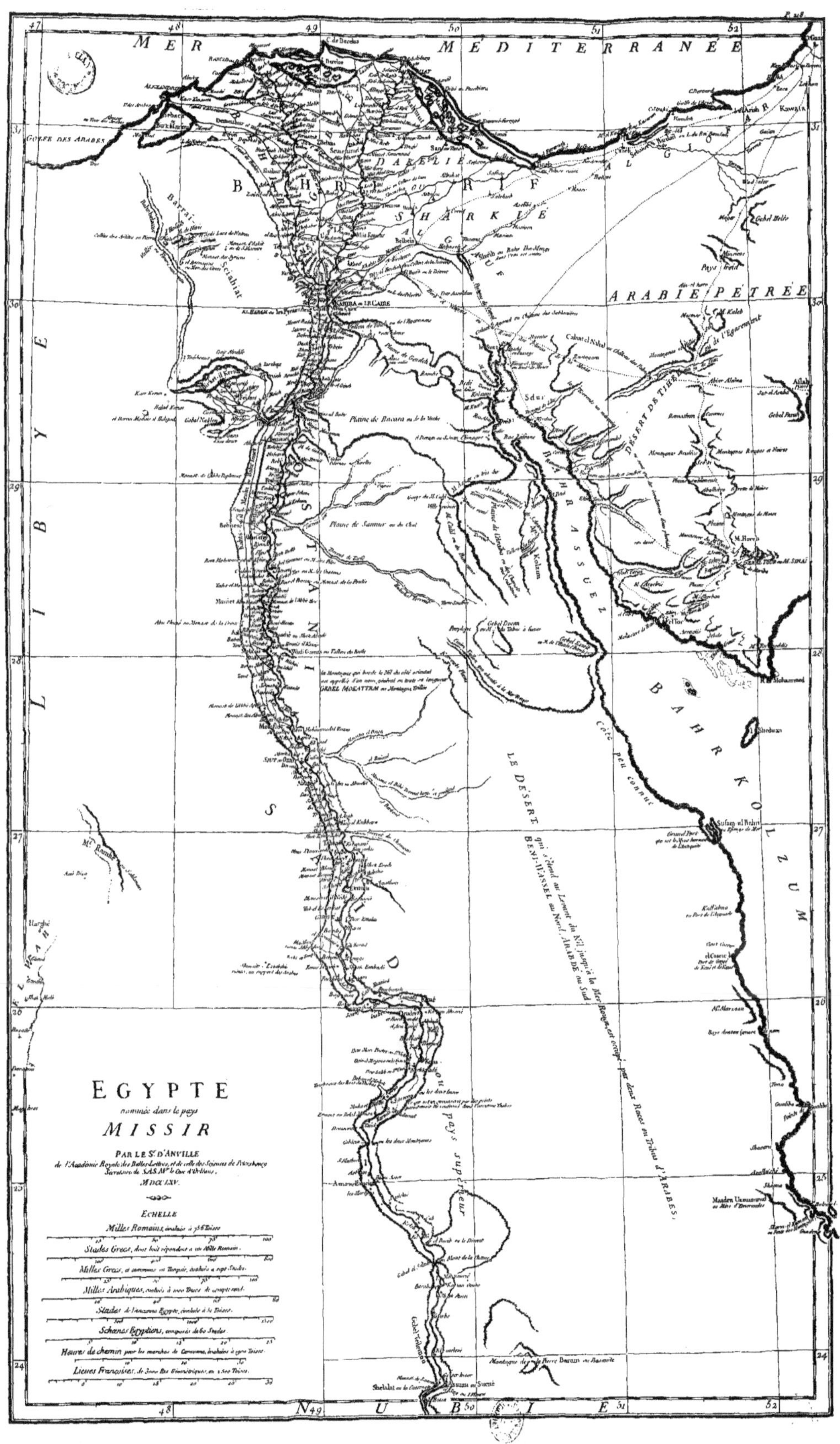
MER MEDITERRANEE
MER
GOLFE DES ARABES
ARABIE PETREE
DAKELIE
SHARKIE
BAHR
LIBYE
THEBAIDE
BAHR ASSUEZ
LE DESERT
BAHR KOLZUM
ALEXANDRIE
MASR ou LE CAIRE
EGYPTE
nommée dans le pays
MISSIR
PAR LE S.r D'ANVILLE
de l'Académie Royale des Belles-Lettres, et de celle des Sciences de Petersbourg
Secretaire de S.A.S. Mgr le Duc d'Orléans.
M.DCC.LXV.
ECHELLE
Milles Romains, évalués à 756 Toises.
Stades Grecs, dont huit répondent a un Mille Romain.
Milles Grecs, et communs en Turquie, évalués a sept Stades.
Milles Arabiques, évalués à 1000 Brace de compte rond.
Stades de l'ancienne Egypte, évalués à 51 Toises.
Schænas Egyptiens, composés de 60 Stades.
Heures de chemin pour les marches de Caravanne, évaluées à 1700 Toises.
Lieues Françoises, de 2000 Pas Geometriques, ou 2500 Toises.
M.t Sinai
ARABIE ou Nord

TABLE DES MATIÈRES

CHAPITRE III

CHAPITRE IV

CHAPITRE V

CHAPITRE VI

CHAPITRE VII

CHAPITRE VIII

PARIS

TYPOGRAPHIE PLON-NOURRIT ET Cie

Rue Garancière, 8

A LA MÊME LIBRAIRIE

Journal et Souvenirs sur l'expédition d'Égypte (1798-1801), par E. DE VILLIERS DU TERRAGE, membre de la Commission des Sciences et Arts, mis en ordre et publiés par le baron Marc DE VILLIERS DU TERRAGE. Un vol. petit in-8° avec portraits, cartes et gravures. 5 fr.

Napoléon et l'Angleterre (1803-1813), par P. COQUELLE, d'après des documents inédits des archives des Affaires étrangères, des Archives nationales et du Foreign Office. Un vol. in-16. . . . . 3 fr. 50

La France et l'Angleterre en Égypte, par Alfred BOURGUET, avocat à la Cour d'appel de Paris, ancien élève de l'École libre des sciences politiques. Un volume in-18 . . . . 3 fr. 50

L'Égypte et l'occupation anglaise, par E. PLAUCHUT. Un vol. in-18. Prix . . . . 3 fr. 50

L'Angleterre en Égypte, par sir Alfred MILNER. Ouvrage traduit de l'anglais par M. F. MAZUC, ancien inspecteur général des finances d'Égypte. Un vol. in-8° . . . . 7 fr. 50

Journal de voyage du général Desaix. Suisse et Italie (1797), publié avec introduction et notes, par Arthur CHUQUET, professeur au Collège de France. 2ᵉ édition. Un vol. in-16 avec un portrait et une gravure . . . . 3 fr. 50

Soldats de Napoléon. **Journal de route du capitaine Robineaux** (1803-1832), par Gustave SCHLUMBERGER. Un vol. in-16 avec un fac-similé. . . . . 3 fr. 50

Mémoires du général Griois (1792-1822), avec une introduction et notes, par Arthur CHUQUET, membre de l'Institut. Tome I. 2ᵉ édit. Un vol. in-8° avec un portrait en héliogravure. . . . . . . 7 fr. 50
  Tome II. 2ᵉ édition. Un volume in-8° . . . . 7 fr. 50

Mémoires du commandant Persat (1806-1844), publiés avec une introduction et des notes, par G. SCHLUMBERGER. Un vol. in-8°. Prix. . . . . 7 fr. 50

Soldats de Napoléon. **Lettres du commandant Coudreux à son frère** (1804-1815), publiées par M. Gustave SCHLUMBERGER, membre de l'Institut. Un volume in-16 . . . . 3 fr. 50

Mémoires militaires de Joseph Grabowski, officier à l'état-major impérial de Napoléon Iᵉʳ (1812-1813-1814), publiés par M. Waclaw GASIOROWSKI, traduits en français par MM. Jan V. Chelminski et le commandant A. Malibran. Un volume in-16. . . . . 3 fr. 50

Mémoires du colonel Combe sur les campagnes de Russie 1812, de Saxe 1813, de France 1814 et 1815. Nouv. édit. Un vol. in-18. 3 fr. 50

Mémoires sur les guerres de Napoléon (1806-1813), par le général Désiré CHLAPOWSKI, publiés par ses fils. Traduits par MM. Jan V. CHELMINSKI et le commandant A. MALIBRAN. Un vol in-16 . . 3 fr. 50

Journal des campagnes du baron Percy, chirurgien en chef de la Grande Armée (1754-1825), publié d'après les manuscrits inédits avec une introduction par Émile LONGIN. 3ᵉ édit. Un vol. in-8° avec un portrait et un fac-similé. . . . . 7 fr. 50

Napoléon et la paix, par ARTHUR-LÉVY. 4ᵉ édit. Un vol. in-8°. 8 fr.
  (Couronné par l'Académie française, prix Thérouanne.)

PARIS. TYP. PLON-NOURRIT ET Cⁱᵉ, 8, RUE GARANCIÈRE. — 14273.

www.ingramcontent.com/pod-product-compliance
Lightning Source LLC
Chambersburg PA
CBHW061302030726
47595CB00001B/173